Chemie heute

Teilband 2 Niedersachsen
Lösungen

Schroedel

Chemie heute Teilband 2 Niedersachsen

Lösungen zu
Chemie heute Teilband 2 Niedersachsen
(ISBN 978-3-507-**88055**-9)

Herausgegeben von:
Wolfgang Asselborn
Ralf van Nek
Dr. Karl T. Risch
Dr. Bernhard F. Sieve

Bearbeitet von:
Prof. Dr. Hans-Dieter Barke
Panagiotis Chatzianastassiou
Dr. Bernd Dreßel
Dr. Sebastian Musli
Ralf van Nek
Nina Ulrich

Dieses Werk ist in Teilen eine Bearbeitung von
978-3-507-86074-2, 978-3-507-86070-4, 978-3-507-88007-8, 978-3-507-88010-8.

Bildquellen:
Umschlag (Schüler): alamy images, Abingdon/Oxfordshire (SPL); (Molekülstruktur): Thinkstock, Sandyford/Dublin (Jason Reed); (Pipette): Corbis, Düsseldorf (Chris Collins); (Blasen): getty images, München (Aaron Graubart)

© 2015 Bildungshaus Schulbuchverlage
Westermann Schroedel Diesterweg Schöningh Winklers GmbH, Braunschweig
www.schroedel.de

Druck 1 / Jahr 2015

Redaktion: Dr. Birte Flachsbarth
Einbandgestaltung: Janssen Kahlert Design & Kommunikation GmbH
Grafik: Beltz Bad Langensalza GmbH, Birgitt Biermann-Schickling, Brigitte Karnath
Satz: media service schmidt, Hildesheim
Druck und Bindung: westermann druck GmbH, Braunschweig

ISBN 978-3-507-**88056**-6

Inhaltsverzeichnis

1 Quantitative Beziehungen – klare Verhältnisse

A11.1

Allgemein gilt für die Berechnung der Teilchenzahl:
$N(\text{Fe}) = n(\text{Fe}) \cdot 6 \cdot 10^{23} \frac{1}{\text{mol}}$.
Die Eisenstäbe enthalten demnach: $0,05 \text{ mol} = 3 \cdot 10^{22}$
$0,1 \text{ mol} = 6 \cdot 10^{22}$;
$0,2 \text{ mol} = 1,2 \cdot 10^{23}$;
$0,4 \text{ mol} = 2,4 \cdot 10^{23}$;
$1 \text{ mol} = 6 \cdot 10^{23}$ Fe-Atome.

A11.2

Die Methode des *Zählens durch Wiegen* führt schnell zu recht genauen Werten, wenn die Masse eines Einzelgegenstands bekannt ist. Die Genauigkeit hängt dabei von der Messungenauigkeit der Waage ab. Eine weniger genaue Wägung lässt sich durch Verwendung einer größeren Anzahl an Einzelgegenständen ausgleichen.

A11.3

a) $m(\text{Objekt}) = m(\text{Schraube}) + m(\text{Mutter}) = 1,6 \text{ g}$
$m_{\text{Gesamt}} = 100 \cdot m(\text{Objekt}) = 160 \text{ g}$

b) Beim Verschrauben bilden eine Schraube und eine Mutter eine neue Einheit. Diese hat die Masse 1,6 g. Bei einer chemischen Reaktion von Zink und Schwefel werden ein Zink-Atom und ein Schwefel-Atom zu einer Formeleinheit Zinksulfid zusammengefasst. Die Masse einer Formeleinheit Zinksulfid beträgt:

$m(\text{ZnS}) = m(\text{Zn}) + m(\text{S}) = 65 \text{ u} + 32 \text{ u} = 97 \text{ u}$

Verwendet man 13 g Zink muss man für eine vollständige Reaktion 6,4 g Schwefel einsetzen. Die Gesamtmasse Zinksulfid beträgt demnach 19,4 g.

c) Bei den Schrauben und Muttern bedeutet dies, dass einige Muttern nicht auf eine Schraube gedreht werden können, da zu wenig Schrauben vorhanden sind. Es bleiben also Muttern übrig.

A11.4

a) $n(\text{S}) = \frac{m(\text{S})}{M(\text{S})} = \frac{8 \text{ g}}{32 \frac{\text{g}}{\text{mol}}} = 0,25 \text{ mol}$

$N(\text{S}) = n(\text{S}) \cdot 6 \cdot 10^{23} \frac{1}{\text{mol}}$

$\quad\quad = 0,25 \text{ mol} \cdot 6 \cdot 10^{23} \frac{1}{\text{mol}} = 1,5 \cdot 10^{23}$

b) $m(2 \text{ mol Zn}) = n(\text{Zn}) \cdot M(\text{Zn}) = 2 \text{ mol} \cdot 65 \frac{\text{g}}{\text{mol}} = 130 \text{ g}$

c) $M(\text{Cu}_2\text{S}) = (2 \cdot 63,5 + 32) \frac{\text{g}}{\text{mol}} = 159 \frac{\text{g}}{\text{mol}}$

$m(0,25 \text{ mol Cu}_2\text{S}) = n(\text{Cu}_2\text{S}) \cdot M(\text{Cu}_2\text{S})$

$\quad\quad = 0,25 \text{ mol} \cdot 159 \frac{\text{g}}{\text{mol}} = 39,8 \text{ g}$

A11.5

Nach der Formel FeS bindet ein Mol Eisen ein Mol Schwefel.

14 g Eisen enthalten $\frac{14 \text{ g}}{56 \frac{\text{g}}{\text{mol}}} = 0,25 \text{ mol}$ Fe-Atome.

Sie reagieren mit $\frac{32 \frac{\text{g}}{\text{mol}}}{0,25 \text{ mol}} = 8 \text{ g}$ Schwefel.

A13.1

In einem vorgegebenen Volumen eines Gases befinden sich immer die gleiche Anzahl Gasteilchen. Dies ist unabhängig von der Sorte des Gases. Die Anzahl der Atome, aus der ein Gasteilchen besteht, kann unterschiedlich sein. In Abb. 2 wird verdeutlicht, wie sich in 24 l Gas 1 mol, also $6,02 \cdot 10^{23}$, Teilchen Helium oder Kohlenstoffdioxid oder Sauerstoff befinden, wobei ein Helium-Teilchen ein einzelnes Atom ist, ein Sauerstoff-Teilchen ein Molekül aus zwei Sauerstoff-Atomen und ein Kohlenstoffdioxid-Teilchen ein Molekül aus einem Kohlenstoff-Atom und zwei Sauerstoff-Atomen.

Bei einer Erhöhung der Temperatur bewegen sich die Teilchen des Gases schneller und beanspruchen so mehr Raum. Da die Anzahl der Teilchen im Gas gleich geblieben ist, steigt das molare Volumen, also das Volumen, das ein Mol eines Gases einnimmt, mit der Temperatur.

Erhöht man den Druck auf ein Gas wird der Abstand der Teilchen im Gas verringert. Da die Anzahl der Teilchen im Gas gleich geblieben ist, sinkt das molare Volumen, also das Volumen, das ein Mol eines Gases einnimmt, mit steigendem Druck.

A13.2

24 l eines jeden Gases enthalten bei normalem Luftdruck und 20 °C $6 \cdot 10^{23}$ (600 Trilliarden) Moleküle.

A13.3

$m = \varrho \cdot V_l(\text{H}_2\text{O})$; $n = \frac{m}{M_{\text{H}_2\text{O}}}$; $V_g(\text{H}_2\text{O}) = n \cdot V_m$ einsetzen ergibt:

$V_g(\text{H}_2\text{O}) = \frac{\varrho \cdot V_l(\text{H}_2\text{O})}{M(\text{H}_2\text{O})} \cdot V_m$

$\quad = \frac{1 \frac{\text{g}}{\text{ml}} \cdot 36 \text{ ml}}{18 \frac{\text{g}}{\text{mol}}} \cdot 30,5 \frac{\text{l}}{\text{mol}} = 61 \text{ l}$

Das Gasvolumen von 36 ml verdampften Wasser beträgt 61 l.

A13.4

a) $M(\text{Ne}) = 20,2 \frac{\text{g}}{\text{mol}}$; $M(\text{Ar}) = 39,95 \frac{\text{g}}{\text{mol}}$; $M(\text{Kr}) = 83,8 \frac{\text{g}}{\text{mol}}$

b) $\varrho(\text{Ne}) = \frac{M(\text{Ne})}{V_m} = \frac{20,2 \frac{\text{g}}{\text{mol}}}{24 \frac{\text{l}}{\text{mol}}} = 0,84 \frac{\text{g}}{\text{l}}$

$\varrho(\text{Ar}) = \frac{M(\text{Ar})}{V_m} = \frac{39,95 \frac{\text{g}}{\text{mol}}}{24 \frac{\text{l}}{\text{mol}}} = 1,66 \frac{\text{g}}{\text{l}}$

$\varrho(\text{Kr}) = \frac{M(\text{Kr})}{V_m} = \frac{83,8 \frac{\text{g}}{\text{mol}}}{24 \frac{\text{l}}{\text{mol}}} = 3,49 \frac{\text{g}}{\text{l}}$

A13.5

a) $M(\text{Chlor}) = \varrho \cdot V_m = 2,95 \frac{\text{g}}{\text{l}} \cdot 24 \frac{\text{l}}{\text{mol}} = 70,8 \frac{\text{g}}{\text{mol}}$

Der berechnete Wert stimmt gut mit dem Literaturwert überein. Ein Chlor-Teilchen hat die Masse 70,9 u, Chlor-Atome haben die Masse 35,45 u. Somit ist ein Chlor-Teilchen ein Molekül aus 2 Chlor-Atomen. Molekülformel: Cl_2.

$M(\text{Stickstoff}) = \varrho \cdot V_\text{m} = 1{,}17 \frac{g}{l} \cdot 24 \frac{l}{mol} = 28{,}08 \frac{g}{mol}$

Der berechnete Wert stimmt gut mit dem Literaturwert überein. Ein Stickstoff-Teilchen hat die Masse 28 u, Stickstoff-Atome haben die Masse 14 u. Somit ist ein Stickstoff-Teilchen ein Molekül aus 2 Stickstoff-Atomen. Molekülformel: N_2.

c) Luft hat bei 20 °C die Dichte $1{,}20 \frac{g}{l}$. Luft ist ein Gasgemisch aus etwa $\frac{1}{5}$ Sauerstoff und $\frac{4}{5}$ Stickstoff. Wenn das Gesetz von Avogadro auch bei Gasgemischen gültig sein soll, müsste bei 20 °C in 24 l Luft etwa $\frac{1}{5}$ mol Sauerstoff und $\frac{4}{5}$ mol Stickstoff enthalten sein. Damit berechnet man die Dichte zu:

$\varrho(\text{Luft}) = \dfrac{m(\frac{1}{5}\text{ mol } O_2) + m(\frac{4}{5}\text{ mol } N_2)}{V} = \dfrac{6{,}4\text{ g} + 22{,}4\text{ g}}{24\text{ l}} = 1{,}2 \frac{g}{l}$

Dies stimmt mit der recherchierten Angabe überein. Dieses Beispiel erhärtet die Annahme, dass das Gesetz von Avogadro auch für Gasgemische gilt.

A13.6

a) $M(\text{Schwefeloxid}) = \varrho \cdot V_\text{m} = 2{,}67 \frac{g}{l} \cdot 24 \frac{l}{mol} = 64 \frac{g}{mol}$
Da ein Mol S-Atome die Masse 32 g haben, entfallen die restlichen 32 g auf 2 mol O-Atome. Die Molekülformel lautet also SO_2.

b) $S(s) + O_2(g) \rightarrow SO_2(g)$

A13.7

a) Die Molekülformeln lauten NH_3 (Ammoniak), N_2 (Stickstoff) und H_2 (Wasserstoff).

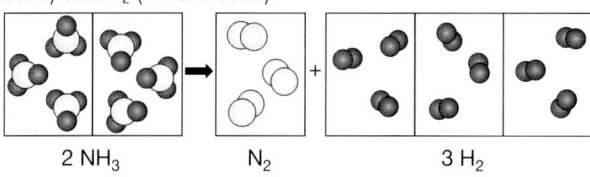

Aus 20 ml Ammoniakgas entstehen 10 ml Stickstoff und 30 ml Wasserstoff.

Die Molekülformeln lauten N_2 (Stickstoff), O_2 (Sauerstoff) und N_2O (Distickstoffmonoxid).

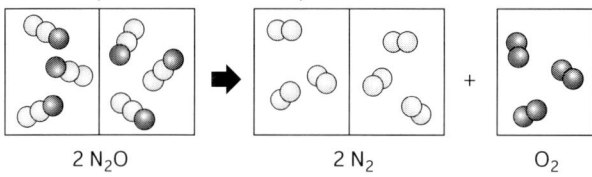

Aus 100 ml Distickstoffmonoxidgas entstehen 100 ml Stickstoff und 50 ml Sauerstoff.

b) $2\,NH_3 \rightarrow N_2 + 3\,H_2$
$2\,N_2O \rightarrow 2\,N_2 + O_2$

A13.8

Nach der Reaktionsgleichung für die Knallgasreaktion reagiert ein Volumenteil Sauerstoff mit zwei Volumenteilen Wasserstoff:
$O_2(g) + 2\,H_2(g) \rightarrow 2\,H_2O(g)$

Luft ist ein Gasgemisch aus etwa einem Volumenteil Sauerstoff und vier Volumenteilen Stickstoff. Damit muss man fünf Volumenteile Luft nehmen um eine vollständige Reaktion mit 2 Volumenteilen Wasserstoff zu erhalten.
Bei der Reaktion von einem Volumenteil Sauerstoff mit zwei Volumenteilen Wasserstoff bleiben vier Volumenteile Stickstoff aus der Luft übrig, die an der Reaktion nicht beteiligt sind.

A13.9

a) $\varrho(\text{He}) = \dfrac{m}{V} = \dfrac{M(\text{He})}{V_\text{m}} = \dfrac{4\frac{mol}{l}}{24\frac{l}{mol}} = 0{,}167 \frac{g}{l}$

b) Ein Liter Helium ist etwa ein Gramm leichter als ein Liter Luft.

c) Man benötigt etwa 10 000 l Helium um 10 kg anzuheben.

d) Weil mit der Höhe der Luftdruck abnimmt, dehnt sich der Ballon immer mehr aus.
Hinweis: Bei 5000 m hat der Ballon das doppelte und bei 10 000 m etwa das vierfache Volumen.

A15.1

a) $M = \dfrac{m}{n}$; $n = \dfrac{m}{M}$; $m = n \cdot M$;

$V_\text{m} = \dfrac{V}{n}$; $n = \dfrac{V}{V_\text{m}}$; $V = n \cdot V_\text{m}$;

$\varrho = \dfrac{m}{V}$; $V = \dfrac{m}{\varrho}$; $m = V \cdot \varrho$

c) individuelle Lösung

A15.2

a) $m(\text{Cu}) = 7{,}9375$ g; $m(\text{Cu}_2\text{S}) = 9{,}9375$ g;
$m(\text{Ti}) = 600$ g; $m(O_2) = 400$ g; $V(O_2) = 300$ l

A15.3

Reaktionsgleichung: $2\,\text{Mg} + O_2 \rightarrow 2\,\text{MgO}$

a) Ein Mol Magnesium reagiert zu einem Mol Magnesiumoxid. $M(\text{MgO}) = 40{,}3 \frac{g}{mol}$. Demnach entstehen 40,3 g Magnesiumoxid.

b) Ein Mol Magnesium benötigt zur vollständigen Reaktion 0,5 mol Sauerstoff. $M(O_2) = 32 \frac{g}{mol}$;
$m(O_2) = n(O_2) \cdot M(O_2) = 0{,}5\text{ mol} \cdot 32 \frac{g}{mol} = 16$ g.
Es werden 16 g Sauerstoff benötigt.
$V(O_2) = n(O_2) \cdot V_\text{m}(O_2) = 0{,}5\text{ mol} \cdot 24 \frac{l}{mol} = 12$ l.
Ein Mol Magnesium reagiert mit 12 l Sauerstoff.

A15.4

10 ml der 10 %igen Lösung enthalten etwa 1 g Wasserstoffperoxid.
$2\,H_2O_2 \rightarrow 2\,H_2O + O_2$
Aus einem Mol H_2O_2 entstehen 0,5 mol Sauerstoff.

$n(H_2O_2) = \dfrac{m(H_2O_2)}{M(H_2O_2)} = \dfrac{1\text{ g}}{24\frac{g}{mol}} = 0{,}042$ mol

$V(O_2) = V_\text{m}(\text{Gas}) \cdot \dfrac{n(H_2O_2)}{2} = 24 \frac{l}{mol} \cdot 0{,}021\text{ mol} = 0{,}5$ l

Bei der Reaktion entstehen rund 500 ml Sauerstoff.

A15.5

a) Den Massenanteil des Eisens erhält man, indem man die molare Masse der Eisen-Atome durch die molare Masse der Formeleinheit dividiert.

Hämatit: $w = 2 \cdot \dfrac{M(\text{Fe})}{M(\text{Fe}_2\text{O}_3)} = \dfrac{112 \frac{\text{g}}{\text{mol}}}{160 \frac{\text{g}}{\text{mol}}} = 0{,}70$

Hämatit enthält 70 % Eisen.

Magnetit: $w = 3 \cdot \dfrac{M(\text{Fe})}{M(\text{Fe}_3\text{O}_4)} = \dfrac{168 \frac{\text{g}}{\text{mol}}}{232 \frac{\text{g}}{\text{mol}}} = 0{,}72$

Magnetit enthält 72 % Eisen.

b) $m(\text{Fe}_2\text{O}_3) = \dfrac{m(\text{Fe})}{w(\text{in Fe}_2\text{O}_3)} = \dfrac{1 \text{ kg}}{0{,}70} = 1{,}43 \text{ kg}$

$m(\text{Fe}_3\text{O}_4) = \dfrac{m(\text{Fe})}{w(\text{in Fe}_3\text{O}_4)} = \dfrac{1 \text{ kg}}{0{,}72} = 1{,}39 \text{ kg}$

Für ein Kilogramm Eisen benötigt man 1,43 kg Hämatit oder 1,39 kg Magnetit.

A15.6

a), b) individuelle Lösung

A16.1

Die molare Masse wird auf eine Stelle hinter dem Komma aus dem Periodensystem abgelesen, da die Masse mit eben dieser Genauigkeit angegeben ist.

$M(\text{CuO}) = (63{,}5 + 16{,}0)\,\frac{\text{g}}{\text{mol}}$

$n(\text{CuO}) = \dfrac{M(\text{CuO})}{n(\text{CuO})} = \dfrac{5{,}6 \text{ g}}{79{,}5 \frac{\text{g}}{\text{mol}}} = 0{,}07044\ldots \text{ mol}$

Die Genauigkeit bleibt hinreichend, wenn bei der Stoffmenge zwei Stellen hinter dem Komma angegeben werden. Die Stoffmenge von 5,6 g Kupferoxid beträgt 0,07 mol.

A16.2

genaue molare Masse:

$M(\text{FeS}) = (55{,}85 + 32{,}07)\,\frac{\text{g}}{\text{mol}} = 87{,}92\,\frac{\text{g}}{\text{mol}}$

$m(\text{FeS}) = M(\text{FeS}) \cdot n(\text{FeS}) = 87{,}92\,\frac{\text{g}}{\text{mol}} \cdot 0{,}2 \text{ mol} = 17{,}584 \text{ g}$

gerundete molare Masse:

$M(\text{FeS}) = (56 + 32)\,\frac{\text{g}}{\text{mol}} = 88\,\frac{\text{g}}{\text{mol}}$

$m(\text{FeS}) = M(\text{FeS}) \cdot n(\text{FeS}) = 88\,\frac{\text{g}}{\text{mol}} \cdot 0{,}2 \text{ mol} = 17{,}6 \text{ g}$

Die gerundete Berechnung lässt sich im Kopf durchführen und ist für normale Laborwaagen, die auf 0,1 g genau wiegen völlig ausreichend.

A18.B1

a), b) individuelle Lösung

A18.B2

a) Nach dem Gesetz von Avogadro enthalten alle Gase im gleichen Volumen gleich viele Teilchen. Daher ist die Dichte proportional zu der Teilchenmasse.

b) Sauerstoff mit der Molekülmasse 32 u muss auf der oberen (blauen) Gerade zwischen Stickstoff und Fluor etwa bei d = 1,3 $\frac{\text{g}}{\text{l}}$ eingetragen werden.

c) Die Steigung der oberen (blauen) Gerade ist genau doppelt so groß wie die Steigung der unteren (roten) Gerade. Die Stoffe auf der roten Kurve bestehen aus einzelnen Atomen, die Stoffe auf der blauen Kurve dagegen aus zweiatomigen Molekülen.

d) Die Dichte des Ozons muss 50 % größer sein als die des Sauerstoffs, da O_3-Moleküle entsprechend schwerer sind als O_2-Moleküle.

A18.B3

a) $\text{Zn}(\text{s}) + 2\,\text{HCl}(\text{aq}) \rightarrow \text{H}_2(\text{g}) + \text{ZnCl}_2(\text{aq})$

b) gegeben: $V(\text{H}_2) = 10 \text{ m}^3 = 10000 \text{ l}$

$n(\text{Zn}) = n(\text{H}_2)$

$n(\text{H}_2) = \dfrac{V(\text{H}_2)}{V_\text{m}} = \dfrac{10000 \text{ l}}{24 \frac{\text{l}}{\text{mol}}} = 417 \text{ mol}$

$m(\text{Zn}) = n(\text{Zn}) \cdot M(\text{Zn}) = 417 \text{ mol} \cdot 65\,\frac{\text{g}}{\text{mol}} = 27100 \text{ g} = 27{,}1 \text{ kg}$

Zur Herstellung von 10 m³ Wasserstoff aus Zink und Salzsäure benötigt man 27,1 kg Zink.

A19.C1

a) gegeben: $m(\text{S}) : m(\text{F}) = 1 : 3{,}56$

Nimmt man an, dass 1 mol Gas 1 mol Schwefel-Atome enthält, so erhält man:

$m(\text{S}) : m(\text{F}) = 32 \text{ g} : 114 \text{ g}$

$n(\text{F}) = \dfrac{m(\text{F})}{M(\text{F})} = \dfrac{114 \text{ g}}{19 \frac{\text{g}}{\text{mol}}} = 6 \text{ mol}$

$\dfrac{n(\text{S})}{n(\text{F})} = \dfrac{1 \text{ mol}}{6 \text{ mol}} = \dfrac{1}{6}$

Die Verhältnisformel lautet also SF_6.

b) $\varrho = \dfrac{m}{V} = \dfrac{M}{V_\text{m}}; \quad M = \varrho \cdot V_\text{m} = 6{,}1\,\frac{\text{g}}{\text{l}} \cdot 24\,\frac{\text{l}}{\text{mol}} = 146{,}4\,\frac{\text{g}}{\text{mol}}$

Die molare Masse $M = 146{,}4\,\frac{\text{g}}{\text{mol}}$ entspricht einem Stoff mit der Molekülformel SF_6.

c) Da Schwefelhexafluorid eine so hohe Dichte hat, kann es nur langsam aus der Lunge entweichen und wird nur nach und nach durch die Atemluft verdünnt. Beim Handstand strömt es dagegen auf Grund der Schwerkraft schnell aus.

A19.C2

a) $m(\text{Lösung}) = \varrho(\text{Lösung}) \cdot V(\text{Lösung}) = 1{,}11\,\frac{\text{g}}{\text{ml}} \cdot 1 \text{ l} = 1{,}11 \text{ kg}$

$w = \dfrac{m(\text{H}_2\text{O}_2)}{m(\text{Lösung})} = 30 \% \rightarrow m(\text{H}_2\text{O}_2) = w \cdot m(\text{Lösung})$

$= 0{,}3 \cdot 1110 \text{ g} = 333 \text{ g}$

$n(\text{H}_2\text{O}_2) = \dfrac{m(\text{H}_2\text{O}_2)}{M(\text{H}_2\text{O}_2)} = \dfrac{333 \text{ g}}{34 \frac{\text{g}}{\text{mol}}} = 9{,}8 \text{ mol}$

b)

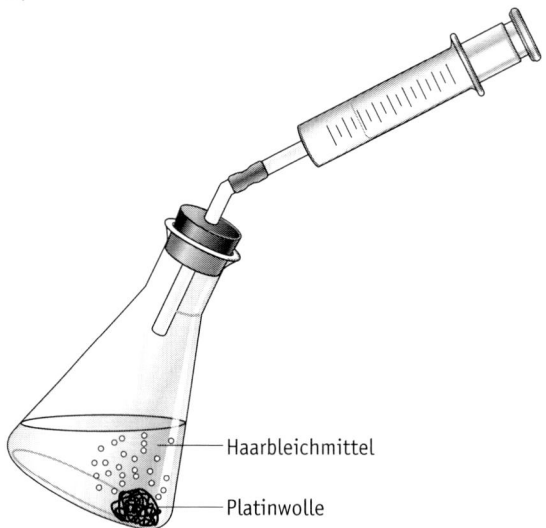

—— Haarbleichmittel

—— Platinwolle

Mit der Glimmspanprobe weist man Sauerstoff-Gas nach. Dazu wird ein glimmender Holzspan in das Gas gehalten. Glimmt er stark auf oder entzündet er sich wieder, handelt sich bei dem Gas um Sauerstoff.

c) $2\,H_2O_2\,(aq) \rightarrow 2\,H_2O_2\,(l) + O_2\,(g)$

d) gegeben $V(O_2) = 105\,ml = 0{,}105\,l$; gesucht $n(O_2)$

$$n(O_2) = \frac{V(O_2)}{V_m} = \frac{0{,}105\,l}{24\,\frac{l}{mol}} = 0{,}0044\,mol = 4{,}4\,mmol;$$

Für ein Mol Sauerstoff benötigt man 2 mol Wasserstoffperoxid.

$$n(H_2O_2) = 2\,n(O_2) = 4{,}4\,mmol \cdot 2 = 8{,}8\,mmol$$

$$m(H_2O_2) = n(H_2O_2) \cdot M(H_2O_2) = 8{,}8\,mmol \cdot 34\,\frac{g}{mol} = 0{,}2992\,g$$

Die Dichte der Lösung beträgt $1{,}1\,\frac{g}{ml}$. Damit haben 10 ml der Lösung eine Masse von 11 g.

$$w = \frac{m(H_2O_2)}{m(\text{Lösung})} = \frac{0{,}2975\,g}{11\,g} = 2{,}72\,\%$$

2 Das Periodensystem – Elementfamilien und Atombau

A23.1

Das Metall Natrium ist besonders weich, es hat eine geringe Dichte und schmilzt bereits bei 98 °C.

A23.2

individuelle Lösung; Hinweise zur Lösung:

a) Natrium ist äußerst reaktiv und reagiert spontan mit dem Sauerstoff aus der Luft wie auch mit Wasser. Deswegen kommt Natrium in der Natur nur in Verbindungen vor.

b) Natrium schmilzt bei der Reaktion mit Wasser und formt sich zu einer silbrigen Kugel, die über das Wasser flitzt. Die zum Schmelzen benötigte Energie kommt aus der Reaktion.

c) Bei der Reaktion von Natrium mit Wasser bildet sich neben Natriumhydroxid auch Wasserstoff. Die bei der Reaktion frei werdende Wärme steht als Aktivierungsenergie zum Entzünden des Wasserstoffs zur Verfügung. Dieser verbrennt mit dem Sauerstoff der Luft. Auf einem Wasserbad wird die bei der Reaktion frei werdende Wärme vom Wasser aufgenommen und abgeführt, so dass nicht genügend Aktivierungsenergie zum Entzünden des Wasserstoffs vorhanden ist.

d) Ein Natriumbrand wird, wie alle Metallbrände, mit Sand gelöscht. Hierdurch wird die Sauerstoffzufuhr unterbrochen.

e) Bei Natronlauge handelt es sich um die wässrige Lösung von Natriumhydroxid.

f) Eigenschaften von Natrium: Aggregatzustand: fest, Farbe: silbrig glänzend, Schmelztemperatur: 98 °C, Reaktivität: reaktionsfreudig; Verwendung von Natrium: Kühlmittel, Natriumdampflampen, Katalysator in der Kunststoffindustrie

Eigenschaften von Natriumverbindungen: Salze mit hohen Schmelz- und Siedetemperaturen; Verwendung von Natriumverbindungen im Haushalt: Kochsalz, Abbeizmittel, Abflussreiniger, Backpulver, Verwendung von Natriumverbindungen in der Industrie: Bleichmittel, Neutralisation (Natronlauge), Industriechemikalien

A23.3

Da salziges Wasser eine Natrium-Verbindung (Kochsalz) enthält, leuchtet eine Flamme gelb auf, wenn man Salzwasser hinein spritzt.

A23.4

Die gelbe Flammenfärbung deutet auf eine Natriumverbindung hin, so dass man aufgrund der alkalischen Eigenschaften bei dem flüssigen Mittel zum Entfernen von Lackanstrichen von Natronlauge ausgehen kann. Natronlauge ist eine stark ätzende Lösung, die auch Haut und Haare zersetzen kann. Spritzer auf die Haut oder gar in die Augen wären also sehr gefährlich. Daneben kann die konzentrierte Natronlauge über längere Zeit auch das Glas angreifen, so dass der Verschluss des Gefäßes klemmen kann.
Hinweis: Eine sichere Lagerung und Handhabung ist hier also sehr wichtig. Selbstverständlich müsste das Gefäß nach den einschlägigen Vorschriften beschriftet und gekennzeichnet sein.

A23.5

$$2 \, NaOH\,(aq) + CO_2\,(g) \rightarrow Na_2CO_3\,(s) + H_2O\,(g)$$
Natronlauge   Kohlenstoffdioxid   Soda

A23.6

Bei längerer Einwirkung greift Natronlauge auch Glas an.

A25.1

a) bis d) individuelle Lösung; Hinweise zur Lösung:

	Lithium	Natrium	Kalium
Aggregat-zustand	fest	fest	fest
Farbe	silbrig glänzend	silbrig glänzend	silbrig glänzend
Schmelz-temperatur	181 °C	98 °C	63 °C
Reaktivität	reaktionsfreudig	reaktionsfreudig	sehr reaktionsfreudig
historische Daten	erstmalige Gewinnung: 1818	erstmalige Gewinnung: 1807	erstmalige Gewinnung: 1807
Massenanteil (Erdkruste)	0,006 %	2,64 %	2,4 %
Namens-gebung	vom griechischen „lithos": der Stein	von arabisch „natrun": Natron	von arabisch „alqalya": Pflanzenasche
Reaktions-gleichung	$2 \, Me\,(s) + 2 \, H_2O\,(l) \rightarrow 2 \, MeOH\,(aq) + H_2\,(g)$; Me = Li, Na, K		
Name der Reaktions-produkte	Lithiumhydroxid	Natrium-hydroxid	Kaliumhydroxid

	Rubidium	Caesium
Aggregat-zustand	fest	fest
Farbe	silbrig glänzend	gold glänzend
Schmelz-temperatur	39 °C	28 °C
Reaktivität	sehr reaktionsfreudig	extrem reaktionsfreudig
historische Daten	Entdeckung: 1861	Entdeckung: 1861
Massenanteil (Erdkruste)	0,03 %	0,0006 %
Namens-gebung	von lateinisch „rubidus": tiefrot	von lateinisch „caesius": himmelblau
Reaktions-gleichung	$2 \, Me\,(s) + 2 \, H_2O\,(l) \rightarrow 2 \, MeOH\,(aq) + H_2\,(g)$; Me = Rb, Cs	
Name der Reaktions-produkte	Rubidiumhydroxid	Caesiumhydroxid

e), f) individuelle Lösung

A25.2

a) Lithium wird aufgrund seiner geringen Dichte oftmals zu Legierungen verarbeitet, die leicht und strapazierfähig sein müssen. Aluminium-Lithium-Legierungen werden beispielsweise im Raketen- und Flugzeugbau genutzt. Lithium kommt in Batterien und Akkumulatoren zum Einsatz. Lithium und seine Verbindungen werden daneben auch in der Glas- und Keramikproduktion, als Schmiermittel und in der Arzneimittelproduktion genutzt.

b) Durch den Einsatz von leichteren Metallen im Fahrzeug- und Flugzeugbau lassen sich erhebliche Einsparungen beim Treibstoffverbrauch und somit mehr Effizienz und Umweltfreundlichkeit erzielen.

A25.3

a) Alkalimetalle lassen sich in ihren Verbindungen vergleichsweise leicht durch Flammenfärbung nachweisen. Da sie jedoch in elementarem Zustand sehr reaktionsfreudig sind, können sie nur mit erheblichem Aufwand aus ihren Verbindungen gewonnen werden. Aufgrund des z. T. geringen Massenanteils an der Erdkruste ist die Gewinnung weiterhin erschwert.

b) Da die Elemente Rubidium und Caesium sehr reaktiv sind und bereits mit Luftfeuchtigkeit und Sauerstoff reagieren, gibt es kaum technische Anwendungen für diese Elemente.

A25.4

Enthält die Probe für eine Flammenfärbung mehrere Elemente, so ergibt sich ein gemischter Farbeindruck, den man nicht mehr eindeutig zuordnen kann. Außerdem sind die Flammenfärbungen einiger Elemente relativ ähnlich. Bei der spektroskopischen Untersuchung der Flammenfärbung erkennt man dagegen einzelne Spektrallinien, die man eindeutig bestimmten Elementen zuordnen kann. Der Nachweis mithilfe der Spektroskopie ist somit wesentlich genauer.

A25.5

a) *Dispersion* bezeichnet die Abhängigkeit des Brechungswinkels von der Wellenlänge des gebrochenen Lichts. Rotes Licht mit einer größeren Wellenlänge wird beim schrägen Einfall des Lichts auf eine Glasoberfläche weniger stark abgelenkt als blaues Licht mit einer kleineren Wellenlänge. Gelbes und grünes Licht werden entsprechend ihrer Wellenlänge mittelstark abgelenkt. Bei der Nutzung eines Prismas in einem Spektroskop tritt die Dispersion zweimal auf, nämlich beim Eintritt des Lichts in das Prisma und beim Austritt aus dem Prisma. Weißes Licht, das alle Farben des sichtbaren Bereichs enthält, wird durch die Dispersion in seine Bestandteile aufgeteilt. Durch die unterschiedlich starke Brechung erscheinen die einzelnen Farbanteile an unterschiedlichen Orten auf einem Schirm hinter dem Prisma. Besteht das Licht nur aus einzelnen Wellenlängen, wie bei den Flammenfarben der Alkalimetalle, können sie über den Ort und die Farbe identifiziert werden.

b) Lithium: 660 nm
Natrium: 590 nm
Kalium: 760 nm und 400 nm
Rubidium: 760 nm und 415 nm
Caesium: 450 nm

A25.6

a), b) individuelle Lösung in Abhängigkeit des betrachteten Mineralwassers

A27.1

a), b) individuelle Lösung; Hinweise zur Lösung:

	Fluor	Chlor	Brom	Iod
Aggregatzustand	gasförmig	gasförmig	flüssig	fest
Farbe	blassgelb	gelbgrün	rotbraun	violett
Geruch	stechend	stechend	stechend	leicht stechend
Siedetemperatur	−188 °C	−34 °C	59 °C	185 °C
Reaktivität	extrem reaktionsfreudig	sehr reaktionsfreudig	sehr reaktionsfreudig	reaktionsfreudig
Entdeckung und Gewinnung	1530 Calciumfluorid; 1811 Vermutung der Existenz des Elements; 1886 Gewinnung des Elements	1774 unbewusste Synthese; 1808 Erkenntnis der Existenz von elementarem Chlor	1824 unbewusste Synthese; 1826 Erkenntnis der Existenz von elementarem Brom	1811 unbewusste Synthese; 1813 gezielte Erforschung der Eigenschaften des Elements Iod

c), d) individuelle Lösung

e) Fluor konnte erstmals 1886 als Element hergestellt werden. Die Herstellung gelang erst so spät, weil das Element äußerst reaktiv ist und nur durch Elektrolyse in einer speziellen Apparatur gewonnen werden kann.

A27.2

Fluor hat eine Dichte von 0,00158 $\frac{g}{ml}$ und Chlor eine Dichte von 0,00295 $\frac{g}{ml}$. Bei beiden Elementen handelt es sich um Gase, die deutlich geringere Dichten als Flüssigkeiten (Brom) oder Feststoffe (Iod) aufweisen.

A27.3

a) Durch die Chlorung bleibt das Wasser längere Zeit keimfrei.

b) Der Zusatz von Chlor und Chlorverbindungen zu Trinkwasser und Schwimmbadwasser soll Mikroorganismen abtöten, um gesundheitliche Risiken zu mindern. Zur Entkeimung von Trinkwasser kann man Chlor, Hypochlorit oder Chlordioxid verwenden. Das zugesetzte Chlor reagiert teilweise mit Stickstoffverbindungen wie Eiweißstoffen, den Rest bezeichnet man als freies Chlor. Man darf höchstens soviel an Chlor oder Chlorverbindungen zusetzen, dass der Gehalt an freiem Chlor $1,2 \frac{mg}{l}$ nicht überschreitet. Das beim Verbraucher ankommende Wasser darf höchstens noch $0,3 \frac{mg}{l}$ freies Chlor enthalten. Neben der Chlorung verwendet man alternativ Verfahren wie Zugabe von Ozon oder UV-Bestrahlung.

Bei der Chlorung von Schwimmbadwasser muss der Gehalt an freiem Chlor zwischen 0,3 und $0,6 \frac{mg}{l}$ liegen, in Warmwassersprudelbecken zwischen 0,7 und $1 \frac{mg}{l}$.

c) Im Freibad gibt es einen regeren Luftaustausch, die chlorhaltige Luft wird vom Wind verweht. Daneben kann aber auch die Temperatur eine Rolle spielen: Hallenbäder haben oft wärmeres Wasser, sodass eine stärkere Chlorung nötig ist. Zudem entweicht bei höherer Temperatur mehr Chlor aus dem Wasser; der Anteil an Chlor in der Luft ist deshalb größer.

A27.4

Verhältnisformel: ZnI_2
Reaktionsgleichung: $Zn(s) + I_2(s) \rightarrow ZnI_2(s)$

A27.5

a) Chlor hat eine bleichende Wirkung. Die Blütenfarbstoffe werden angegriffen und zersetzt, deshalb entfärbt sich die Blüte.

b) Chlor wirkt auf Mikroorganismen stark giftig. Werden chlorhaltige Reinigungsmittel auf Schimmel aufgebracht, so werden die Schimmelsporen abgetötet, weiterhin wirkt das Chlor bleichend und entfernt aufgetretene Verfärbungen.

A27.6

a) In der Kartoffel ist Stärke enthalten, die mit der Iodlösung reagiert, hierbei bildet sich der tiefblaue Iod-Stärke-Komplex.

b) Eine Probe des zu untersuchenden Lebensmittels wird mit Iodlösung versetzt. Wenn eine tiefblaue Färbung eintritt hat sich der Iod-Stärke-Komplex gebildet, das Lebensmittel ist stärkehaltig.

V28.1

a) Im Reagenzglas steigen Gasblasen auf. Das Wasser wird langsam aus dem Reagenzglas verdrängt, ein Gas entsteht. Das Wasser im Becherglas färbt sich blau.

$2 Li(s) + 2 H_2O(l) \rightarrow 2 LiOH(aq) + H_2(g)$

Lithium reagiert mit Wasser unter Bildung von Lithiumhydroxid und Wasserstoff. Das Lithiumhydroxid löst sich im Wasser. Diese Lösung reagiert basisch und verursacht so die Blaufärbung des Indikators.

b) Lithium wird zum Schutz vor Oxidation unter Paraffinöl aufbewahrt. Sonst würde eine Reaktion mit dem Luftsauerstoff oder -stickstoff stattfinden.

Metallisches Lithium reagiert mit Wasser unter starker Wärmeabgabe zu Lithiumhydroxid und verursacht so Schäden durch Verbrennungen oder Verätzungen. Um diese Reaktion auszulösen, genügt schon die Hautfeuchtigkeit.

c) Das Gas wird in einer pneumatischen Wanne aufgefangen. Mithilfe der Knallgasprobe wird untersucht, ob es sich um Wasserstoff handelt.

V28.2

a) Sobald das Lithium mit Wasser in Kontakt kommt, sind eine Gasentwicklung und die Auflösung des Lithiumstückchens zu beobachten. Der Kolben wird aus dem Kolbenprober herausgeschoben. Die Messwerte variieren in Abhängigkeit der verwendeten Lithium-Stoffportion.

b) vgl. Rechenbeispiel auf S. 28 im Chemiebuch

c) vgl. Rechenbeispiel auf S. 28 im Chemiebuch

d) individuelle Lösung

V29.1

a)

Natriumchloridlösung:	farbloser Niederschlag
Natriumbromidlösung:	gelblicher Niederschlag
Natriumiodidlösung:	gelber Niederschlag
Leitungswasser:	starke Trübung
Salzsäure:	farbloser Niederschlag

b) Der Niederschlag ist bei Chloriden farblos, bei Iodiden dagegen gelb.

c) Bei der Natriumchloridlösung entsteht viel mehr Niederschlag; sie enthält also mehr Chlorid als das Leitungswasser. Das Mineralwasser hat einen höheren Chloridgehalt als Leitungswasser, er ist aber wesentlich geringer als der Chloridgehalt in der Natriumchloridlösung.

V29.2

Der blaue Farbstoff wird durch das Chlor gebleicht.

V29.3

Das Iod beginnt zu sublimieren und violetter Ioddampf entsteht, der nach einer Weile den gesamten Kolben ausfüllt. Etwas Iod resublimiert an den Wänden, der Großteil jedoch langsam an der Unterseite des Reagenzglases. Dort bilden sich schwarzviolette Kristalle.

A30.1

a) I. Hauptgruppe: Alkalimetalle; II. Hauptgruppe: Erdalkalimetalle; VII. Hauptgruppe: Halogene; VIII. Hauptgruppe: Edelgase

b) I. Hauptgruppe: Die Alkalimetalle sind reaktionsfreudige Metalle, die leicht mit Nichtmetallen reagieren. Die Reaktionsheftigkeit steigt innerhalb der Gruppe von oben nach unten an.

II. Hauptgruppe: Die Erdalkalimetalle sind reaktionsfreudige Metalle, die leicht mit Nichtmetallen reagieren. Die Reaktionsheftigkeit steigt innerhalb der Gruppe von oben nach unten an.

VII. Hauptgruppe: Die Halogene sind reaktionsfreudige Nichtmetalle, die leicht mit Metallen reagieren. Die Reaktionsheftigkeit nimmt innerhalb der Gruppe von oben nach unten ab.

VIII. Hauptgruppe: Edelgase sind äußerst reaktionsträge Elemente, die nahezu keine Reaktion mit anderen Elementen zeigen. Nur Xenon und Krypton lassen sich zur Reaktion zwingen.

d) In den ersten beiden Gruppen sind nur Metalle zu finden. Die Elemente der Gruppen VII und VIII sind typische Nichtmetalle. Dadurch sind die Ähnlichkeiten auffälliger als beispielsweise in der Gruppe IV, in der oben das Nichtmetall Kohlenstoff und unten das Metall Blei steht.

A31.1

a) LAVOISIER führte den Elementbegriff ein. Er schuf damit die Basis für die gezielte Untersuchung der Eigenschaften der Elemente, die die Grundlage für ihre Ordnung im Periodensystem darstellen. Mit DALTONS Überlegungen zum Aufbau der Stoffe aus Atomen wurde klar, dass eine Untersuchung der Eigenschaften von Elementen eine Untersuchung der Eigenschaften der jeweiligen Atomsorten bedeutet. Die Ordnung der Elemente nach ihrer Atommasse stellte den ersten Ordnungsversuch dar, der ohne die Arbeiten von BERZELIUS über die Massen unterschiedlicher Atomsorten nicht möglich gewesen wäre. Die verkürzte Darstellung von Elementen mit Elementsymbolen ermöglicht eine kompakte und übersichtliche Darstellungsweise.

b) DÖBEREINER stellte Gruppen chemisch ähnlicher Elemente zusammen und erkannte, dass sich Vorhersagen über unbekannte Eigenschaften der Bausteine anhand der Kenntnis der verwandten Elemente machen lassen. Er stellte heraus, dass sich die Eigenschaften ähnlicher Elemente regelhaft ändern. NEWLANDS machte mit seinem *Law of Octaves* deutlich, dass es nicht nur regelhafte Veränderungen innerhalb der Abfolge einer Elementfamilie sondern auch innerhalb einer Periode gibt.

c) individuelle Lösung; Lösungsbeispiel:
Dalton Atommodell: Es erklärt die chemische Reaktion als Umgruppierung von Atomen verschiedener Elemente. Daraus lässt sich das Gesetz der Erhaltung der Masse ableiten. Nicht zu erklären sind jedoch Stoffeigenschaften von Verbindungen, wie beispielsweise die Siedetemperatur. Ebenfalls nicht zu erklären sind die Verhältnisformeln der Verbindungen.

A33.1

a) Beim Reiben vom Papier und Folie werden Elektronen auf die Folie übertragen. Das Papier zeigt einen Mangel an Elektronen und trägt damit eine positive Ladung. Auf der Folie ist ein Überschuss an Elektronen, es trägt eine negative Ladung. Die Anziehung der positiven und negativen Ladungen ist die Ursache für die Anziehung zwischen Papier und Folie. Die aufgeladenen Folien weisen beide einen negativen Ladungsüberschuss auf. Die Abstoßung der negativen Ladungen ist die Ursache für die Abstoßung der Folien.

b) Wenn man sich beispielsweise durch Reibung selbst elektrisch aufgeladen hat und dann einen metallischen Gegenstand berührt, findet ein schlagartiger Ladungsausgleich statt. Dieser Ladungsausgleich ist mit einem Funken verbunden, dessen Hitzewirkung man auf der Haut spürt.

A33.2

a) Der Blitzableiter muss aus Metall gefertigt sein. Er muss vom First des Daches außen am Haus ins Erdreich geführt werden. Die elektrische Ladung, die der Blitz transportiert, wird ins Erdreich abgeleitet.

b) Die Geschwindigkeit des Schalles ist wesentlich kleiner als die Geschwindigkeit des Lichtes. Daher nimmt man bei weiter entfernten Gewittern zunächst das Licht des Blitzes wahr und erst mit Verzögerung das von ihm erzeugte Geräusch, den Donner. Ist das Gewitter ganz in der Nähe, macht sich die unterschiedliche Ausbreitungsgeschwindigkeit von Licht und Schall nicht so deutlich bemerkbar.

A33.3

a) *Influenz* bedeutet die Ladungsverschiebung in einem ungeladenen Körper aufgrund eines elektrischen Feldes, das von einem geladenen Körper erzeugt wird. Der Bernstein wird mit einem Wolltuch gerieben. Dabei gehen Elektronen auf den Bernstein über und laden ihn negativ auf. Die Elektronen stoßen nun negative Ladungen beispielweise in dem ungeladenen Papier ab. Dies funktioniert auch ohne Berührung über ein elektrisches Feld. Das Papierstückchen bildet dadurch zwei elektrisch geladene Pole: Der negative Pol ist dabei etwas weiter vom Bernstein entfernt als der positive. Die Papierstückchen werden nun insgesamt vom Bernstein angezogen, da der positive Pol aufgrund des geringeren Abstandes etwas stärker vom negativ geladenen Bernstein angezogen wird als der negative Pol abgestoßen wird.

b) Eine Glimmlampe weist positive und negative elektrische Ladungen nach, indem ein in der Glasfassung eingeschlossenes Gas aufleuchtet, wenn man die Glimmlampe an einen geladenen Körper hält. Leuchtet dabei die dem Körper zugewandte Seite war er negativ geladen. Der Überschuss an negativen Ladungen auf dem Bernstein kann über die Glimmlampe abfließen und lässt sie aufleuchten.

A33.4

a) Nach dem Daltonschen Atommodell könnten Stoffe nicht elektrisch aufgeladen werden, ebenso ist die elektrische Leitfähigkeit nicht zu erklären. Für beide Phänomene ist das Vorhandensein von Ladungsträgern notwendig, die jedoch im Daltonschen Atommodell nicht existieren.

b) Es muss eine Zeichnung angefertigt werden, die zumindest der Darstellung eines Atoms nach dem Rosinenkuchenmodell oder dem Kern-Hülle-Modell entspricht (siehe Chemie heute Teilband 2, S. 37, A2).

c) individuelle Lösung

A33.5

individuelle Lösung; Hinweise zur Lösung:

a) Metall: Elektronen springen von einem Atom zum nächsten (Abschnitt **Elektrische Leitfähigkeit** auf S. 32/33 im Chemiebuch).

Salzschmelze: Es liegen frei bewegliche Anionen und Kationen vor, die in Richtung Plus- oder Minuspol wandern (Abschnitt **Geladene Teilchen** auf S. 33 im Chemiebuch).

Salzlösung: Die frei beweglichen Anionen und Kationen sind von Wasser umgeben, die Ionen können ebenso wie in der Salzschmelze zum Plus- und Minuspol wandern (Abschnitt **Geladene Teilchen** auf S. 33 im Chemiebuch).

c) Die Anionen und Kationen sitzen auf festen Gitterplätzen, eine Bewegung von Ladungsträgern (Elektronen oder Ionen) ist nicht möglich.

A34.1

Es ist die Bildung von Chlor, Wasserstoff und Natronlauge zu beobachten. Am Pluspol entsteht grüngelbliches Chlorgas und am Minuspol farbloses Wasserstoffgas. Der Nachweis kann im Falle des Chlorgases über die bleichende Wirkung oder auch eine Geruchsprüfung erfolgen, der Wasserstoff kann mithilfe der Knallgasprobe nachgewiesen werden. Die sich bildende Natronlauge kann über einen Indikator und eine orangefarbene Flammenfärbung nachgewiesen werden.

A34.2

a) Es ist die Bildung von Kupfer und Chlorgas zu erwarten. Das Kupfer wird sich am Minuspol abscheiden und das Chlorgas am Pluspol bilden.

b) $Cu^{2+}(aq) + 2\,e^- \dashrightarrow Cu(s)$; $2\,Cl^-(aq) \dashrightarrow Cl_2(g) + 2\,e^-$

c) individuelle Lösung; Hinweise zur Lösung: Die Zn^{2+}-Ionen in Abb. 1 auf S. 34 im Chemiebuch werden durch Cu^{2+}-Ionen ersetzt, die Iodid-Ionen werden durch Chlorid-Ionen ersetzt.

V35.1

a) Am Pluspol ist die Bildung von rotbraunen Schlieren zu erkennen, die langsam zu Boden sinken. Am Minuspol ist die Bildung eines grauen Feststoffs an der Elektrode zu erkennen.

b) Minuspol, Kathode: $Zn^{2+}(aq) + 2\,e^- \dashrightarrow Zn(s)$; Pluspol, Anode: $2\,Br^-(aq) \dashrightarrow Br_2(aq) + 2\,e^-$

c) In Abb. 1 auf S. 34 im Chemiebuch werden die Iodid-Ionen durch Bromid-Ionen und die Iod-Moleküle durch Brom-Moleküle ersetzt.

d)

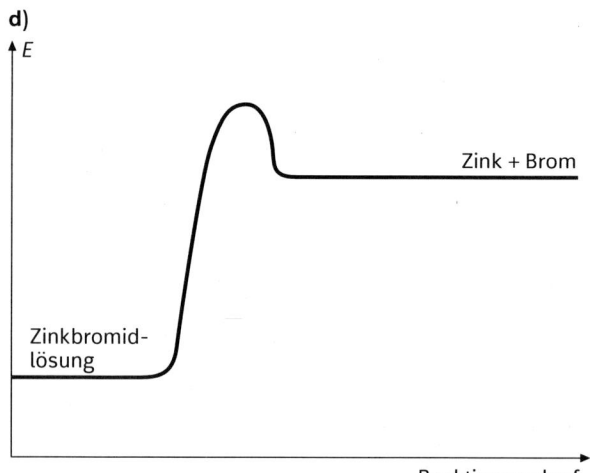

V35.2

a) Beim Eintauchen der Kupfermünze in die Silberlösung ist eine Abscheidung eines silbrig glänzenden Feststoffs zu erkennen. An der Graphit-Elektrode bildet sich während der Elektrolyse ein Gas. Der abgeschiedene Feststoff haftet an der Münze, lässt sich aber bei stärkerem Reiben von der Münze abwischen.

b)

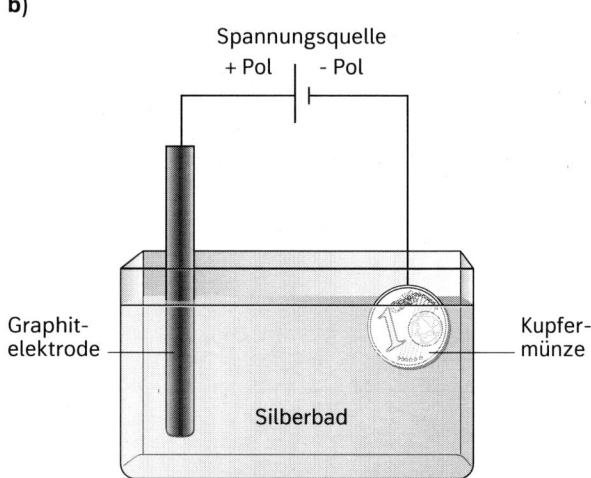

c) Minuspol, Kathode: $Ag^+(aq) + e^- \dashrightarrow Ag(s)$; Pluspol, Anode: $2\,H_2O(aq) \dashrightarrow O_2(g) + 4\,e^- + 4\,H^+(aq)$

V35.3

a) *Raffination* ist ein technisches Verfahren, bei dem Rohstoffe, Nahrungsmittel und technischen Produkte gereinigt, veredelt, getrennt und/oder konzentriert werden.

b) individuelle Lösung

c) individuelle Lösung; Hinweise zur Lösung: Je nach verwendetem Material ist zu beobachten, dass an der Anode das Kupferkabel sich auflöst, an der Kathode sich Kupfer abscheidet und unter der Anode sich etwas Anodenschlamm absetzt.

d) Minuspol, Kathode: $Cu^{2+}(aq) + 2e^- \dashrightarrow Cu(s)$; Pluspol, Anode: $Cu(s) \dashrightarrow Cu^{2+}(aq) + 2\,e^-$

A37.1

a) Die Abbildung zeigt schematisch die Eigenschaften radioaktiver Strahlung. In einem Bleiblock befindet sich ein radioaktives Präparat. Aus einer Öffnung im Bleiblock kann Strahlung austreten. Diese Strahlung wird durch ein elektrisches Feld geleitet, wobei Teile der Strahlung von diesem Feld abgelenkt werden. Ein Teil der Strahlung, der aus He^{2+}-Kationen besteht, wird zum negativen Pol hin abgelenkt, ein anderer Teil, der aus Elektronen besteht, wird zum positiven Pol abgelenkt. Ein dritter Teil der Strahlung läuft ohne Ablenkung durch das elektrische Feld.

Die Strahlung trifft auf verschiedene Materialien (Papier, Aluminium und Blei). Die aus He^{2+}-Kationen bestehende Strahlung kann keines der Materialien durchdringen. Die aus Elektronen bestehende Strahlung durchdringt Papier, nicht jedoch Aluminium oder Blei. Der nicht abgelenkte Teil der Strahlung läuft durch Papier und Aluminium hindurch und wird von Blei abgeschwächt.

b) *Radioaktivität* ist die Erscheinung, dass Elemente wie Uran ohne jede Einwirkung von außen energiereiche Strahlen aussenden; dabei entstehen Atome anderer Elemente.
α-Strahlung besteht aus zweifach positiv geladenen Helium-Ionen. Daher werden sie in einem elektrischen Feld zum Minuspol hin abgelenkt.
β-Strahlung besteht aus Elektronen, die in einem elektrischen Feld zum Pluspol hin abgelenkt werden.
γ-Strahlung ist eine sehr energiereiche elektromagnetische Strahlung, vergleichbar mit der Röntgenstrahlung. Sie ist elektrisch neutral und wird auf ihrem Weg von dem elektrischen Feld nicht beeinflusst.

c) *Beispiele:* Altersbestimmung von historischen Funden oder Gesteinen, Durchleuchten von Gegenständen in der Metallindustrie, Diagnose und Behandlung in der Medizin.

A37.2

a) Links ist das Rosinenkuchenmodell nach Thomson gezeichnet: Es gibt eine positiv geladene Grundmasse, in der Elektronen verteilt sind. In der Mitte sieht man das Atommodell nach Dalton: Das Atom ist eine in sich nicht weiter strukturierte Kugel. Rechts ist das Kern-Hülle-Modell nach Rutherford gezeichnet: Das Atom besteht aus einem positiv geladenen Kern, in dem sich die Protonen befinden, in der Hülle bewegen sich ebenso viele Elektronen.

b) Vom Daltonschen zum Rutherfordschen Atommodell wird die Modellvorstellung weiterentwickelt und immer detaillierter. Damit lassen sich auch immer mehr experimentelle Befunde mit dem jeweiligen Atommodell erklären.

Die experimentellen Erkenntnisse aus dem Bereich der Elektrizitätslehre und die Experimente von Rutherford zum Aufbau der Atome hatten ergeben, dass diese aus einer negativ geladenen Hülle und einem positiv geladenen Kern bestehen. Dementsprechend wurden die Erkenntnisse in das jeweilige Atommodell aufgenommen: Im Atommodell nach Thomson wird das Vorhandensein von Elektronen berücksichtigt. Im Rutherfordschen Atommodell wird weiterhin berücksichtigt, dass das Atom aus einem relativ kleinen, positiv geladenen Atomkern und der praktisch leeren Atomhülle besteht.

A37.3

a) *Versuchsdurchführung:* Aus einem radioaktiven Präparat gelangt α-Strahlung durch eine Blende in die Versuchsapparatur. In der Mitte der Apparatur befindet sich eine dünne Goldfolie, die von der Strahlung getroffen wird. Um die Goldfolie herum befindet sich ein kreisförmig angeordneter Zinksulfid-Schirm. Er leuchtet an den Stellen auf, an denen die α-Strahlung auf den Schirm trifft.
Beobachtung: Am häufigsten leuchtet der Schirm direkt hinter der Goldfolie auf. Zu den Rändern des Schirms sind auch Ereignisse zu beobachten, deren Häufigkeit nimmt aber stark ab. Gelegentlich ist aber auch ein Aufleuchten an Stellen des Schirms zu beobachten, die vor der Goldfolie liegen.

b) Der Atomkern musste klein sein, weil Rutherford den Durchgang der Mehrzahl der α-Teilchen durch die Goldfolie beobachten konnte. Weil aber auch wenige der positiv geladenen und sehr energiereichen α-Teilchen stark abgelenkt wurden oder in die Ausgangsrichtung zurückprallten, musste der Atomkern sehr schwer und positiv geladen sein.

c) Die α-Teilchen konnten zum größten Teil die Goldfolie ungehindert durchdringen. Nur wenige α-Teilchen wurden teilweise stark abgelenkt. Dies lässt sich nur damit erklären, dass ein großer Teil des Atoms leer ist. Der größte Teil der α-Teilchen trifft somit auf dem Weg durch die Goldfolie auf kein Hindernis. Dies zeigt, dass die Goldatome aus einem relativ kleinen und kompakten Kern und einer vergleichsweise großen und gut durchdringbaren Hülle bestehen.

A37.4

Das Kern-Hülle-Modell und der Streuversuch von Rutherford zeigen, dass das Atom aus kleineren Teilchen besteht, die im Atomkern beziehungsweise in der Atomhülle angeordnet sind. Auch das Auftreten radioaktiver Strahlung weist auf die Teilbarkeit von Atomen hin. Der Name Atom wurde aber beibehalten, da er bereits zu einem festen Begriff in der Fachsprache geworden war.

A37.5

$d(\text{Atomkern}) = 10\,\text{cm}$; er ist 10 000-mal kleiner als das Atom selbst.
$d(\text{Atom}) = 10\,000 \cdot 10\,\text{cm} = 100\,000\,\text{cm} = 1\,000\,\text{m}$

A37.6

a) Nach dem Kern-Hülle-Modell trägt der Kern eine oder mehrere positive Ladungen und in der Atomhülle bewegen sich ein oder mehrere Elektronen. In einem ungeladenen Atom ist die positive Ladung im Kern genauso groß wie die negative Ladung in der Hülle. Wird aus der Atomhülle ein Elektron entfernt überwiegt die positive Ladung des Kerns, ein Kation ist entstanden. Umgekehrt führt die Aufnahme eines Elektrons in die Hülle zu einem negativen Ladungsüberschuss, es entsteht ein Anion.

b) Das Zink-Ion ist positiv geladen, dementsprechend gibt es mehr positive Ladung im Kern als negative Ladung in der Hülle. Während der Elektrolyse werden dem Kation zwei Elektronen hinzugefügt, so dass ein neutral geladenes Atom entsteht. Das Iodid-Ion weist mehr negative Ladung in der Hülle als positive im Kern auf. Durch Entfernung eines Elektrons aus der Hülle entsteht ein neutral geladenes Atom.

A37.7

a) individuelle Ergänzungen

A39.1

a)

Atom	Anzahl der Protonen und Elektronen	Anzahl der Neutronen
$^{1}_{1}H$	1	0
$^{2}_{1}H$	1	1
$^{3}_{1}H$	1	2
$^{12}_{6}C$	6	6
$^{13}_{6}C$	6	7
$^{14}_{6}C$	6	8
$^{16}_{8}O$	8	8
$^{23}_{11}Na$	11	12
$^{27}_{13}Al$	13	14
$^{31}_{15}P$	15	16
$^{32}_{16}S$	16	16
$^{40}_{20}Ca$	20	20
$^{127}_{53}I$	53	74
$^{137}_{56}Ba$	56	81
$^{235}_{92}U$	92	143

A39.2

a) Ein Helium-Atomkern besteht aus zwei Protonen und zwei Neutronen, er weist eine Masse von 4 u auf. Ein Gold-Atomkern besteht aus 79 Protonen und 118 Neutronen, er weist eine Masse von 197 u auf.

b) Beide Atomkerne sind positiv geladen, sie stoßen sich also gegenseitig ab. Der Gold-Atomkern ist im Vergleich zum Helium-Atomkern sehr schwer. Trifft ein α-Teilchen zentral auf einen Gold-Atomkern, wird das α-Teilchen zurückgeworfen und der Gold-Atomkern bleibt aufgrund seiner Trägheit an seinem Platz. Dies ist vergleichbar mit dem Stoß eines Tischtennisballs und einer Billardkugel. Der leichte Tischtennisball prallt von der sehr schweren Billardkugel zurück.

A39.3

$m(_{52}Te\text{-Atom}) = 128\ u$, $m(_{53}I\text{-Atom}) = 127\ u$
Der Atomkern des Iods enthält mit 53 Protonen ein Proton mehr als der des Tellurs. Die Zahl der Protonen bestimmt die Ordnungszahl. Die größere Atommasse des Tellurs ergibt sich aus zwei zusätzlichen Neutronen.

A39.4

a) *Wasserstoff:*
$0,9998 \cdot 1\ u + 0,0002 \cdot 2\ u = 1,0002\ u$

Stickstoff:
$0,9963 \cdot 14\ u + 0,0037 \cdot 15\ u = 14,0037\ u$

Sauerstoff:
$0,998 \cdot 16\ u + 0,002 \cdot 18\ u = 16,004\ u$

Magnesium:
$0,787 \cdot 24\ u + 0,101 \cdot 25\ u + 0,112 \cdot 26\ u = 24,325\ u$

Silicium:
$0,922 \cdot 28\ u + 0,047 \cdot 29\ u + 0,031 \cdot 30\ u = 28,109\ u$

Schwefel:
$0,95 \cdot 32\ u + 0,008 \cdot 33\ u + 0,042 \cdot 34\ u = 32,092\ u$

Hinweis: Die Abweichungen von den Werten im Periodensystem beruhen auf Rundungsfehlern bzw. voneinander abweichenden Literaturwerten.

b) *Wasserstoff:*
mittleres Atomgewicht:
$$m(\text{H-Atom}) = \frac{(1\ u \cdot 99,98 + 2\ u \cdot 0,02)}{100} = 1,0002\ u$$
$$m(H_2) = 2,0004\ \frac{g}{mol}$$
Dichte: $\varrho(H_2) = \dfrac{2,0004\ \frac{g}{mol}}{24\ \frac{l}{mol}} = 0,0834\ \frac{g}{l}$

Stickstoff:
mittleres Atomgewicht:
$$m(\text{N-Atom}) = \frac{(14\ u \cdot 99,63 + 15\ u \cdot 0,37)}{100} = 14,0037\ u$$
$$m(N_2) = 28,0074\ \frac{g}{mol}$$
Dichte: $\varrho(N_2) = \dfrac{28,0074\ \frac{g}{mol}}{24\ \frac{l}{mol}} = 1,167\ \frac{g}{l}$

Sauerstoff:
mittleres Atomgewicht:
$$m(\text{O-Atom}) = \frac{(16\ u \cdot 99,8 + 18\ u \cdot 0,2)}{100} = 16,004\ u$$
$$m(O_2) = 32,008\ \frac{g}{mol}$$
Dichte: $\varrho(O_2) = \dfrac{32,008\ \frac{g}{mol}}{24\ \frac{l}{mol}} = 1,334\ \frac{g}{l}$

c) Es ergibt sich eine lineare Zuordnung. Steigt die Dichte des Gases sind seine Bestandteile proportional schwerer. Beispielsweise ist das Atomgewicht von Stickstoff etwa 14 mal größer als das von Wasserstoff. Dementsprechend ist die Dichte des Gases Stickstoff 14 mal so groß wie die des Gases Wasserstoff.

A39.5

$m(D_2O\text{-Molekül}) = 20\ u \quad \rightarrow \quad M(D_2O) = 20\ \frac{g}{mol}$

Deuteriumoxid (schweres Wasser) findet in Kernkraftwerken als Moderator Verwendung. Ein Moderator sorgt dafür, dass freie, schnelle Neutronen abgebremst werden.
Außerdem setzt man D_2O in der NMR-Spektroskopie bei Strukturaufklärung wasserlöslicher Verbindungen wie Proteinen und Nukleinsäuren ein. H_2O stört die Messungen.
Deuteriumoxid wird auch zur gezielten Synthese deuterierter Verbindungen eingesetzt.

A41.1

a) Um den Atomkern, der aus Protonen und Neutronen aufgebaut ist, kreisen die Elektronen in Elektronenschalen. Die Elektronenschalen bezeichnet man von innen nach außen mit den Buchstaben K, L, M, N, O, P, Q.

Man ordnet die Elemente nach steigender Protonenzahl und damit auch nach steigender Elektronenzahl. Von Element zu Element nimmt die Zahl der Protonen und Elektronen im Atom um eins zu.

Die Schalen werden von innen nach außen mit Elektronen besetzt. Für die maximale Anzahl z der Elektronen, die eine Schale aufnehmen kann, gilt die Beziehung $z = 2 \cdot n^2$, wobei n die Nummer der Schale ist.

b)
- Die K-Schale kann maximal 2 Elektronen aufnehmen, die L-Schale 8 und die M-Schale 18.
- Je weiter die Elektronenschale vom Atomkern entfernt ist, desto mehr Elektronen können aufgenommen werden. Maximale Anzahl z der Elektronen, die eine Schale aufnehmen kann: $z = 2 \cdot n^2$.
- Die innersten Schalen werden zuerst besetzt.
- Innerhalb einer Periode wird eine Elektronenschale von einem Element zum nächsten immer um ein weiteres Elektron befüllt.
- Die äußerste Elektronenschale wird immer mit maximal 8 Elektronen befüllt. Danach werden gegebenenfalls noch nicht vollständig besetzte Unterschalen aufgefüllt.

A41.2

a)

Element	Verteilung der Elektronen		
	K	L	M
$_5$B	2	3	
$_6$C	2	4	
$_7$N	2	5	
$_8$O	2	6	
$_{12}$Mg	2	8	2
$_{14}$Si	2	8	4
$_{15}$P	2	8	5
$_{16}$S	2	8	6

Die K-Schale ist in allen Fällen voll besetzt. Beginnend mit Magnesium ist auch die L-Schale voll besetzt.

b)

Element	Anzahl der Außenelektronen	Hauptgruppe
$_5$B	3	III
$_6$C	4	IV
$_7$N	5	V
$_8$O	6	VI
$_{12}$Mg	2	II
$_{14}$Si	4	IV
$_{15}$P	5	V
$_{16}$S	6	VI

Die Anzahl der Elektronen auf der Außenschale eines Elements stimmt mit dessen Hauptgruppennummer überein.

A41.3

Elektronenschale	Nummer der Elektronenschale	Maximale Elektronenzahl $2\,n^2$
K	1	2
L	2	8
M	3	18
N	4	32
O	5	50

A41.4

a) *Steckbriefe:*

	Helium	Neon	Argon
Farbe	Farblos	Farblos	Farblos
Schmelztemperatur	$-272{,}2\,°C$	$-248{,}59\,°C$	$-189{,}3\,°C$
Siedetemperatur	$-269\,°C$	$-246\,°C$	$-186\,°C$
Dichte	$0{,}1785\,\frac{kg}{m^3}$	$0{,}900\,\frac{kg}{m^3}$	$1{,}784\,\frac{kg}{m^3}$
elektrische Leitfähigkeit	keine	keine	keine
Reaktivität	keine	keine	extrem gering

	Krypton	Xenon
Farbe	Farblos	Farblos
Schmelztemperatur	$-157{,}36\,°C$	$-111{,}7\,°C$
Siedetemperatur	$-152\,°C$	$-108\,°C$
Dichte	$3{,}7491\,\frac{kg}{m^3}$	$5{,}8982\,\frac{kg}{m^3}$
elektrische Leitfähigkeit	keine	keine
Reaktivität	extrem gering	extrem gering

Schalenmodelle:
He, Ne, Ar: siehe Chemie heute Teilband 2 S. 42 Abb. 1 rechts

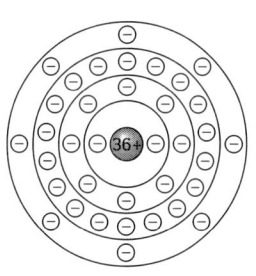

Krypton

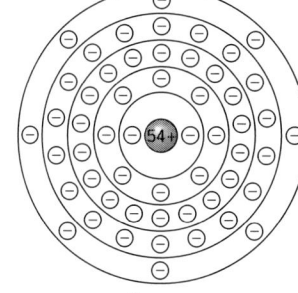

Xenon

b) *Helium:* Es wird als Füllgas für Ballons und Luftschiffe eingesetzt, da es eine sehr geringe Dichte aufweist und nicht brennbar ist. Es dient als Inertgas beim Schweißen, weil es nicht zur Reaktion mit den zu verschweißenden Komponenten kommen kann. Helium wird erst bei äußerst tiefen Temperaturen flüssig und kann deshalb als Kühlmittel für Spezialanwendungen genutzt werden.
Argon: Es dient als Schutzgas in der Schweißtechnik, weil es nicht zur Reaktion mit zu verschweißenden Komponenten kommen kann. Es wird als Löschmittel verwendet, da es sich wegen der großen Dichte über den Brandherd legt und so den Luftsauerstoff vom brennbaren Stoff fernhält. Gleichzeitig ist es äußerst reaktionsträge und reagiert nicht selbst mit dem brennbaren Stoff. Diese Eigenschaft wird ebenfalls genutzt wenn Argon in Lebensmittelverpackungen gefüllt wird. So werden Reaktionen des Packungsinhalts mit beispielsweise Luftsauerstoff unterbunden.

A41.5

a) Unter dem Begriff *Edelgaskonfiguration* wird eine spezielle Besetzung der Elektronenschalen mit Elektronen verstanden. Dabei gleicht die Besetzung der Schalen mit Elektronen der Besetzung, wie sie bei einem Edelgas vorzufinden ist. Ist die K-Schale die äußerste Schale, gleicht die Besetzung mit zwei Elektronen der beim Helium-Atom. Ab der L-Schale als äußerste Schale bedeutet die Edelgaskonfiguration eine Besetzung der äußersten Schale mit acht Elektronen. Elemente versuchen durch Aufnahme oder Abgabe von Elektronen diesen Zustand zu erreichen.

b) Die einfach positiv geladenen Ionen der Alkalimetalle haben eine Edelgaskonfiguration erreicht. Dementsprechend resultiert für die Ionen ein energetisch besonders stabiler Zustand, was die geringe Reaktivität erklärt.

A41.6

a) Im Ionisierungsenergie-Diagramm für das Natrium-Atom sind die Ionisierungsenergien für die einzelnen Elektronen des Natrium-Atoms aufgetragen. Das in der M-Schale befindliche Elektron weist die geringste Ionisierungsenergie auf, während die in der K-Schale befindlichen Elektronen die höchste Ionisierungsenergie benötigen. Innerhalb einer Schale ist ein stetiger Zuwachs der Ionisierungsenergien festzustellen, weil die Entfernung eines weiteren Elektrons aus der jeweiligen Schale aufgrund der gestiegenen positiven Ladung des Kations erschwert wird. Es ist ein zweimaliger sprunghafter Anstieg der Ionisierungsenergien festzustellen. Hierbei handelt es sich um den Übergang von der M- zur L-Schale bzw. um den Übergang von der L- zur K-Schale. Die Elektronen der K-Schale befinden sich näher am Kern und werden daher stärker von ihm angezogen als die Elektronen der L- bzw. M-Schale. Eine Ablösung wird dadurch erschwert.
Das Energiestufen-Diagramm des Natrium-Atoms bildet diesen Zustand nochmals graphisch ab. Hier sind der Abstand vom Kern und die Ionisierungsenergien aufgetragen. Das Elektron der M-Schale ist am weitesten vom Kern entfernt und benötigt somit die geringste Ionisierungsenergie. Die Elektronen der K-Schale sind dem Kern am nächsten und benötigen somit die größte Ionisierungsenergie.

b) 2 Elektronen in der K-Schale (1. Energiestufe)
8 Elektronen in der L-Schale (2. Energiestufe)
3 Elektronen in der M-Schale (3. Energiestufe)

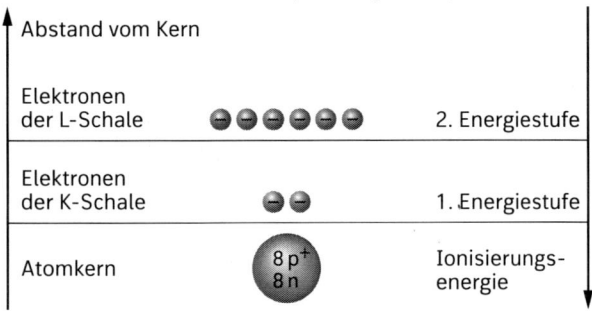

c) 2 Elektronen in der K-Schale (1. Energiestufe)
6 Elektronen in der L-Schale (2. Energiestufe)

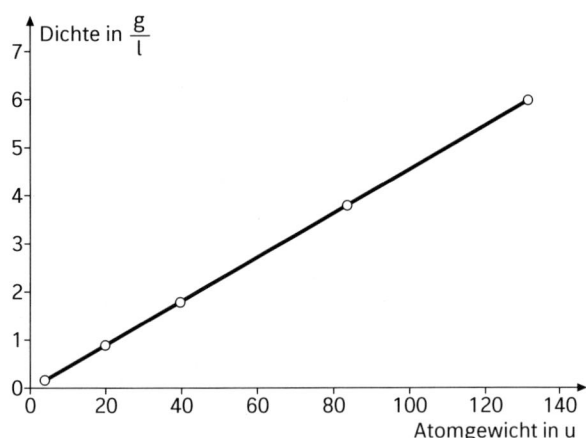

A41.7

Bei den Lanthanoiden wird die O-Schale aufgefüllt. Bei den Actinoiden wird die P-Schale aufgefüllt.

A41.8

Die linear ansteigende Ausgleichsgerade zeigt, dass die Dichten der Edelgase proportional zu den Atomgewichten der Atome sind.

A43.1

a) Die Elemente sind im Periodensystem nach steigender Protonenzahl geordnet. Die Ordnungszahl entspricht der Protonenzahl und der Anzahl der Elektronen. Die Nummer der Hauptgruppe ist gleich der Anzahl der Außenelektronen. Die Nummer der Periode stimmt mit der Anzahl der Elektronenschalen überein.

c)

1 Außenelektron ≙ I. Hauptgruppe

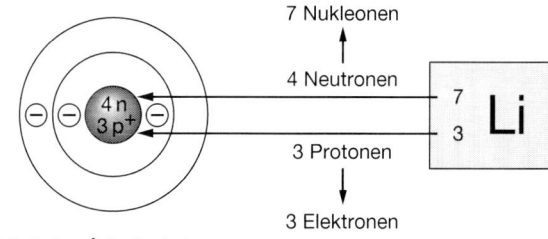

2 Schalen ≙ 2. Periode

4 Außenelektronen ≙ IV. Hauptgruppe

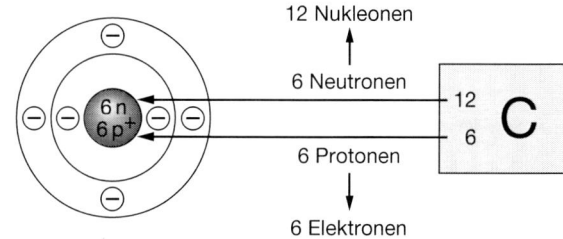

2 Schalen ≙ 2. Periode

2 Außenelektronen ≙ II. Hauptgruppe

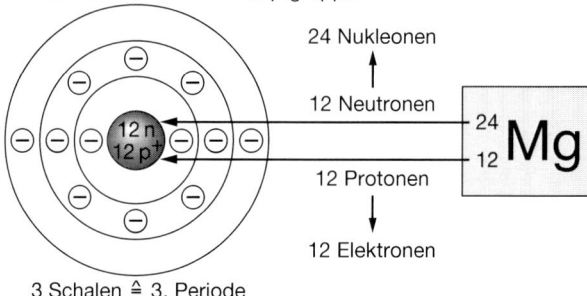

3 Schalen ≙ 3. Periode

A43.2

Na· ·Mg· ·Ȧl· ·Ṡi· |Ṗ· |S̄· |Cl̄· |Ār|

A43.3

a) *Partner A:*

Na· ·Mg· ·Ȧl· ·Ṡi· |Ṗ· |S̄· |Cl̄· |Ār|

Partner B:

K· ·Ca· ·Ġa· ·Ġe· |Ȧs· |S̄e· |B̄r· |K̄r|

b) In der zweiten, dritten und vierten Periode haben die Elemente, die in einer Hauptgruppe stehen, die gleiche Anzahl an Außenelektronen.

A43.4

Es handelt sich um Silicium, weil dieses Atom drei Elektronenschalen aufweist und die äußerste mit vier Elektronen besetzt ist.

A43.5

a) *Partner A:* Die Atomradien nehmen in der Periode von links nach rechts ab, da die zunehmende Zahl an Protonen im Kern die Elektronen in der Hülle stärker anziehen. Gleichzeitig nimmt auch die Zahl der Elektronen zu, die sich untereinander abstoßen. Dadurch wird der anziehende Effekt der Protonen etwas abgeschwächt.

Partner B: Die Kationenradien nehmen in der Periode von links nach rechts stark ab, weil eine gleichbleibende Zahl an Elektronen von der zunehmenden Zahl an Protonen im Kern stärker angezogen wird.

Partner C: Die Anionenradien nehmen in der Periode von links nach rechts leicht ab, da die zunehmende Zahl an Protonen im Kern die gleichbleibende Zahl an Elektronen in der Hülle stärker anziehen.

c) Der Sprung zwischen den Ionenradien kommt durch die stark unterschiedliche Elektronenanzahl in der Hülle, bei nahezu gleicher Protonenanzahl im Kern zustande. Die 28 Elektronen des Ge-Kations werden von den 32 Protonen im Kern sehr stark angezogen. Beim As-Anion kommt zu der Anziehung aufgrund der 33 Protonen im Kern noch die stärkere Abstoßung der 36 Elektronen untereinander hinzu.

A43.6

a)

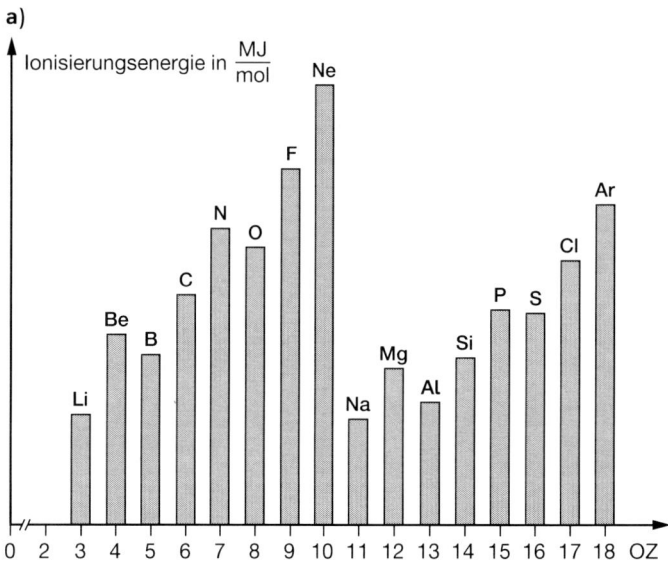

b) Die Ionisierungsenergie für das erste Elektron nimmt in einer Hauptgruppe von oben nach unten ab, denn das erste Elektron der Außenschale lässt sich wegen der wachsenden Entfernung vom Kern immer leichter abspalten. In einer Periode steigt die Ionisierungsenergie von links nach rechts an, denn die Elektronen werden aufgrund der größer werdenden Kernladung stärker angezogen.

A44.1

Bei jeder Messung können sich Fehler einschleichen. Beobachtet man beispielsweise nur einen Lichtblitz auf dem Schirmabschnitt vor der Goldfolie, kann es sich dabei um einen Fehler handeln. Damit wäre die Erklärung, die Rutherford aus den Versuchsergebnissen geschlossen hat, falsch. Beobachtet man aber mehrere dieser Ereignisse, könnte zwar immer noch eines fehlerhaft sein, würde dann aber das Gesamtergebnis kaum beeinflussen. Damit auch unwahrscheinliche Ereignisse in genügender Häufigkeit auftreten können, muss man entsprechend viele Lichtblitze auszählen. Die Ungenauigkeit der Ergebnisse nimmt damit ab.

A44.2

individuelle Lösung; mögliche Lösungsansätze: erneute Durchführung des Streuversuchs unter einer Fragestellung, die aus der neuen Hypothese erwächst; Untersuchungen zur positiven Ladung des Atomkerns und der negativen Ladung der Atomhülle; Untersuchungen zur Masse des Kerns und der Elektronen in der Atomhülle.

A47.1

a) *Partner A:* $2\,Me\,(s) + 2\,H_2O\,(l) \rightarrow 2\,MeOH\,(aq) + H_2\,(g)$,
Me: Li, Na, K, Rb, Cs, Ionenladung: Me^+;
Beispiel: $2\,Li\,(s) + 2\,H_2O\,(l) \rightarrow 2\,LiOH\,(aq) + H_2\,(g)$
Partner B: $Me\,(s) + 2\,H_2O\,(l) \rightarrow Me(OH)_2\,(aq) + H_2\,(g)$,
Me: Be, Mg, Ca, Sr, Ba, Ionenladung: Me^{2+}
Beispiel: $Mg\,(s) + 2\,H_2O\,(l) \rightarrow Mg(OH)_2\,(aq) + H_2\,(g)$

b) Die Kationen tragen bei den Alkalimetallen eine einfach positive Ladung, die Atome haben demnach ein Elektron bei der Reaktion abgegeben. Die Kationen der Erdalkalimetalle sind zweifach positiv geladen, sie haben zwei Elektronen abgegeben. Um das gleiche Volumen an Wasserstoffgas zu produzieren, benötigt man die doppelte Stoffmenge an Alkalimetallatomen wie an Erdalkalimetallatomen.

c) Erdalkalimetallatome geben bei ihrer Reaktion doppelt so viele Elektronen ab wie Alkalimetallatome. Mit einem Erdalkalimetallatom kann also ein Wasserstoff-Molekül erzeugt werden. Alkalimetallatome geben lediglich ein Elektron ab, so dass man zwei dieser Atome benötigt, um ein Wasserstoff-Molekül zu erzeugen.

d) $2\,AMe\,(s) + 2\,H_2O\,(l) \rightarrow 2\,AMeOH\,(aq) + H_2\,(g)$
$EMe\,(s) + 2\,H_2O\,(l) \rightarrow EMe(OH)_2\,(aq) + H_2\,(g)$

A47.2

a) bis **c)**

	Beryllium	Magnesium	Calcium
Aggregat-zustand	fest	fest	fest
Farbe	silbrig glänzend	silbrig glänzend	silbrig glänzend
Schmelz-temperatur	1278 °C	650 °C	842 °C
Reaktivität	reaktionsfreudig	reaktionsfreudig	reaktionsfreudig
historische Daten	erstmalige Gewinnung: 1828	erstmalige Gewinnung: 1828	erstmalige Gewinnung: 1808
Massen-anteil (Erdkruste)	0,0005 %	1,94 %	3,39 %
Namens-gebung	vom griechischen „Beryll": ein berylliumhaltiger Schmuckstein	unterschiedliche Quellen, individuelle Lösung	von lateinisch „calx": Kalkgestein

	Strontium	Barium
Aggregatzustand	fest	fest
Farbe	silbrig glänzend	gold glänzend
Schmelz-temperatur	777 °C	727 °C
Reaktivität	reaktionsfreudig	reaktionsfreudig
historische Daten	erstmalige Gewinnung: 1808	erstmalige Gewinnung: 1808
Massenanteil (Erdkruste)	0,01 %	0,03 %
Namensgebung	angelehnt an Strontian (schottische Stadt)	unklar

d), e) individuelle Lösung

A47.3

Alkalimetalle	Erdalkalimetalle
reaktiver	weniger reaktiv
weicher	härter
Reaktion mit Wasser	
pro mol Alkalimetall entsteht $\frac{1}{2}$ mol Wasserstoff	pro mol Erdalkalimetall entsteht 1 mol Wasserstoff
Verhältnisformel Hydroxid	
MeOH	$Me(OH)_2$

A47.4

a) individuelle Lösung; Lösungshinweise finden sich auf S. 24 im Chemiebuch und in der Lösung zu A25.5

b) In dem Spektrum sind die Linien von Calcium und Strontium zu erkennen.

A47.5

$Ca(OH)_2\,(aq) + CO_2\,(aq) \rightarrow CaCO_3\,(s) + H_2O\,(l)$

A47.6

Fein verteiltes Calcium besitzt eine große Oberfläche und reagiert mit dem Sauerstoff der Luft. Dabei wird so viel Energie frei, dass es glüht oder sogar zu brennen beginnt.

A47.7

a) *Partner A:* $2\,Li\,(s) + 2\,H_2O\,(l) \rightarrow 2\,LiOH\,(aq) + H_2\,(g)$

$$n = \frac{m}{M} = \frac{27{,}76\,g}{6{,}94\,\frac{g}{mol}} = 4\,mol$$

Die eingesetzte Stoffmenge Lithium beträgt 4 mol. Nach der Reaktionsgleichung entstehen bei 4 mol eingesetztem Lithium 2 mol Wasserstoffgas.

Partner B: $Mg(s) + 2 H_2O(l) \rightarrow Mg(OH)_2(aq) + H_2(g)$

$n = \dfrac{m}{M} = \dfrac{80,13\ g}{40,08\ \frac{g}{mol}} = 2\ mol$

Die eingesetzte Stoffmenge Calcium beträgt 2 mol. Nach der Reaktionsgleichung entstehen bei 2 mol eingesetztem Calcium 2 mol Wasserstoffgas.

V48.1

a) Beim blanken Magnesiumstreifen in warmem Wasser ist die Färbung von Phenolphthalein sehr ausgeprägt. Sowohl der blanke Magnesiumstreifen in kaltem Wasser als auch der ungereinigte Streifen in warmem Wasser ergeben nur eine schwache Färbung. Beim ungereinigten Streifen in kaltem Wasser ist kaum eine Färbung des Phenolphthaleins festzustellen.

b) $Mg(s) + 2 H_2O(l) \rightarrow Mg(OH)_2(aq) + H_2(g)$
$MgO(s) + 2 H_2O(l) \rightarrow Mg(OH)_2(aq) + H_2O(g)$

c) Die Oberfläche von Magnesium wird durch eine dünne Oxidschicht geschützt. In heißem Wasser reagiert das Magnesiumoxid zu Magnesiumhydroxid; die Schutzschicht löst sich allmählich auf. Bei den blanken Magnesiumstreifen ist die Oxidschicht abgerieben worden und das Magnesium reagiert mit dem Wasser zu Magnesiumhydroxid.

V48.2

a) Auf der Oberfläche des Calciums bilden sich zunächst wenige – im Verlaufe der Reaktion aber immer stärker – Gasblasen. Die Lösung erwärmt sich, die Calciumkörner werden kleiner und die Lösung trübt sich zunehmend. Die Bromthymolblaulösung färbt das Filtrat blau. Wenn Atemluft in das Filtrat geblasen wird, trübt sich die Lösung und ein weißer Feststoff fällt aus.

b) $Ca(s) + 2 H_2O(l) \rightarrow Ca(OH)_2(aq) + H_2(g)$
$Ca(OH)_2(aq) + CO_2(g) \rightarrow CaCO_3(s) + H_2O(l)$

c) Bei der Nachweisreaktion handelt es sich um die Kalkwasserprobe.

d) Bei den Alkalimetallen ist eine Zunahme der Reaktivität bei Elementen mit mehr Schalen in der Atomhülle zu beobachten. Die Elektronen sind dann vergleichsweise locker gebunden und werden relativ leicht abgegeben. Dies ist auch bei den Erdalkalimetallen zu erwarten. Dementsprechend wird Barium sehr viel heftiger als Calcium mit Wasser reagieren.

V48.3

a) Man beobachtet die Flammenfärbungen von Strontium, Barium, Calcium, Lithium, Natrium und Kalium.

c) Das Magnesiumstäbchen muss gut ausgeglüht werden, damit Reste und Verunreinigungen die Flammenfärbung nicht verfälschen.

V49.4

a) Bei der Reaktion von Lithium mit Wasser sind die Auflösung des Metalls und die Bildung von Gasblasen zu beobachten. Es bilden sich etwa 55 ml Gas. Die Lösung ist nach der Reaktion klar und farblos. Bei der Reaktion von Calcium mit Wasser ist die Auflösung des Calciums, die Bildung von Gasblasen und die milchige Trübung der Lösung zu beobachten. Es bilden sich etwa 48 ml Gas.

b) Lithium + Wasser → Lithiumhydroxid + Wasserstoff;
$2 Li(s) + 2 H_2O(l) \rightarrow 2 LiOH(aq) + H_2(g)$
Calcium + Wasser → Calciumhydroxid + Wasserstoff;
$Ca(s) + 2 H_2O(l) \rightarrow Ca(OH)_2(aq) + H_2(g)$

c) $0,03\ g\ Li : 6,49\ \frac{g}{mol} = 0,0046\ mol\ Li$;
4,6 mmol Li entsprechen 2,3 mmol Wasserstoff.
$0,08\ g\ Ca : 40,01\ \frac{g}{mol} = 0,002\ mol\ Ca$;
2 mmol Ca entsprechen 2 mmol Wasserstoff.

d) Die Reaktionsgleichungen zeigen, dass pro mol Lithium 0,5 mol Wasserstoff und pro mol Calcium ein mol Wasserstoff gebildet werden. Dementsprechend sind die Stoffmengen so gewählt, dass in etwa gleiche Volumina an Wasserstoff gebildet werden. Bei der gleichen Stoffmenge eines Erdalkalimetalls bildet sich doppelt so viel Wasserstoff wie bei der Reaktion mit einem Alkalimetall, da von jedem Erdalkalimetallatom zwei Elektronen für die Reaktion zur Verfügung gestellt werden. Dem Alkalimetallatom wird nur ein Elektron für die Reaktion entrissen.

A49.1

a) $n = \dfrac{n}{M}$; $n = \dfrac{V}{V_m}$
Li: $27,76\ g : 6,49\ \frac{g}{mol} = 4,3\ mol$;
Ca: $80,13\ g : 40,08\ \frac{g}{mol} = 2,0\ mol$;
O_2: $24\ l : 24\ \frac{l}{mol} = 1\ mol$

b) $4 Li(s) + O_2(g) \rightarrow 2 Li_2O(s)$;
$2 Ca(s) + O_2(g) \rightarrow 2 CaO(s)$
Ein Mol Calcium reagiert mit einem Mol Sauerstoff. Ein Mol Lithium reagiert dagegen nur mit einem halben Mol Sauerstoff. Lithium ist ein Element aus der 1. Hauptgruppe, Lithium-Atome haben also nur ein Außenelektron, das für die Reaktion genutzt wird. Calcium ist ein Element aus der 2. Hauptgruppe, Calcium-Atome haben also zwei Außenelektronen, die für die Reaktion genutzt werden.

V49.5

a) Beim starken Erhitzen des Calciumcarbonats ist oftmals keine große Veränderung zu beobachten. Die Konsistenz des weißen Pulvers ändert sich leicht, das Pulver wird noch feiner.
Gibt man nach dem Erkalten tropfenweise Wasser hinzu, so zischt es und die Temperatur steigt stark an.

b) Kalk brennen: $CaCO_3(s) \rightarrow CaO(s) + CO_2(g)$
Branntkalk löschen: $CaO(s) + H_2O(l) \rightarrow Ca(OH)_2(s)$

c) Die Bezeichnung *Branntkalk* stammt ursprünglich von seiner Herstellungsmethode. Dazu wurde Calciumcarbonat (Kalk) stark erhitzt, sodass Kohlenstoffdioxid freigesetzt wurde.
Löschkalk ist mit Wasser versetzter Branntkalk.

d) Der erste Versuchsteil ist das Brennen von Kalkstein zu Branntkalk. Der zweite Versuchsteil ist das Löschen des Branntkalks zu Löschkalk.

e) Löschkalk abbinden:
$Ca(OH)_2(s) + CO_2(g) \rightarrow CaCO_3(s) + H_2O(l)$

f) Branntkalk und Löschkalk werden in der Bauindustrie als Beimischung in Kalkmörtel verwendet. Wird Kalkmörtel mit Wasser vermischt, bindet dieser mit dem Kohlenstoffdioxid der Luft letztendlich zu Kalk ab.

A52.B1

a), **b)** individuelle Lösung

A52.B2

Minuspol: $Zn^{2+}(aq) + 2\,e^- \rightarrow Zn(s)$
Pluspol: $2\,Br^-(aq) \rightarrow Br_2(aq) + 2\,e^-$

A52.B3

Folgende Elemente sind geeignet:
gelb: Natrium
rot: Lithium, Strontium, Calcium
grün: Barium
violett: Kalium (Rubidium, Caesium)

A52.B4

Die positive Ladung der Atome ist auf einen sehr kleinen Bereich, den Atomkern, konzentriert. Der Atomkern ist 10 000-mal kleiner als das ganze Atom. Der Atomkern hat auch mehr als 99,9 % der Masse des Atoms. Die Wahrscheinlichkeit, dass die α-Teilchen in die Nähe des Atomkerns kommen ist sehr gering, deshalb fliegen sie nahezu ungehindert durch das Atom hindurch.

A52.B5

$m(Pb) = 0{,}014 \cdot 204\,u + 0{,}241 \cdot 206\,u + 0{,}221 \cdot 207\,u$
$+ 0{,}524 \cdot 208\,u = 207{,}241\,u$
Die durchschnittliche Atommasse von Blei beträgt 207,241 u.
Hinweis: Die Abweichung vom Wert im Periodensystem beruht auf Rundungsfehlern bzw. voneinander abweichenden Literaturwerten.

A52.B6

Strontium	Schätzung	Literaturwert
Ordnungszahl	38	38
Schmelztemperatur in °C	2,6	2,6
Dichte in $\frac{g}{cm^3}$	776	777
Atommasse in u	88	87,62

Als Schätzung wurde überall der Mittelwert der Angaben für Calcium und Barium genommen.

A53.C1

a) Kalkmörtel erhärtet nur an der Luft, nicht jedoch unter Wasser; er ist ein Luftmörtel. Kalkmörtel ist weniger druckfest als herkömmlicher Mörtel und eignet sich daher nur dort zum Mauern, wo keine hohe Druckfestigkeit erwartet wird. Kalkmörtel wirkt jedoch gut feuchtigkeitsausgleichend und kann daher für Innenputze eingesetzt werden.

Zementmörtel findet Verwendung als Mauermörtel für stark beanspruchtes Mauerwerk (Kelleraußenwände, Gewölbe). Als Putzmörtel wird er als Unter- und Oberputz im Innen- und Außenbereich eingesetzt.
Er ist im Gegensatz zu Kalkmörtel ein hydraulischer Mörtel. Zementmörtel erstarrt schnell und wird sehr fest.

b) Brennen von Kalk: $CaCO_3 \rightarrow CaO + CO_2$
Löschen von Kalk: $CaO + H_2O \rightarrow Ca(OH)_2$
Abbinden von Kalk: $Ca(OH)_2 + CO_2 \rightarrow CaCO_3 + H_2O$

c) Personen, die in Neubauten wohnten, deren Wände noch nicht ausgetrocknet waren, wurden als Trockenwohner bezeichnet.
Für die ersten drei Monate, die ein neu gebautes Haus etwa benötigte, bis es bewohnbar war, wurde es kostenlos oder zu geringer Miete an Trockenwohner vermietet. Diese beheizten das Haus durch ihre Anwesenheit und atmeten CO_2 aus, sodass der Mörtel trocknen und abbinden konnte. Das Haus konnte dann zur vollen Miete vermietet werden. Das Trockenwohnen stellte damals eine Alternative zur Obdachlosigkeit dar. Die Feuchte in den Häusern wirkte sich jedoch negativ auf die Gesundheit der Bewohner aus.

A53.C2

a) Die vorhergesagten Atommassen von Eka-Aluminium (Germanium) von 70 u und Eka-Silicium (Gallium) mit 68 u stimmen mit den tatsächlichen Atommassen (Germanium: 72,60 u bzw. Gallium 69,72 u) sehr gut überein. Weitere fehlende Elemente: viele Übergangsmetalle und die Edelgase.

b) MENDELEEV ordnete chemisch ähnliche Elemente nach steigender Atommasse in Reihen nebeneinander. Im Periodensystem stehen diese Elemente in den Elementfamilien untereinander. Bei genauer Betrachtung gibt es viele Übereinstimmungen aber auch Fehler. So fehlen die Edelgase ganz. Ebenso werden an einigen Stellen heutige Nebengruppenelemente Hauptgruppenelementen zugeordnet (Thallium zu den Alkalimetallen, Zink und Cadmium zu den Erdalkalimetallen). Eine Unterscheidung zwischen Haupt- und Nebengruppenelementen kannte Mendeleev nicht. Mendeleev ordnete aber die Elemente Tellur und Iod bereits wie im heutigen Periodensystem nicht nach der Atommasse, sondern nach der Zugehörigkeit zur jeweiligen Elementfamilie ein.

A53.C3

a) *Dalton-Modell.* Materie besteht aus Atomen. Die Atome eines Elements besitzen die gleiche Masse und die gleiche Größe. Die Atome unterschiedlicher Elemente unterscheiden sich in ihrer Masse. Atome können weder vernichtet noch neu erschaffen werden. Bei chemischen Reaktionen werden die Atome nur umgruppiert.
Mit diesem Modell kann man das Gesetz von der Erhaltung der Masse und das der konstanten Massenverhältnisse erklären. Ebenso lassen sich damit die Bildung und die Zerlegung von Verbindungen beschreiben.

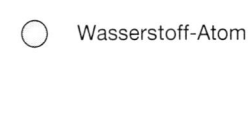 Wasserstoff-Atom
 Schwefel-Atom
 Stickstoff-Atom
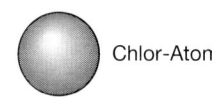 Chlor-Atom

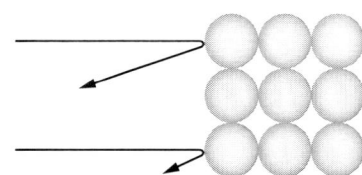

Rosinenkuchenmodell. THOMSON stellte sich Atome als positiv geladene weiche Masse vor, in der die negativ geladenen Elektronen beweglich sind. Mithilfe des Rosinenkuchenmodells lässt sich nachvollziehen, warum sich Gegenstände elektrisch aufladen lassen. Die Bildung von Ionen durch Abspaltung oder Aufnahme von Elektronen sowie die Wanderung und Entladung der Ionen bei der Elektrolyse können mit diesem Modell erklärt werden.
Hinweis: Philipp LENARD hatte 1903 bei Experimenten mit Kathodenstrahlen (Elektronen) festgestellt, dass dünne Materieschichten für Elektronen durchlässig sind.

THOMSON-Modell

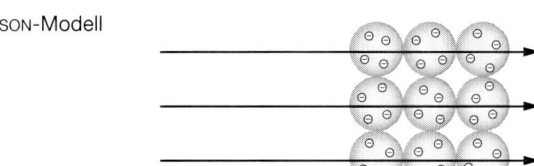

Beispiel: Sauerstoff-Atom:

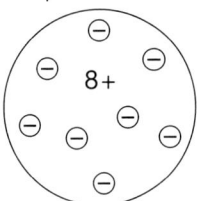

RUTHERFORD-Modell

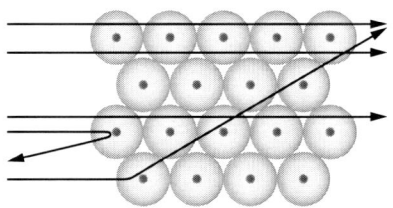

Rutherford-Modell. Atome bestehen aus dem positiv geladenen Atomkern und der Atomhülle (Kern-Hülle-Modell). Im Kern befinden sich Protonen und Neutronen, in der Hülle ebenso viele Elektronen wie Protonen im Kern. Die Masse eines Atoms wird nahezu durch die Masse der Protonen und Neutronen bestimmt (positives Massezentrum). Mit diesem Modell lassen sich folgende Phänomene erklären: Kleine Teilchen können durch Materie hindurch fliegen; von vielen Atomen existieren Isotope – die Atome solcher Isotope enthalten die gleiche Anzahl Protonen, aber unterschiedlich viele Neutronen und haben deshalb eine andere Masse; Bildung von Ionen; Wanderung und Entladung von Ionen während der Elektrolyse.

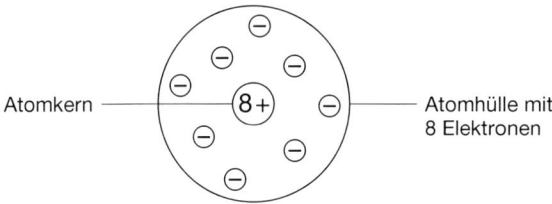

Atomkern — Atomhülle mit 8 Elektronen

b) Die α-Teilchen durchdringen nahezu ungehindert eine dünne Goldfolie. Einzelne α-Teilchen werden abgelenkt. Jedes 10 000. Teilchen wird sogar zurückgeworfen. Dies ist nur mit dem Rutherford-Modell erklärbar, wenn man davon ausgeht, dass der größte Teil des Atoms aus nahezu leerem Raum besteht (Atomhülle) und nur ein sehr kleines Massezentrum den Atomkern bildet. Nach dem Dalton-Modell sind Atome massive Masseteilchen, durch die die α-Teilchen nicht hindurchtreten können. Mit dem Rosinenkuchenmodell lässt sich die Ablenkung der α-Strahlen nicht erklären.

3 Salze – aus Ionen aufgebaut

A57.1

a) *Meerwasser:* Kationen: Natrium-Ion (Na^+), Kalium-Ion (K^+), Calcium-Ion (Ca^{2+}), Magnesium-Ion (Mg^{2+}); Anionen: Chlorid-Ion (Cl^-), Bromid-Ion (Br^-), Iodid-Ion (I^-), Sulfat-Ion (SO_4^{2-}), Hydrogencarbonat-Ion (HCO_3^-), Carbonat-Ion (CO_3^{2-}).
Mineralwasser (siehe Meerwasser, nur andere Konzentrationen)
Leitungswasser: Kationen: Calcium-Ion (Ca^{2+}), Magnesium-Ion (Mg^{2+}); Anionen: Chlorid-Ion (Cl^-), Hydrogencarbonat-Ion (HCO_3^-), Carbonat-Ion (CO_3^{2-}).

b) Modell für *Meerwasser und Mineralwasser:*

Na^+	K^+	Ca^{2+}		Mg^{2+}		Ca^{2+}
Cl^-	Br^-	I^-	SO_4^{2-}	HCO_3^-	CO_3^{2-}	

Leitungswasser:

Na^+		Ca^{2+}		Mg^{2+}	
Cl^-	HCO_3^-		Cl^-		CO_3^{2-}

A57.2

a) Folgende Kationen und Anionen sind Hauptbestandteile:
Magnesium-Ion, Mg^{2+}(aq); Natrium-Ion, Na^+(aq); Calcium-Ion, Ca^{2+}(aq); Chlorid-Ion, Cl^-(aq); Sulfat-Ion, SO_4^{2-}(aq); Bromid-Ion, Br^-(aq).

b) Durch dauerndes Verdunsten von Wasser fällt ein Gemisch verschiedener Salzkristalle aus.

A57.3

Proben von beiden Wässern werden in Reagenzgläser gegeben und mit dem Gasbrenner erhitzt: Bei destilliertem Wasser bleibt nichts zurück, bei Mineralwasser bildet sich ein weißer Niederschlag.
Eine Prüfung der elektrischen Leitfähigkeit ergibt, dass destilliertes Wasser den elektrischen Strom praktisch nicht leitet, Mineralwasser leitet geringfügig den elektrischen Strom.

A57.4

a)

b) Kochsalz ist für den Menschen lebenswichtig, es reguliert den Flüssigkeitshaushalt. Dazu müssen pro Tag 2 bis 3 g aufgenommen werden. Zuviel Kochsalz lässt den Wasseranteil in Körperflüssigkeiten jedoch ansteigen und kann zu Bluthochdruck führen.
Magnesiumsalze sind ebenfalls essentiell und werden für das Immunsystem und für den Stoffwechsel benötigt. Etwa 300 mg pro Tag reichen dazu aus. Magnesiummangel führt zu Muskelkrämpfen, Nervosität und Kopfschmerzen und Herzrhythmusstörungen.

c) individuelle Lösung

d) Eisen-Ionen verursachen einen unangenehmen Geschmack. Aus Mineralwässern fallen sie oftmals als braun gefärbte Eisenhydroxid-Niederschläge aus. Bei der Trinkwasseraufbereitung werden die Eisen-Ionen ausgefällt. Wenn die Eisen-Ionen entfernt wurden, bezeichnet man das Wasser als *enteisent*.

A57.5

a) In der Abbildung ist zu erkennen, dass eine Bodenprobe nur 60 % der optimal benötigten Kaliumsalze enthält. Auch wenn andere Salze zu mehr als 100 % vorhanden wären, können die Pflanzen nur mangelhaft wachsen – das Wachstumsminimum richtet sich nach den am wenigsten vorhandenen Ionen.

b) *Kaliumsalze:*

Kaliumchlorid,	KCl,	K^+Cl^-
Kaliumiodid,	KI,	K^+I^-

stickstoffhaltige Salze:

Kaliumnitrat,	KNO_3,	$K^+NO_3^-$
Ammoniumnitrat,	NH_4NO_3,	$(NH_4^+)(NO_3^-)$

Phosphate:

Natriumphosphat,	Na_3PO_4,	$(Na^+)_3(PO_4^{3-})$
Calciumphosphat,	$Ca_3(PO_4)_2$,	$(Ca^{2+})_3(PO_4^{3-})_2$

A58.1

individuelle Lösung; Lösungsbeispiele:
Haushaltsessig: Essigsäure in Wasser $w = 5\%$
Essigessenz: Essigsäure in Wasser $w = 25\%$
Weißwein: Alkohol in Wasser 12 Vol %
Doppelkorn: Alkohol in Wasser 38 Vol %

A58.2

a) $w(\text{NaCl}) = \dfrac{m(\text{NaCl})}{m(\text{gesamt})} = \dfrac{10\ \text{g}}{100\ \text{g}} \cdot 100\% = 10\%$

$\beta(\text{NaCl}) = \dfrac{m(\text{NaCl})}{V(\text{gesamt})} = \dfrac{10\ \text{g}}{0,094\ \text{l}} = 106,4\ \dfrac{\text{g}}{\text{l}}$

$c(\text{NaCl}) = \dfrac{\dfrac{m(\text{NaCl})}{M(\text{NaCl})}}{V(\text{gesamt})} = \dfrac{\dfrac{10\ \text{g}}{58,5\ \frac{\text{g}}{\text{mol}}}}{0,094\ \text{l}} = 1,8\ \dfrac{\text{mol}}{\text{l}}$

b) Der Massenanteil in Prozent bezieht sich auf die Gesamt*masse*, während sich die Konzentration sich immer auf das Gesamt*volumen* der Lösung bezieht.

A58.3

a) Um 0,5 l einer Lösung mit 0,2 $\frac{mol}{l}$ herzustellen benötigt man 0,1 mol Kaliumnitrat.

$M(KNO_3) = (39 + 14 + 3 \cdot 16)\,\frac{g}{mol} = 101\,\frac{g}{mol}$

$m(KNO_3) = n(KNO_3) \cdot M(KNO_3) = 0,1\,mol \cdot 101\,\frac{g}{mol} = 10,1\,g.$
Man muss 10,1 g Kaliumnitrat in Wasser auflösen und auf 0,5 l auffüllen.

b) $\beta = \dfrac{10,1\,g}{0,5\,l} = 20,2\,\frac{g}{l}$

A58.4

a) 28 g Natriumchlorid und 72 g Wasser werden in einem Becherglas gemischt und solange gerührt, bis eine klare Lösung entstanden ist.

b) Die Dichte der Lösung aus a) beträgt etwa $\varrho = 1,2\,\frac{g}{ml}$, also ist das Volumen von 100 g Lösung
$V = m : \varrho = 100\,g : 1,2\,\frac{g}{ml} = 83,3\,ml.$
Wenn 28 g Natriumchlorid in 83,3 ml Lösung enthalten sind, dann sind es in 1000 ml: $m = 336\,g.$
Die Molare Masse von Natriumchlorid beträgt $M = 58,5\,\frac{g}{mol}.$
Also sind in 336 g Natriumchlorid enthalten:
$n = 336\,g : 58,5\,\frac{g}{mol} = 5,7\,mol.$
Die in 1a) hergestellte Lösung besitzt die Stoffmengenkonzentration $c = 5,7\,\frac{mol}{l}.$

A58.5

Der Massenanteil von 0,9 % bedeutet, dass in einem Liter ($m \approx 1\,kg$) 9 g Natriumchlorid enthalten sind. Die Stoffmengenkonzentration ergibt sich durch die Beziehung:

$$c(NaCl) = \frac{\dfrac{m(NaCl)}{M(NaCl)}}{V(\text{Lösung})} = \frac{\dfrac{9\,g}{58,5\,\frac{g}{mol}}}{1\,l} = 0,15\,\frac{mol}{l}$$

Die Stoffmengenkonzentration ist also nur halb so groß wie die der isotonischen Glucoselösung mit $c = 0,31\,\frac{mol}{l}$. Da beide Lösungen isotonisch sind, kann man vermuten, dass in einer Lösung mit einem Mol NaCl zwei Mol Teilchen enthalten sind.

V59.1

a) Eine weiße Kugel wird von 6 grauen Kugeln berührt, eine graue ebenfalls von 6 weißen: die Koordinationszahl ist jeweils 6.

b) Das Zahlenverhältnis in beiden Modellen ist gleich 1:1. Im Natriumchlorid-Kristall ist das Zahlenverhältnis der Ionen ebenfalls 1:1.

A59.2

Zeichnung entsprechend Chemie heute Teilband 2, S. 59, Abb. 3.

V60.1

a) Farbe: farblos durchsichtig, Form: Oktaederform, Größe: der Kristall wächst von wenigen mm Kantenlänge zu einigen cm Kantenlänge.

b)

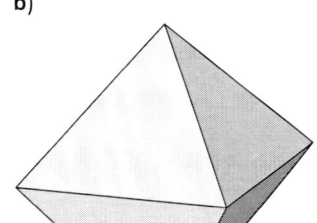

c)

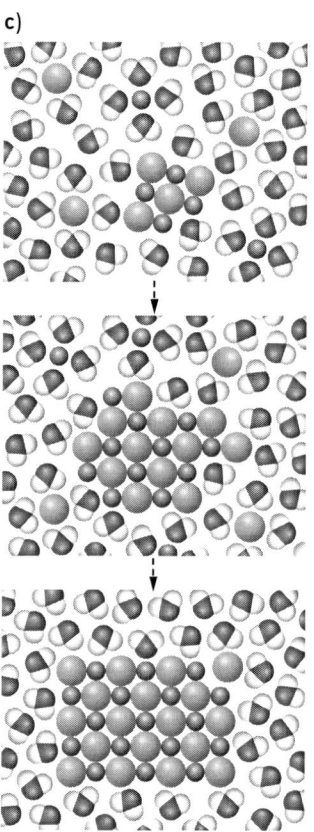

Kaliumaluminiumsulfat-Lösung enthält folgende Ionen: K^+-Ionen, Al^{3+}-Ionen und SO_4^{2-}-Ionen im Zahlenverhältnis 1 : 1 : 2. Die Formel lautet: $K^+Al^{3+}(SO_4^{2-})_2$.

V60.2

a) *Elektrisch leitfähige Substanzen:* Mineralwasser, Kochsalzlösung
nicht leitfähige Substanzen: Natriumchlorid- und Zucker-Kristalle, demineralisiertes Wasser, Zuckerlösung.

b) Die elektrisch leitfähigen Lösungen enthalten bewegliche Ionen, beispielsweise befinden sich in der Kochsalzlösung bewegliche Na^+-Ionen und Cl^--Ionen. Stoffe, in denen Ladungsträger frei beweglich sind, zeigen eine elektrische Leitfähigkeit. Diese geladenen Teilchen fehlen in demineralisiertem Wasser, es leitet den elektrischen Strom demnach nicht. In einem Kristall sind die Teilchen fest an ihrem Platz gebunden, diese Stoffe zeigen ebenfalls keine elektrische Leitfähigkeit.

c) Durch Stoffe, die eine geringe Leitfähigkeit aufweisen, fließt nur ein geringer Strom. Ein Glühlämpchen ist zur Bestimmung der Leitfähigkeit so einer Probe nicht geeignet, da es nur bei größeren Strömen aufleuchtet.

V61.3

Der Kaliumpermanganat-Kristall geht teilweise in Lösung. Die violette Farbe wandert zur Graphitelektrode, die als Pluspol geschaltet ist. Die negativ geladenen Permanganat-Ionen (MnO_4^-(aq)-Ionen) werden vom Pluspol angezogen. Bei der Prüfung des Kupfersulfatkristalls bewegt sich die blau gefärbte Lösung zur anderen Elektrode: Verantwortlich für die blaue Farbe sind Kupfer-Ionen (Cu^{2+}(aq)-Ionen), die sich zum Minuspol bewegen.

V61.4

a) Eine isotonische Kochsalzlösung hat den Massenanteil an Natriumchlorid von $w = 0,9\%$. Man löst also 0,9 g Kochsalz im Becherglas in wenig Wasser und füllt die Lösung auf 100 g auf.

b) Wir stellen Natriumchlorid-Lösungen mit einem Massenanteil von 0,5%, 1% und 5% her.
Wir messen bei konstanter Spannung (etwa Flachbatterie mit $U = 4,5$ V) die Stromstärke mit einem Strommessgerät. Dabei achten wir darauf, dass bei jeder Messung die beiden Graphit-Elektroden gleich tief in die Lösung tauchen und sie einen konstanten Abstand aufweisen.
Die Dauer einer Messung beträgt nur wenige Sekunden, um das Entstehen von Chlorgas zu minimieren.

c) individuelle Lösung: Man trägt in einem Koordinatensystem (x-Achse: Massenanteile, y-Achse: Stromstärken) die Messwerte auf und verbindet die Messpunkte durch eine Gerade.

d) individuelle Lösung: Informiert die Firma über die Apparatur (Batteriespannung, Art der Elektroden, Elektrodenabstand) und schickt die Messwerte einschließlich des Diagramms und der Auswertung des Diagramms. Die Firma kann jetzt das eigene Leitfähigkeitsmessgerät justieren.

A63.1

a) Das Modell zeigt eine Fläche aus dem Natriumchlorid-Kristall. Darin ist ein Natrium-Ion immer von 4 Chlorid-Ionen umgeben, ein Chlorid-Ion immer von 4 Natrium-Ionen. Im dreidimensionalen Raum ist die Koordinationszahl jeweils 6.

b) Im Prinzip können sich an jeden kleinen Kristall immer weitere Ionen anlagern, das Ionengitter des Kristalls wird dann beliebig groß. In Bergwerken werden manchmal würfelförmige Kristalle mit etwa 1 m Kantenlänge gefunden – für noch größere Kristalle reichen die Hohlräume unter der Erde meist nicht aus.

A63.2

Aufgrund der festen Ionenbindung weisen Salze hohe Schmelztemperaturen auf.
Salzkristalle sind spröde und lassen sich leicht spalten, weil beim Verschieben einer Ionenschicht gleich geladene Ionen aufeinander treffen und dann Abstoßungskräfte überwiegen.
Sobald die Ionen in der Schmelze oder in der Lösung des Salzes frei beweglich sind, bewirken sie die elektrische Leitfähigkeit.

A63.3

a)

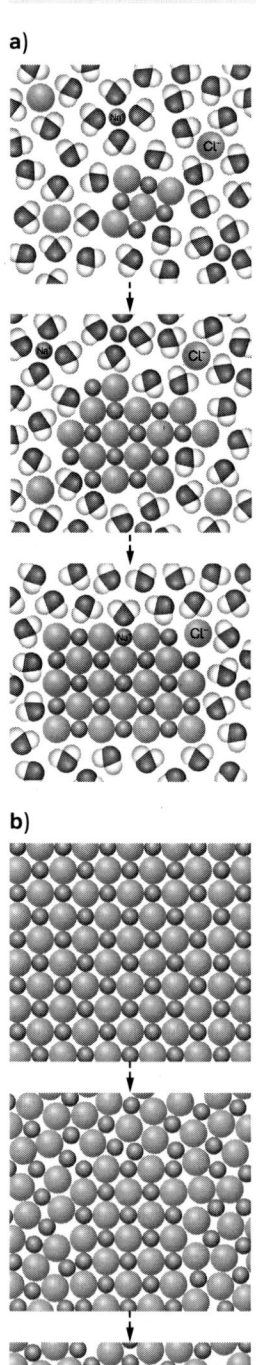

b)

63.4

	Kugelpackungs-modell	Raumgittermodell
Stärken	Größe der Ionen und Anordnung wird wiedergegeben. Raumerfüllung ist besser erkennbar.	Anordnung der Ionen wird wiedergegeben. Struktur des Modells ist erkennbar.
Schwächen	Struktur wird nicht deutlich.	Größe der Ionen wird nicht wiedergegeben. Gitterstäbe müssen hinzugefügt werden.

63.5

Das Bild zeigt die Koordinationszahl 6 sowohl für Calcium-Ionen als auch für Carbonat-Ionen.

A63.6

a) *Partner A:* Je größer der Anionenradius ist, desto kleiner ist die Anziehung zwischen den Natrium-Ionen und den Anionen. Es muss weniger Energie zur Auflösung der Bindung hinzugefügt werden. Die Schmelztemperaturen sinken in der Reihenfolge NaF bis NaI.
Partner B: Magnesium-Ionen und Oxid-Ionen tragen eine doppelte, Aluminium-Ionen eine dreifache Ionenladung. Die Anziehung der Ionen ist größer als bei Ionen mit einfacher Ladung. Es muss mehr Energie aufgebracht werden, um die Bindung aufzulösen. Die Oxide haben deshalb höhere Schmelztemperaturen als das Natriumchlorid.

c) Natrium-Ionen und Calcium-Ionen sind etwa gleich groß, ein Calcium-Ion trägt allerdings die Ladungszahl 2+. Deshalb wird das Calciumoxid bei höherer Temperatur schmelzen als das Natriumoxid.

A65.1

a) *Partner A:*

Lithium	Natrium	Kalium	Mag-nesium	Calcium	Alumi-nium
Li	Na	K	Mg	Ca	Al
Li^+	Na^+	K^+	Mg^{2+}	Ca^{2+}	Al^{3+}

Partner B:

Phos-phor	Stick-stoff	Sauer-stoff	Schwefel	Chlor	Brom
P	N	O	S	Cl	Br
P^{3-}	N^{3-}	O^{2-}	S^{2-}	Cl^-	Br^-

c)

Sulfat	Carbonat	Nitrat	Phosphat
SO_4^{2-}	CO_3^{2-}	NO_3^-	PO_4^{3-}

A65.2

a) *Partner A:* Na^+Br^-, $Ca^{2+}(Cl^-)_2$, $(K^+)_3PO_4^{3-}$, $(Na^+)_2O^{2-}$;
Partner B: Li^+Cl^-, $(K^+)_2S^{2-}$, $Ca^{2+}CO_3^{2-}$, $(Ca^{2+})_3(N^{3-})_2$.

c) *Partner A:* Magnesiumoxid, Natriumsulfat, Kaliumoxid, Magnesiumcarbonat, Calciumphosphat;
Partner B: Kaliumbromid, Magnesiumbromid, Lithiumsulfid, Kaliumcarbonat, Magnesiumnitrid.

A65.3

$Fe^{2+}O^{2-}$, $(Fe^{3+})_2(O^{2-})_3$, $Cu^{2+}O^{2-}$, $(Cu^+)_2O^{2-}$, $Zn^{2+}O^{2-}$, $Ti^{4+}(O^{2-})_2$.

A65.4

a) Na-Atom: 11 p^+, 11 e^-
Na^+-Ion: 11 p^+, 10 e^-
Cl-Atom: 17 p^+, 17 e^-
Cl^--Ion: 17 p^+, 18 e^-
Mg-Atom: 12 p^+, 12 e^-
Mg^{2+}-Ion: 12 p^+, 10 e^-
O-Atom: 8 p^+, 8 e^-
O^{2-}-Ion: 8 p^+, 10 e^-

b) Protonen tragen eine positive Ladung, Elektronen eine negative. Die Summe der positiven Ladungen und der negativen Ladungen in einem Atom ergibt die Gesamtladung des Atoms. Befinden sich beispielsweise 16 Protonen und 18 Elektronen im Atom ist das gesamte Atom zweifach negativ geladen.

A65.5

Die Größe von Ionen richtet sich nach der Zahl der Elektronen in der Atomhülle: Wird sie bei den Kationen kleiner, dann nimmt auch der Radius des Kations im Vergleich zum Metall-Atom ab. Wird die Anzahl größer, wie es bei den Anionen der Fall ist, dann ist das Anion größer als das zugehörige Nichtmetall-Atom.

A65.6

a)

Salz	Kation	Anion	Verhältnisformel
Calciumcarbonat	Ca^{2+}	CO_3^{2-}	$CaCO_3$
Calciumoxid	Ca^{2+}	O^{2-}	CaO
Calciumhydroxid	Ca^{2+}	OH^-	$Ca(OH)_2$

b)

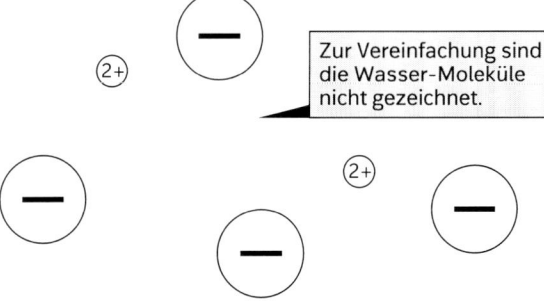

Zur Vereinfachung sind die Wasser-Moleküle nicht gezeichnet.

a)

Probe	Reagenz	Beobachtung
Chlorid-Ionen	Silber-Ionen	weiße Trübung
Bromid-Ionen	Silber-Ionen	beige Trübung
Iodid-Ionen	Silber-Ionen	gelbe Trübung
Sulfat-Ionen	Barium-Ionen	weiße Trübung
Calcium-Ionen	Oxalat-Ionen	weiße Trübung
Eisen-Ionen (Fe^{3+})	Thiocyanat-Ionen	tiefrote Färbung

b) $Cl^-(aq) + Ag^+(aq) \rightarrow Ag^+Cl^-(s)$
$Br^-(aq) + Ag^+(aq) \rightarrow Ag^+Br^-(s)$
$I^-(aq) + Ag^+(aq) \rightarrow Ag^+I^-(s)$
$SO_4^{2-}(aq) + Ba^{2+}(aq) \rightarrow Ba^{2+}SO_4^{2-}(s)$
$Ca^{2+}(aq) + (COO)_2^{2-}(aq) \rightarrow Ca^{2+}(COO)_2^{2-}(s)$
$Fe^{3+}(aq) + 3\ SCN^-(aq) \rightarrow Fe^{3+}(SCN^-)_3(s)$

c) individuelle Lösung: Durch einen Vergleich der Trübungen der Proben mit Abb.1 von S.66 im Chemiebuch kann der Chloridgehalt abgeschätzt werden.

d) Man bringt Natrium- und Sulfat-Ionen zusammen ohne dass Barium-Ionen beteiligt sind. Beispielsweise sollte Kaliumsulfat-Lösung in Natriumchlorid-Lösung keinen Niederschlag bilden.

e) Man teilt die Portion der Lösung, die alle vier genannten Ionen enthält, in vier Proben (Reagenzgläser), gibt jeweils das passende Reagenz tropfenweise hinzu und beobachtet die Art und Farbe der Niederschläge.

Probe	Reagenz	Beobachtung
Silber-Ionen	Chlorid-Ionen	weiße Trübung
Barium-Ionen	Sulfat-Ionen	weiße Trübung
Oxalat-Ionen	Calcium-Ionen	weiße Trübung
Thiocyanat-Ionen	Eisen-Ionen (Fe^{3+})	tiefrote Färbung

f) Man entnimmt Proben aus beiden Vorratsflaschen und tropft Silbernitrat-Lösung hinzu: Im Fall der Kaliumchlorid-Lösung bildet sich ein weißer Niederschlag, im Fall der Kaliumiodid-Lösung ein gelber Niederschlag.

Von allen Ionen, die auf den Etiketten verzeichnet sind, lassen sich die Chlorid-, Sulfat- und Calcium-Ionen durch Fällungsreaktionen leicht nachweisen (siehe V66.1 a) und b)). Da sich alle drei Ionenarten in ihren Konzentrationen deutlich unterscheiden, lässt sich an der Stärke der Trübung durch die Niederschläge abschätzen, um welches Mineralwasser es sich handelt: je deutlicher die Trübung, desto höher die Konzentration der jeweiligen Ionen.
Zum experimentellen Vergleich muss daher zu gleichen Volumina der Mineralwasserproben die gleiche Anzahl von Tropfen der Reagenzlösung gegeben werden.

a) *Partner A:*

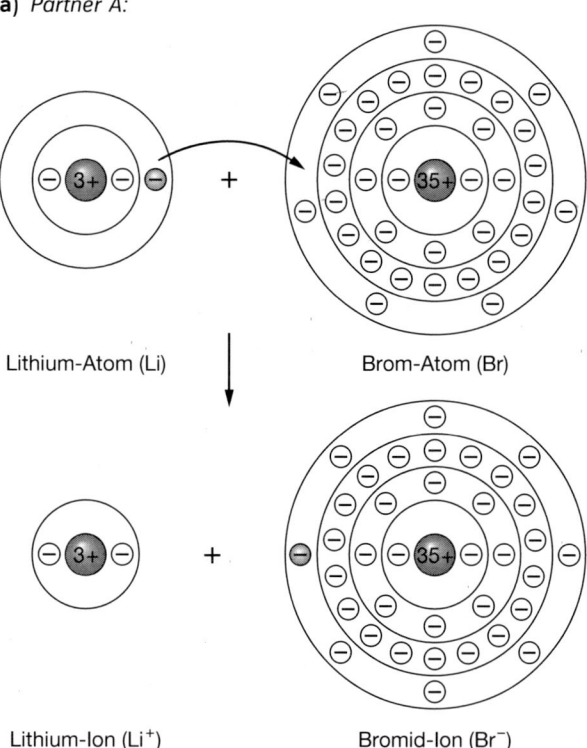

Lithium-Atom (Li) Brom-Atom (Br)

Lithium-Ion (Li^+) Bromid-Ion (Br^-)

Das Lithium-Atom hat die Edelgaskonfiguration des Helium-Atoms, das Bromid-Ion die des Krypton-Atoms.

Partner B:

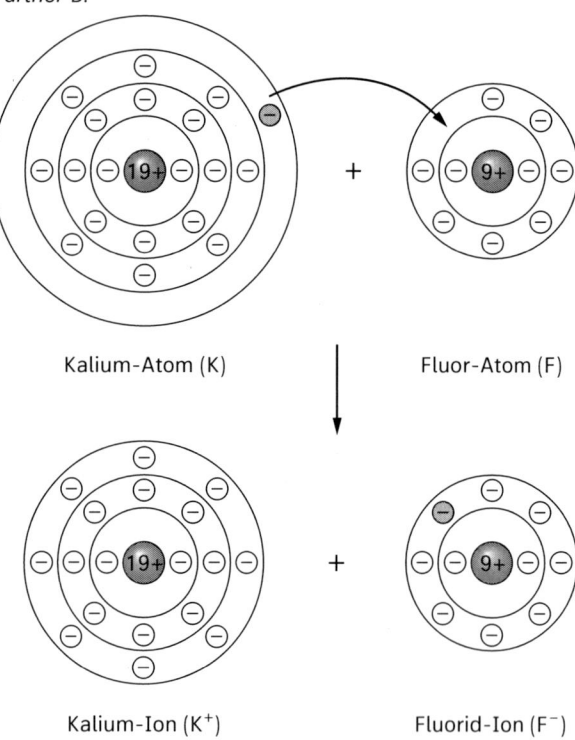

Kalium-Atom (K) Fluor-Atom (F)

Kalium-Ion (K^+) Fluorid-Ion (F^-)

Das Kalium-Atom hat die Edelgaskonfiguration des Argon-Atoms, das Fluorid-Ion die des Neon-Atoms.

A69.2

a)

Ion	Elektronenkonfiguration	Begründung
K^+	Ar-Atom	vorhergehendes Edelgas
Mg^{2+}	Ne-Atom	vorhergehendes Edelgas
Al^{3+}	Ne-Atom	vorhergehendes Edelgas
I^-	Xe-Atom	nachfolgendes Edelgas
Br^-	Kr-Atom	nachfolgendes Edelgas
O^{2-}	Ne-Atom	nachfolgendes Edelgas
N^{3-}	Ne-Atom	nachfolgendes Edelgas

b) $K \dashrightarrow K^+ + e^-$
$Mg \dashrightarrow Mg^{2+} + 2\ e^-$
$Al \dashrightarrow Al^{3+} + 3\ e^-$
$I + e^- \dashrightarrow I^-$
$Br + e^- \dashrightarrow Br^-$
$O + 2\ e^- \dashrightarrow O^{2-}$
$N + 3\ e^- \dashrightarrow N^{3-}$

A69.3

Beide Ionen erreichen die Elektronenkonfiguration des Helium-Atoms, das 2 Elektronen auf der Außenschale aufweist:

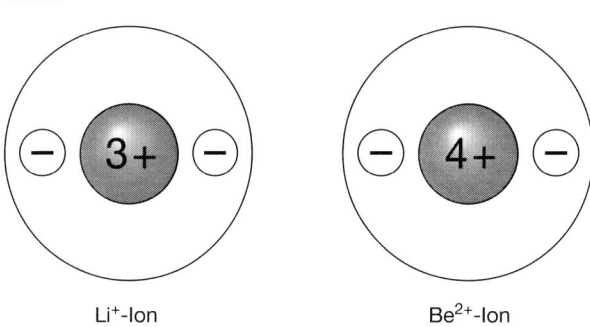

Li$^+$-Ion   Be^{2+}-Ion

A69.4

Aus einem Natrium-Atom wird ein Na^+-Ion mit der Elektronenkonfiguration des Neon-Atoms, allerdings bleibt der Kern des Natrium-Atoms mit 11 Protonen erhalten – ein Neon-Atom besitzt 10 Protonen im Kern.
Aus einem Chlor-Atom wird ein Cl^--Ion mit der Elektronenkonfiguration des Argon-Atoms, allerdings bleibt der Kern des Chlor-Atoms mit 17 Protonen erhalten – ein Argon-Atom besitzt 18 Protonen im Kern.

A69.5

a) $2\ Mg + O_2 \rightarrow 2\ Mg^{2+} + 2\ O^{2-} \rightarrow 2\ MgO$
$3\ Mg + N_2 \rightarrow 3\ Mg^{2+} + 2\ N^{3-} \rightarrow 2\ Mg_3N_2$

b) Es entstehen in beiden Fällen Mg^{2+}-Ionen mit der Elektronenkonfiguration des Neon-Atoms. Im ersten Fall bilden sich O^{2-}-Ionen, im zweiten Fall N^{3-}-Ionen, jeweils mit der Elektronenkonfiguration des Neon-Atoms.

c) Zunächst reagieren die Magnesiumspäne an der Oberfläche stark exotherm mit Sauerstoff zu Magnesiumoxid. Wenn der Sauerstoff verbraucht ist und die hohe Temperatur die Spaltung der sehr stabilen Dreifachbindungen der Stickstoff-Moleküle ermöglicht, reagieren die verbliebenen Magnesiumspäne mit Stickstoff-Atomen zu Magnesiumnitrid.

A70.1

a) Je größer die Ionenladungen in einem Salzkristall sind und je kleiner die Radien beider Ionenarten sind, desto fester ist die Ionenbindung und umso größer ist die Gitterenergie. Salze mit hoher Gitterenergie besitzen hohe Schmelztemperaturen, denn erst bei hoher Temperatur können die Anziehungskräfte der Ionen überwunden werden.

b) Im Allgemeinen sind Salzkristalle mit hoher Gitterenergie auch die härteren Substanzen: NaCl: Mohs-Härte 2, LiF: Mohs-Härte 3, MgO: Mohshärte 6.
Ergänzung: Al_2O_3 (Korund): Mohs-Härte 9.

A70.2

Der fehlende Energiebetrag ist die Sublimationsenergie für 1 mol Mg-Atome: 128,5 kJ. Energiediagramm:

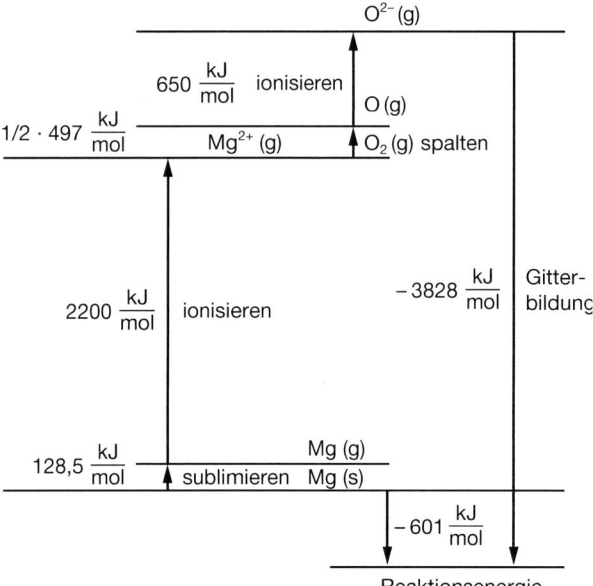

A70.3

Aluminiumoxid ist aus Al^{3+}-Ionen und O^{2-}-Ionen aufgebaut. Da dies die höchsten Ladungszahlen sind, hat Aluminiumoxid die größte Gitterenergie der drei Salze. Calciumchlorid ist aus zweifach positiv geladenen Ca^{2+}-Ionen und Cl^--Ionen aufgebaut und hat daher die zweitgrößte Gitterenergie. Lithiumfluorid ist aus einfach geladenen Ionen aufgebaut und hat den kleinsten Wert der Gitterenergien.

| Salz | Kation | Anion | Gitterenergie |
	Radius in 10^{-10} m		in $kJ \cdot mol^{-1}$
LiF	Li^+ 0,8	F^- 1,19	-1050
$CaCl_2$	Ca^{2+} 1,14	Cl^- 1,67	-2255
Al_2O_3	Al^{3+} 0,67	O^{2-} 1,26	-15195

Ergänzung: Ionenradien lassen sich nicht direkt messen. Daher findet man in der Literatur unterschiedliche Werte.

A72.B1

a), b) individuelle Lösung

A72.B2

a)

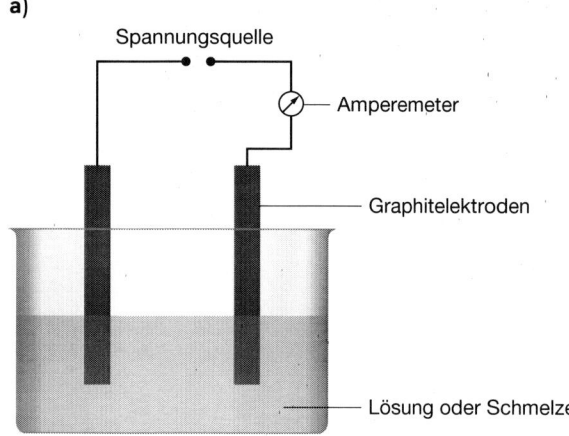

Spannungsquelle

Amperemeter

Graphitelektroden

Lösung oder Schmelze

b) Im Ionengitter eines Salzkristalls schwingen die Ionen lediglich um ihren Gitterplatz, sie können den Ionenverband nicht verlassen.

A72.B3

a) Die Verbindung Magnesiumfluorid ist aus Mg^{2+}-Ionen und aus F^--Ionen aufgebaut. Das Anzahlverhältnis der Ionen muss also 1:2 sein, die Verhältnisformel lautet MgF_2.

b) Magnesiumsulfid ist aus Mg^{2+}-Ionen und aus S^{2-}-Ionen aufgebaut. Das Anzahlverhältnis im Ionengitter ist 1:1, die Verhältnisformel lautet MgS.

A72.B4

Leitungswasser enthält Ionen gelöster Salze, leitet also den elektrischen Strom. Bei Berührung des eingeschalteten Föns mit dem Wasser erhält man einen lebensgefährlichen Stromschlag.

A72.B5

a) Die Titan-Ionen haben die Koordinationszahl 6, die Oxid-Ionen die Koordinationszahl 3.

b) Da die Oxid-Ionen immer zweifach negativ geladen sind (O^{2-}) und in doppelter Anzahl als die Titan-Ionen vorliegen, müssen die Titan-Ionen vierfach positiv geladen sein: Ti^{4+}. Die Verhältnisformel lautet somit TiO_2.

A73.C1

a) $4\,Li + O_2 \rightarrow 2\,Li_2O$
$2\,Be + O_2 \rightarrow 2\,BeO$
$2\,Mg + O_2 \rightarrow 2\,MgO$
$4\,Al + 3\,O_2 \rightarrow 2\,Al_2O_3$

b) Es bilden sich in allen Fällen doppelgeladene Oxid-Ionen (O^{2-}). Li^+-Ionen sind sehr klein, Be^{2+}-Ionen und Mg^{2+}-Ionen sind zweifach positiv geladen. Sehr kleine Ionen und mehrfach geladene Ionen bilden Ionengitter mit hohen Gitterenergien.

c) Es sind alles Leichtmetalle. Sie haben geringe Dichten und tragen deshalb ein Minimum zum Gesamtgewicht des Raumschiffes bei. Außerdem sind sie als unedle Metalle besonders reaktionsfähig.

d) Aluminium eignet sich besser, die Verbrennungswärme ist größer als beim Magnesium. Die größere Energie führt beim Start zu einer größeren Beschleunigung des Raumschiffs.

A73.C2

a) Das Rohsalz wird in eine 115 Grad heiße Sole gerührt, die sich im Laufe des Verfahrens bildet. Kaliumchlorid löst sich darin sehr gut, Verunreinigungen durch Natriumchlorid und Magnesiumsulfat lösen sich nicht, weil die Sole bereits an diesen Salzen gesättigt ist. Der Löserückstand wird filtriert. Das Filtrat lässt man abkühlen, dabei fällt reines Kaliumchlorid als Feststoff aus. Das Filtrat bildet die eingangs erwähnte Sole. Sie enthält neben Natriumchlorid und Magnesiumsalzen noch Kaliumchlorid und wird deshalb mit neuem Rohsalz vermischt und erneut verarbeitet.

b) Beim Kaliumchlorid steigt die Löslichkeit mit steigender Temperatur stark an. Beim Natriumchlorid ist die Löslichkeit kaum von der Temperatur abgängig. Beim Magnesiumsulfat ist die Löslichkeit bei 20 °C am größten und nimmt dann mit steigender Temperatur stark ab.

Salz	Löslichkeit bei 20 °C in $\frac{g}{100\,ml}$ Wasser	Löslichkeit bei 100 °C in $\frac{g}{100\,ml}$ Wasser
KCl	33 g	55 g
NaCl	35 g	40 g
$MgSO_4$	80 g	22 g

c) Beim Abkühlen der heißen Lösung fällt Kaliumchlorid als festes Salz aus. Natriumchlorid und Magnesiumsulfat bleiben beim Abkühlen in Lösung. Die Lösung wird als Sole weiter verwendet: Aus dem neuen Rohsalz löst sich nur Kaliumchlorid. Natriumchlorid und Magnesiumsulfat lösen sich nicht, weil die Sole schon an diesen Salzen gesättigt ist. Das Heißlöseverfahren ist deshalb für die Gewinnung von Kaliumchlorid geeignet.

d) Das Einleiten der mit Natriumchlorid und Magnesiumsalzen angereichten Abwässer in den Fluss beeinträchtigt das Leben von Tieren und Pflanzen stark. Auch die Lagerung des festen Salzes unter freiem Himmel ist problematisch: Die Salze lösen sich im Regenwasser und werden dann in den Fluss gespült.

4 Redoxreaktionen – Konkurrenz um Elektronen

A77.1

Eigenschaft	Verwendung
Elektrische Leitfähigkeit	Kabel (Cu), Batterieanschlüsse (Fe, Al), Leiter in Rechnern und anderen Elektronikteilen (Cu, Ag, Au)
Wärmeleitfähigkeit	Bügeleisen (Fe), Herdplatten/Töpfe (Fe, Al, Cu)
Verformbarkeit	Besteck (Fe, Ag), Werkzeug, Scheren (Fe), Lampen (Fe), Schmuck (Fe, Pt, Ag, Au), Regenrinnen (Cu, Zn), Gehäuse z. B. Computer (Al, Fe)

A77.2

a)

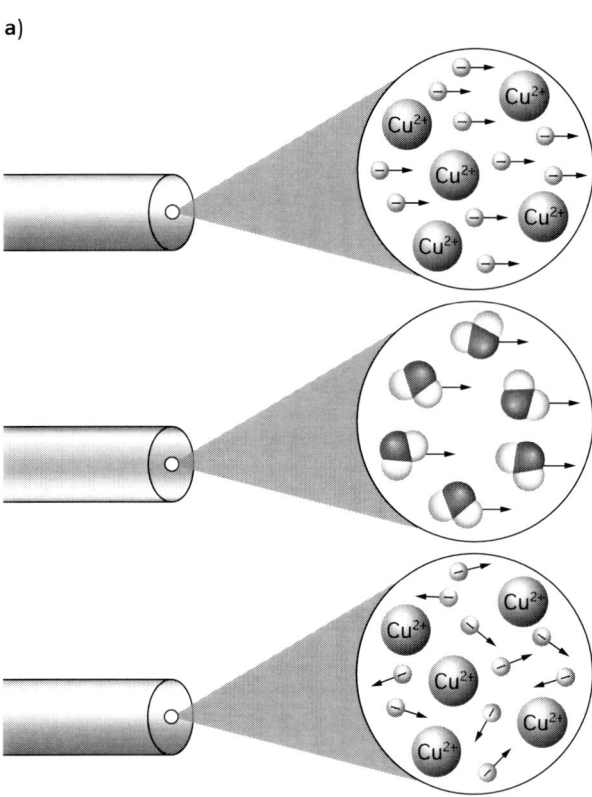

b) *Stromfluss:* Die Elektronen sind im Elektronengas frei beweglich. Ist eine Spannung angelegt, fließen sie gerichtet vom Minuspol zum Pluspol und bilden den elektrischen Strom.
Wasserfluss: Die Wasser-Moleküle bewegen sich in eine Richtung. Sie bilden das fließende Wasser.
Wärmefluss: Die Elektronen stoßen permanent zusammen. Dabei übertragen sie Energie, die sie zuvor durch Stöße aufgenommen haben. Durch die Bewegung der Elektronen tragen sie die Energie in das Metall hinein.

c) individuelle Lösung

A77.3

a)
Stromfluss im Kupferdraht:

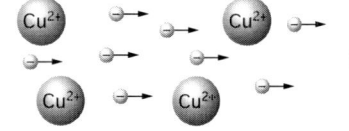

Nur e^- bewegen sich.

Stromfluss in einer Kupfersulfatlösung:

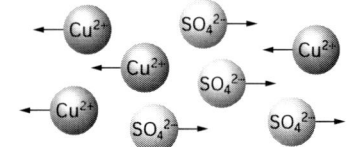

Sowohl Cu^{2+} als auch SO_4^{2-} bewegen sich; wenn auch in entgegengesetzte Richtungen.

Zur Vereinfachung werden die Sulfat-Ionen hier als Kugel dargestellt. In Wirklichkeit sind sie tetraederförmig:

b) *Gemeinsamkeiten:* In beiden Fällen bewegen sich geladene Teilchen.
Unterschiede: Im Kupferdraht (Partner A) bewegen sich nur Elektronen in eine Richtung.
In der Kupfersulfatlösung (Partner B) bewegen sich die Kupfer-Kationen und die Sulfat-Anionen in unterschiedliche Richtungen.

c) Bei steigender Temperatur schwingen die Kupfer-Kationen im Metallgitter stärker. Damit wird die Bewegung der Elektronen zum Minuspol behindert. Die Leitfähigkeit nimmt ab.
In einer Salzlösung nimmt bei steigender Temperatur die Geschwindigkeit der Teilchen in der Lösung zu. Die Kupfer-Kationen und die Sulfat-Anionen werden beweglicher. Beide Ionen sind für den Ladungstransport verantwortlich. Deshalb nimmt die Leitfähigkeit der Salzlösung zu.

A77.4

Eigenschaft	Metall	Salz
Verformbarkeit	verformbar	spröde
elektrische Leitfähigkeit	leitfähig	Isolator
Wärmeleitfähigkeit	gute Wärmeleitfähigkeit	schlechte Wärmeleitfähigkeit
Schmelztemperatur	hoch	hoch
Siedetemperatur	sehr hoch	sehr hoch

Verformbarkeit: Nach dem Elektronengasmodell können die Metall-Kationen im Kristall aneinander vorbeigleiten, wenn eine Kraft auf sie einwirkt. Das Elektronengas sorgt für den weiteren Zusammenhalt der Atomrümpfe.
Wirkt eine Kraft auf einen Salzkristall, so verschieben sich ganze Atomlagen. Nun stehen sich nicht mehr negativ und positiv geladene Ionen gegenüber und ziehen sich an. In

der Folge werden die Teilstücke nicht mehr zusammengehalten und brechen auseinander.

Elektrische Leitfähigkeit und Wärmeleitfähigkeit: Nach dem
Elektronengasmodell bewegen sich die Elektronen frei
zwischen den Metall-Kationen. Sie stehen als geladene,
frei bewegliche Teilchen für den elektrischen Strom zur
Verfügung. Außerdem leiten sie durch ihre Bewegung durch
den Kristall gut Wärme durch das Metall.
In Salzkristallen sind die geladenen Teilchen nicht frei
beweglich. Somit kann kein elektrischer Strom fließen. Die
Wärmeleitfähigkeit ist damit ebenfalls schlecht.

Metalle und Salze haben hohe Siedetemperaturen und
Schmelztemperaturen, da die Anziehungskräfte zwischen
den Teilchen sehr groß sind. Atomrümpfe und Elektronengas sowie Anionen und Kationen ziehen sich aufgrund der
unterschiedlichen Ladungen stark an.

A77.5

a) individuelle Lösung orientiert an den Abbildungen auf
S. 77 im Chemiebuch

c)

Kupfer-Typ	Magnesium-Typ	Wolfram-Typ
Ag, Al, Au, Cu, Pb, Pd, Pt, Ni, Sr	Be, Mg, Sc, Ti, Co, Zn, Y, Zr, Tc, Ru, Cd, Lu, Hf, Re, Os, Tl	Ba, Ca, Cr, Cs, K, Li, Mo, Na, Rb, W

A79.1

a) *Natrium mit Fluor:*
Oxidation: $2\,Na \dashrightarrow 2\,Na^+ + 2\,e^-$
Reduktion: $F_2 + 2\,e^- \dashrightarrow 2\,F^-$

Redoxreaktion: $2\,Na\,(s) + F_2\,(g) \rightarrow 2\,NaF\,(s)$

Eisen mit Brom:
Oxidation: $Fe \dashrightarrow Fe^{2+} + 2\,e^-$
Reduktion: $Br_2 + 2\,e^- \dashrightarrow 2\,Br^-$

Redoxreaktion: $Fe\,(s) + Br_2\,(g) \rightarrow FeBr_2\,(s)$

Aluminium mit Sauerstoff:
Oxidation: $4\,Al \dashrightarrow 4\,Al^{3+} + 12\,e^-$
Reduktion: $O_2 + 4\,e^- \dashrightarrow 2\,O^{2-}$ $\qquad | \cdot 3$

Redoxreaktion: $4\,Al\,(s) + 3\,O_2\,(g) \rightarrow 2\,Al_2O_3\,(s)$

b) *Donator:* Gibt Elektronen ab. Der Elektronendonator ist
jeweils das Metall-Atom (Na, Fe, Al).
Akzeptor: Nimmt Elektronen auf. Elektronenakzeptor ist
jeweils das Nichtmetall-Atom (F, Br, O).
Redoxpaar: Die oxidierte und die reduzierte Form eines Elements bei einer Reaktion bilden ein Redoxpaar. Beispiel:
Na/Na^+.
Die *Oxidation* ist die Teilreaktion, bei der Elektronen abgegeben werden (s. Teilaufgabe a).
Die *Reduktion* ist die Teilreaktion, bei der Elektronen aufgenommen werden (s. Teilaufgabe a).
Die *Redoxreaktion* ist die Gesamtreaktion, bei der sowohl
eine Elektronenabgabe als auch eine Elektronenaufnahme
stattfindet. Es werden also Elektronen übertragen (s. Teilaufgabe a).

c)

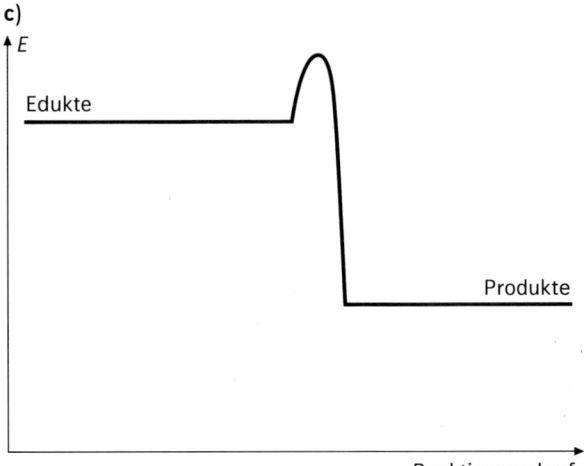

e) Hypothese: Es entstehen zweifach positiv geladene
Calcium-Kationen und einfach negativ geladene Chlorid-
Anionen.
Nachweis der Calcium-Kationen: Mit Oxalatlösung bildet
sich ein weißer Niederschlag.
Nachweis der Chlorid-Anionen: Mit Silbernitratlösung bildet
sich ein weißer Niederschlag.
Überprüfung der Ladung: Die Stoffe werden nach Reaktions-
gleichung in gleicher Stoffmenge zur Reaktion gebracht. Es
sollte kein Produkt übrigbleiben.

A79.2

a)
Oxidation: $\qquad Mg \dashrightarrow Mg^{2+} + 2\,e^- \qquad | \cdot 3$
Reduktion: $\qquad N_2 + 6\,e^- \dashrightarrow 2\,N^{3-}$

Redoxreaktion: $N_2\,(g) + 3\,Mg\,(s) \rightarrow Mg_3N_2\,(s)$

b)

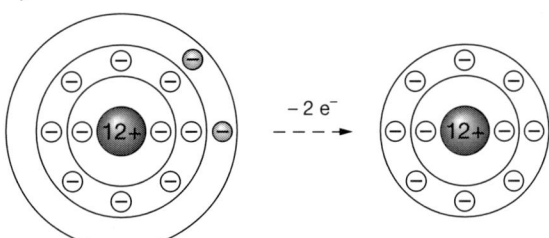

Magnesium-Atom (Mg) $\qquad$ Magnesium-Ion (Mg^{2+})

Das Magnesium-Atom gibt 2 Elektronen ab und ist somit
das Reduktionsmittel.

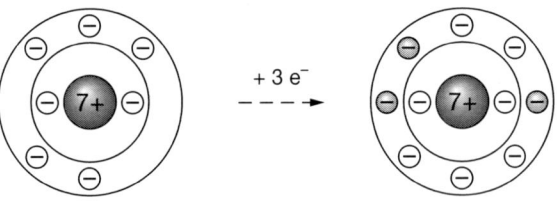

Stickstoff-Atom (N) $\qquad$ Stickstoff-Ion (N^{3-})

Das Stickstoff-Atom nimmt 3 Elektronen auf, es ist das Oxidationsmittel.

c) Außen bildet sich zuerst in einer stark exothermen Reaktion Magnesiumoxid, weil Sauerstoff reaktiver ist. Durch
die hohe Temperatur werden dann Stickstoff-Moleküle

gespalten und reagieren mit dem restlichen Magnesium im Inneren des Kegels zu Magnesiumnitrid.

A79.3

a) *Sauerstoffübertragung:*
$3\,CuO\,(s) + 2\,Fe\,(s) \rightarrow 3\,Cu\,(s) + Fe_2O_3\,(s)$

Elektronenübertragung:
Oxidation: $\quad Fe \dashrightarrow Fe^{2+} + 2\,e^-$
Reduktion: $\quad Cu^{2+} + 2\,e^- \dashrightarrow Cu$

Redoxreaktion: $Cu^{2+}(aq) + Fe\,(s) \rightarrow Cu\,(s) + Fe^{2+}(aq)$

b) *Sauerstoffübertragung.* Oxidationsmittel: CuO, Reduktionsmittel: Fe. Es werden Sauerstoff-Atome übertragen.
Elektronenübertragung: Oxidationsmittel: Cu^{2+}-Ionen, Reduktionsmittel: Fe-Atome. Es werden Elektronen übertragen.

Betrachtet man eine Redoxreaktion als Sauerstoffübertragungsreaktion, so wird von einem Stoff A Sauerstoff auf einen Stoff B übertragen, zum Beispiel von Kupferoxid auf Eisen. Kupferoxid wird reduziert, Eisen wird oxidiert.

Bei einer Elektronenübertragungsreaktion betrachtet man dagegen die an der Reaktion beteiligten Teilchen. Bei der Reaktion von Kupferoxid mit Eisen nehmen die Cu^{2+}-Ionen Elektronen von den Eisen-Atomen auf. Die Cu^{2+}-Ionen im Kupferoxid werden reduziert, die Eisen-Atome im Eisen oxidiert. Das Sauerstoff-Anion wird bei dieser Betrachtung nicht verändert.

A79.4

$4\,FeS_2 + 11\,O_2 \rightarrow 2\,Fe_2O_3 + 8\,SO_2$

A80.1

Gold ist ein edles Metall. Gold-Kationen sind ein Oxidationsmittel, weil Gold-Kationen Elektronen aufnehmen und dabei zu Gold-Atomen reduziert werden.
Eisen ist ein unedles Metall. Eisen-Atome sind ein Reduktionsmittel, weil die Eisen-Atome Elektronen abgeben und dabei oxidiert werden.

A80.2

Da Eisen unedler ist als Silber, reagieren die Silber-Ionen mit den Eisen-Atomen zu Eisen-Ionen und Silber-Atomen. Die Silber-Ionen sind die Oxidationsmittel, die Eisen-Atome die Reduktionsmittel.
Oxidation: $\quad Fe \dashrightarrow Fe^{3+} + 3\,e^-$
Reduktion: $\quad Ag^+ + e^- \dashrightarrow Ag \qquad\qquad |\cdot 3$

Redoxreaktion: $3\,Ag^+(aq) + Fe\,(s) \rightarrow Fe^{3+}(aq) + 3\,Ag\,(s)$

A80.3

a) *Partner A:* Eisen ist edler als Natrium. Es kommt zu keiner Reaktion.

Partner B: Kupfer ist unedler als Silber. Es kommt zur Reaktion.
Reduktion: $Ag^+ + e^- \dashrightarrow Ag \qquad\qquad |\cdot 2$
Oxidation: $Cu \dashrightarrow Cu^{2+} + 2\,e^-$

Redoxreaktion: $Cu\,(s) + 2\,Ag^+(aq) \rightarrow Cu^{2+}(aq) + 2\,Ag\,(s)$

Partner C: Blei ist edler als Nickel. Es kommt zu keiner Reaktion.

A81.1

a) *Partner A:* Magnesium mit Schwefel
Reduktion: $S + 2\,e^- \dashrightarrow S^{2-}$
Oxidation: $Mg \dashrightarrow Mg^{2+} + 2\,e^-$

Redoxreaktion: $Mg\,(s) + S\,(s) \rightarrow MgS\,(s)$

Lithium mit Fluor
Reduktion: $F_2 + 2\,e^- \dashrightarrow 2\,F^-$
Oxidation: $Li \dashrightarrow Li^+ + e^- \qquad\qquad |\cdot 2$

Redoxreaktion: $2\,Li\,(s) + F_2\,(g) \rightarrow 2\,LiF\,(s)$

Partner B: Zinn mit Sauerstoff
Reduktion: $O_2 + 4\,e^- \dashrightarrow 2\,O^{2-}$
Oxidation: $Sn \dashrightarrow Sn^{2+} + 2\,e^- \qquad\qquad |\cdot 2$

Redoxreaktion: $2\,Sn\,(s) + O_2\,(g) \rightarrow 2\,SnO\,(s)$

Calcium mit Chlor
Reduktion: $Cl_2 + 2\,e^- \dashrightarrow 2\,Cl^-$
Oxidation: $Ca \dashrightarrow Ca^{2+} + 2\,e^-$

Redoxreaktion: $Ca\,(s) + Cl_2\,(g) \rightarrow CaCl_2\,(s)$

A81.2

$n\,(Al) = \dfrac{m\,(Al)}{M\,(Al)} = 0{,}25\;mol$

$n\,(O) = \dfrac{6}{4} \cdot 0{,}25\;mol = 0{,}375\;mol$

$m\,(O) = 0{,}375\;mol \cdot 16\;\dfrac{g}{mol} = 6\;g$

Da 2 mol Sauerstoff-Atome 24 l Sauerstoffgas entsprechen, entsprechen 0,375 mol 4,5 l Sauerstoffgas.
Die Luft besteht zu etwa 20 % aus Sauerstoff. Damit benötigt man 5 · 4,5 l = 22,5 l Luft für die Reaktion der Wunderkerze.

V82.1

a), b) Hypothesen mit dazugehörigen Nachweisverfahren: Sauerstoffgas entsteht – Glimmspanprobe, Kohlenstoffdioxidgas entsteht – Kalkwassernachweis, Wasserstoffgas entsteht – Knallgasprobe
Es entsteht Wasserstoff, der sich mit der Knallgasprobe nachweisen lässt.

c) Die unedlen Metalle Aluminium und Magnesium reagieren heftiger als Zink und Eisen. Die edlen Metalle Kupfer und Silber reagieren nicht mit der Salzsäure.
Über die Heftigkeit der Reaktion lässt sich nur in Teilen eine Aussage über den edlen oder unedlen Charakter der Stoffe machen. Beispielsweise kann man schließen, dass Kupfer und Silber edle Metalle sind. Welches von beiden edler ist, lässt sich aber nicht sagen.

d) $Mg\,(s) + 2\,H^+Cl^-(aq) \rightarrow Mg^{2+}(aq) + 2\,Cl^-(aq) + H_2\,(g)$
$Fe\,(s) + 2\,H^+Cl^-(aq) \rightarrow Fe^{2+}(aq) + 2\,Cl^-(aq) + H_2\,(g)$
$Zn\,(s) + 2\,H^+Cl^-(aq) \rightarrow Zn^{2+}(aq) + 2\,Cl^-(aq) + H_2\,(g)$
$2\,Al\,(s) + 6\,H^+Cl^-(aq) \rightarrow 2\,Al^{3+}(aq) + 6\,Cl^-(aq) + 3\,H_2\,(g)$

V82.2

a) Jede Salzlösung wird mit jedem Metall kombiniert. Über die Redoxreihe der Metalle kann dann eine Aussage über den edlen Charakter der verwendeten Metalle gemacht werden und auf die in den Salzlösungen enthaltenen Kationen geschlossen werden.

c)

	Silber	Kupfer	Eisen	Zink	Magnesium
Silbernitrat		x	x	x	x
Kupfersulfat			x	x	x
Eisensulfat				x	x
Zinksulfat					x
Magnesiumchlorid					
Kaliumchlorid					

d) Reaktionen finden nur dann statt, wenn das Metall unedler ist als der Metallanteil der Salzlösung.

Reduktion: $2\,Ag^+ + 2\,e^- \dashrightarrow 2\,Ag$
Oxidation: $Cu \dashrightarrow Cu^{2+} + 2\,e^-$

Reduktion: $2\,Ag^+ + 2\,e^- \dashrightarrow 2\,Ag$
Oxidation: $Fe \dashrightarrow Fe^{2+} + 2\,e^-$

Reduktion: $2\,Ag^+ + 2\,e^- \dashrightarrow 2\,Ag$
Oxidation: $Zn \dashrightarrow Zn^{2+} + 2\,e^-$

Reduktion: $2\,Ag^+ + 2\,e^- \dashrightarrow 2\,Ag$
Oxidation: $Mg \dashrightarrow Mg^{2+} + 2\,e^-$

Reduktion: $Cu^{2+} + 2\,e^- \dashrightarrow Cu$
Oxidation: $Fe \dashrightarrow Fe^{2+} + 2\,e^-$

Reduktion: $Cu^{2+} + 2\,e^- \dashrightarrow Cu$
Oxidation: $Zn \dashrightarrow Zn^{2+} + 2\,e^-$

Reduktion: $Cu^{2+} + 2\,e^- \dashrightarrow Cu$
Oxidation: $Mg \dashrightarrow Mg^{2+} + 2\,e^-$

Reduktion: $Fe^{2+} + 2\,e^- \dashrightarrow Fe$
Oxidation: $Zn \dashrightarrow Zn^{2+} + 2\,e^-$

Reduktion: $Fe^{2+} + 2\,e^- \dashrightarrow Fe$
Oxidation: $Mg \dashrightarrow Mg^{2+} + 2\,e^-$

Reduktion: $Zn^{2+} + 2\,e^- \dashrightarrow Zn$
Oxidation: $Mg \dashrightarrow Mg^{2+} + 2\,e^-$

e) Nicht bei allen Experimenten sind die positiv verlaufenden Reaktionen gut zu beobachten. Deshalb ist die Aussagekraft nicht eindeutig. Ebenso lassen sich die Magnesiumchloridlösung und die Kaliumchloridlösung auf diese Weise nicht eindeutig unterscheiden. Oftmals sind jedoch eindeutige Zuordnungen möglich.

V83.3

a) Hypothese: Das Eisenpulver reagiert mit der Kupferlösung unter Bildung von Eisen-Kationen und elementarem Kupfer. Das Zinkpulver reagiert mit der Kupferlösung unter Bildung von Zink-Kationen und elementarem Kupfer.
Die Nachweisreaktion mit Ammoniak sollte nur bei Reagenzglas 3 positiv verlaufen. Bei Zugabe von rotem Blutlaugensalz sollte der Inhalt von Reagenzglas 1 eine leichte Blaufärbung und in dem Inhalt von Reagenzglas 2 eine leichte Gelbfärbung ergeben.

b) Sowohl bei der Zugabe von Eisen als auch der von Zink steigt die Temperatur leicht an.
Bei Zugabe von Ammoniaklösung färbt sich nur die Ausgangslösung tiefblau. Bei Zugabe von rotem Blutlaugensalz färbt sich die Lösung blau, zu der Eisen gegeben wurde. Die Lösung, zu der Zink gegeben wurde, färbt sich gelblich. Die Ausgangslösung färbt sich nicht.

c) Durch die Metallzugabe findet einen Redoxreaktion statt. Es entstehen Eisen-Kationen und Zink-Kationen. Beide Redoxreaktionen sind exotherm.

V83.4

a) Hypothesen: Der Feststoff leitet den Strom nicht. Nach dem Lösen in Wasser leitet die Lösung den Strom.

c) *Partner A:* Oxidation: $\quad Mg \dashrightarrow Mg^{2+} + 2\,e^-$
Partner B: Reduktion: $\quad I_2 + 2\,e^- \dashrightarrow 2\,I^-$
Redoxreaktion: $\quad Mg(s) + I_2(s) \rightarrow MgI_2(s)$
Das entstandene Salz enthält zwar geladene Ionen, die jedoch an ihrem Ort im Ionengitter gebunden sind. Das Salz zeigt keine elektrische Leitfähigkeit. Erst nach dem Lösen in Wasser sind die Ionen frei beweglich und leiten den elektrischen Strom.

d) Die Schmelze würde den Strom leiten, da die Ionen in der Schmelze wie zuvor in der Lösung frei beweglich sind.

A85.1

a), b)

Sauerstoff aus der Luft löst sich in Regenwasser	→	Eisen-Atome geben 2 Elektronen ab und werden zu Eisen-Ionen oxidiert: $Fe \dashrightarrow Fe^{2+} + 2e^-$ Das Eisen-Atom ist der *Elektronendonator*.

Die Eisen-Ionen reagieren mit den Hydroxid-Ionen zu schwerlöslichem Eisenhydroxid: $Fe^{2+} + 2\,OH^- \rightarrow Fe(OH)_2$	←	Sauerstoffhaltiges Wasser nimmt Elektronen auf und wird zu Hydroxid-Ionen reduziert: $O_2 + 2\,H_2O + 4\,e^- \dashrightarrow 4\,OH^-$ Das Sauerstoff-Atom ist der *Elektronenakzeptor*.

Weiterer gelöster Sauerstoff reagiert mit Eisenhydroxid zu Eisenoxidhydroxid: $4\,Fe(OH)_2 + O_2 \rightarrow 4\,(FeO(OH)_2) + 2\,H_2O$	→	Weitere Oxide, wie etwa Fe_2O_3 können gebildet werden, so dass ein Oxidgemisch entsteht.

Gesamtreaktion:
$$2\,Fe(s) + O_2(g) + 2\,H_2O\,(l) \rightarrow 2\,Fe^{2+}(aq) + 4\,OH^-(aq) \rightarrow 2\,Fe(OH)_2(s)$$

A85.2

Gold ist ein Edelmetall und korrodiert nicht. Bronze ist dagegen eine Legierung aus Kupfer und Zinn. Durch Kombination verschiedener Metalle kommt es zur Bildung von Lokalelementen, wodurch die unedleren Metalle Kupfer und vor allem Zinn nach und nach korrodieren.

A85.3

a) Im Winter ist das Klima feucht. Gegenstände aus Eisen haben deshalb im Winter mehr Kontakt zu sauerstoffhaltigem Wasser als im Sommer. Oft kommt durch Streusalz noch salzhaltiges Wasser hinzu, was die Korrosion besonders fördert.
Im Hochgebirge ist die Luftfeuchtigkeit niedrig, die Konzentration an Sauerstoff ist geringer als im Flachland. Außerdem ist die Luft reiner und die Konzentration an korrosionsfördernden Gasen wie Schwefeldioxid und Stickstoffoxid niedrig. Durch die niedrigere Temperatur laufen Korrosionsprozesse langsamer ab.

b) Eine Möglichkeit besteht darin, 4 Reagenzgläser mit Stahlwolle umgekehrt in Wasser zu stellen. Die Stahlwolle soll jeweils unter anderen Bedingungen reagieren: trockene Stahlwolle, feuchte Stahlwolle, eingefettete Stahlwolle und mit Salzlösung befeuchtete Stahlwolle.
Ergebnis nach einem Tag: Trockene und eingefettete Stahlwolle reagieren nicht; feuchte Stahlwolle rostet und das Wasser steigt im Reagenzglas hoch; mit Salzlösung befeuchtete Stahlwolle rostet stark und das Wasser im Reagenzglas steigt hoch, $\frac{1}{5}$ des abgeschlossenen Gasvolumens wird verbraucht.

A85.4

Bei der physikalischen Verwitterung werden Gesteinsformationen nach und nach zerkleinert. Diese Formen der Verwitterung greifen meist an feinen, kaum sichtbaren Rissen oder an Spalten an. An diesen Schwachpunkten wird das Gestein durch Druck, Dehnung oder Verschiebung gespalten. Man unterscheidet verschiedene Formen der Gesteinsverwitterung:

Physikalisch-biologische Verwitterung: Sprengung von Felsen/Gesteinen durch Pflanzenwurzeln.

Frostsprengungsverwitterung: Wasser dringt in Spalten und Klüfte ein. Beim nächsten Frost dehnt es sich aus und sprengt Stücke des Gesteins ab.

Temperaturverwitterung: In Gebieten mit starken Temperaturschwankungen dehnen sich die Materialien tagsüber aufgrund der Hitze stark aus und ziehen sich nachts wieder zusammen. Dadurch werden die Gesteine allmählich gelockert. Sind verschiedene Materialien im Gestein enthalten, dehnen diese sich auch unterschiedlich stark aus, wodurch es zu Brüchen kommen kann. Ein Spezialfall der Temperaturverwitterung ist die *Desquamation:* Bei stark sonnenbeschienene Oberflächen kommt es zur Ablösung dünner Schalen von der Gesteinsoberfläche.

Schalenverwitterung: Gesteine, wie z.B. Granit, entstehen unter starkem Druck. Kommen die Gesteine an die Erdoberfläche, nimmt der Druck ab und das Gestein kann sich wieder ausdehnen. Es entstehen Risse und Spalten, die dazu führen können, dass mehrere hundert Meter lange

Abbruche die Folge sind. Ein Beispiel ist die Bildung des Zuckerhuts in Rio de Janeiro.

Salzverwitterung: Salze aus Sickerwasser und Bächen kristallisieren in Rissen und Spalten aus, nachdem das Wasser verdunstet ist. Kristalle benötigen oft mehr Platz als die Lösungen, es kommt zur Sprengungen.

A85.5

a) *Beobachtung:* Beim Versuch 1 steigen am Zinkblech einzelne Gasbläschen auf. Am Kupferstab passiert nichts. Das Zinkblech löst sich sehr langsam auf.
Beim Versuch 2 steigen die Gasbläschen am Kupferstab auf. Dieser wird aber nicht aufgelöst, das Zinkblech dafür umso schneller.
Deutung: Es findet in beiden Versuchen eine Säurekorrosion statt. Zink-Atome reagieren zu Zink-Ionen und hydratisierte Wasserstoff-Ionen werden zu Wasserstoff-Molekülen reduziert.

Oxidation:	$Zn(s) \dashrightarrow Zn^{2+}(aq) + 2e^-$
Reduktion:	$2\,H^+(aq) + 2\,e^- \dashrightarrow H_2(g)$

Redoxreaktion: $\quad Zn(s) + 2\,H^+(aq) \rightarrow H_2(g) + Zn^{2+}(aq)$

In Versuch 1 reagiert das Kupfer nicht, es ist zu edel um von der Säure oxidiert zu werden. Das Zink reagiert nur sehr langsam: Die Zink-Atome geben Elektronen ab, dadurch lädt sich der Zinkstab negativ auf und ist von Zn^{2+}-Ionen umgeben. Die positiv geladenen Zink-Ionen behindern die ebenfalls positiv geladenen hydratisierten Wasserstoff-Ionen Elektronen vom Zinkstab aufzunehmen.
Im Versuch 2 scheint die Reduktion am Kupferstab abzulaufen, denn die Wasserstoffentwicklung ist nur am Kupferstab. Gleichwohl löst sich das Zink auf: Wenn sich die beiden Metalle berühren, fließen Elektronen vom Zinkstab zum Kupferstab ab. Da der Kupferstab nicht von Zn^{2+}-Ionen umgeben ist, können die hydratisierten Wasserstoff-Ionen am Kupferstab ungehindert Elektronen aufnehmen und zu Wasserstoff reagieren.

Skizzen auf Teilchenebene:
Versuch 1:

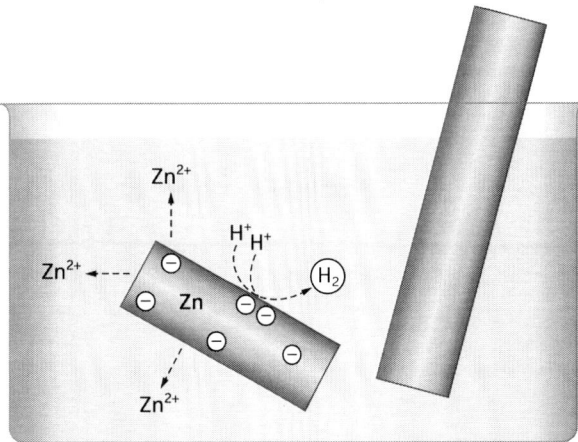

Versuch 2:

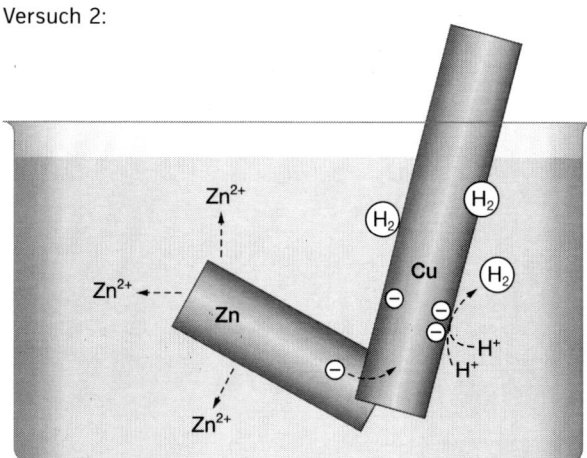

c) Berühren sich diese Metalle, kommt es zur Bildung eines Lokalelements, in dessen Folge sich das gegenüber Gold unedlere Quecksilber aus der Legierung herauslöst und vom Körper aufgenommen werden könnte.

A85.6

individuelle Lösung

A87.1

Schutzschicht aus Nichtmetallen
Beispiele: Ölen, Lackieren, Emaillieren, Kunststoffüberzüge. Film/Überzug wird aufgebracht, so dass Sauerstoff und Wasser nicht an das Metall gelangen können.

Schutzschicht aus unedlen Metallen
Beispiel: Verzinken. Zink wird durch Feuerverzinken aufgebracht und verhindert den Zutritt von Sauerstoff und Wasser. Zink korrodiert nicht, denn es bildet sich eine schützende Schicht von Zinkoxid, das Zink ist passiviert:

$2\,Zn\,(s) + O_2\,(g) \longrightarrow 2\,ZnO\,(s)$

Es bildet sich ein Lokalelement. Wenn die Zinkschicht verletzt wird, korrodiert Zink leichter als das darunterliegende Eisen, denn es ist unedler als Eisen. Zink geht in Lösung, die Elektronen gehen zum Eisen über und werden auf hydratisierte Wasserstoff-Ionen oder auf Sauerstoff-Moleküle übertragen. Im ersten Fall spricht man von Säurekorrosion, im zweiten Fall von Sauerstoffkorrosion.
Säurekorrosion:
Minuspol/Oxidation: $Zn\,(s) \dashrightarrow Zn^{2+}\,(aq) + 2\,e^-$
Pluspol/Reduktion: $2\,H^+\,(aq) + 2\,e^- \dashrightarrow H_2\,(g)$

Redoxreaktion: $Zn\,(s) + 2\,H^+\,(aq) \rightarrow H_2\,(g) + Zn^{2+}\,(aq)$

Sauerstoffkorrosion:
Minuspol-Zink/Oxidation: $Zn\,(s) \dashrightarrow Zn^{2+} + 2\,e^-$ $|\cdot 2$
Pluspol-Eisen/Reduktion: $O_2\,(g) + 2\,H_2O\,(l) + 4\,e^- \dashrightarrow$
$4\,OH^-\,(aq)$

Redoxreaktion: $2\,Zn\,(s) + O_2\,(g) + 2\,H_2O\,(l) \rightarrow$
$2\,Zn^{2+}\,(aq) + 4\,OH^-\,(aq)$
Folgereaktionen: $Zn^{2+}\,(aq) + 2\,OH^-\,(aq) \rightarrow 2\,Zn(OH)_2\,(s)$
$Zn(OH)_2\,(s) \rightarrow ZnO\,(s) + H_2O\,(l)$

Opferelektroden
Beispiele: Opferanoden an Schiffen oder Ölpipelines. Unedlere Metalle wie Zink oder Magnesium werden leitend mit dem zu schützenden Werkstück aus Eisen oder Stahl verbunden. Es bilden sich Lokalelemente. Die unedleren Metalle sind reaktionsfähiger als das Werkstück und geben Elektronen ab. Die Elektronen fließen zum Eisen, laden das Eisen negativ auf und bewahren es so davor, selbst Elektronen abzugeben und oxidiert zu werden.

c) individuelle Lösung

A87.2

a) Zinn ist durch Passivierung geschützt, es bildet eine dichte Schicht von Zinnoxid (SnO_2).

b) Es entsteht ein Lokalelement. Da Zinn edler als Eisen ist, würde das nun frei liegende Eisen mit Sauerstoff und Wasser verstärkt reagieren. Eisen-Ionen würden den Inhalt der Konservendose verderben.

Minuspol-Eisen/Oxidation: $Fe\,(s) \dashrightarrow Fe^{2+}\,(aq) + 2\,e^-$ $|\cdot 2$
Pluspol-Zinn/Reduktion: $O_2\,(g) + 2\,H_2O\,(l) + 4\,e^- \dashrightarrow$
$4\,OH^-\,(aq)$

Redoxreaktion: $2\,Fe\,(s) + O_2\,(g) + 2\,H_2O\,(l) \rightarrow$
$2\,Fe^{2+}\,(aq) + 4\,OH^-\,(aq)$

c)

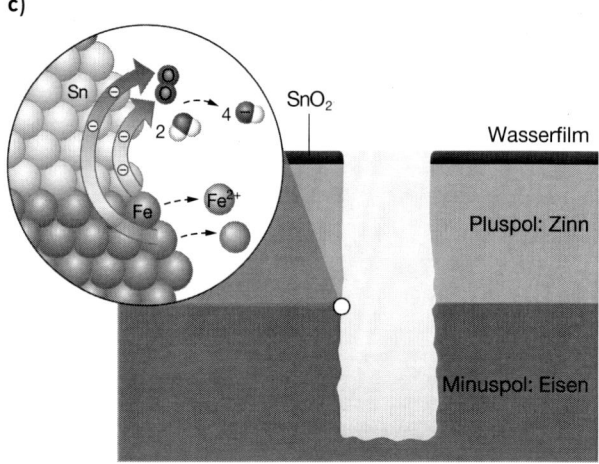

d) Fruchtsäuren würden bei Zinkoberflächen die Säurekorrosion verursachen. Dies passiert auch bei passivierten Zinkoxidoberflächen.

A87.3

a) Die Feuerverzinkung erfolgt in mehreren Schritten. Zunächst werden die Werkstücke entfettet, gebeizt und gespült. Diese Schritte sorgen dafür, dass keine Verunreinigungen die anschließende Legierungsbildung stören. Durch das Fließmittelbad wird die Benetzungsfähigkeit der Metalloberfläche erhöht, so dass das flüssige Zink mit der Oberfläche des Werkstücks besser in Kontakt kommen kann. Das Werkstück wird getrocknet, damit keine Wasserrückstände mehr vorhanden sind. Im Zinkbad bildet sich auf dem Werkstück eine Eisen-Zink-Legierung, die sich mit einer 0,1 mm dicken Zinkschicht überzieht.

b) Das *Entfetten* und spülen dient dazu, die Oberfläche von Fett und öligen Rückständen zu befreien.

Das *Beizen* erfolgt mit verdünnten Säuren und entfernt mögliche Oxidschichten.

Das *Fließmittel* schützt das Metall vor weiterer Oxidation beim Warten und beim Eintauchen in das geschmolzene Zink.

Im Zinkbad kommt das Metall mit dem Zink in Kontakt und die schützende Zinkschicht bildet sich.

c) Das Zink reagiert allmählich mit dem Sauerstoff der Luft. Es bildet sich Zinkoxid.

A87.4

a) Das Werkstück aus Eisen wird in ein Becherglas mit einer verdünnten Lösung von Kupfersulfat getaucht. Außerdem taucht ein Kupferblech in die Lösung.

Das Werkstück wird als Kathode geschaltet, das Kupferblech als Anode. Nun wird bei einer Spannung von 2 Volt elektrolysiert. Cu^{2+}-Ionen werden auf dem Werkstück entladen und scheiden sich als Kupfer-Atome ab. An der Anode gehen Cu^{2+}-Ionen in Lösung.

Ergänzung: Damit sich das Kupfer nicht direkt auf dem Werkstück abscheidet und dabei eine poröse, nicht haftende Schicht bildet, wird die Reaktion in alkalischer Lösung in Gegenwart eines Salzes der Weinsäure durchgeführt. Siehe Chemie heute Teilband 2, Seite 88, Versuch 2.

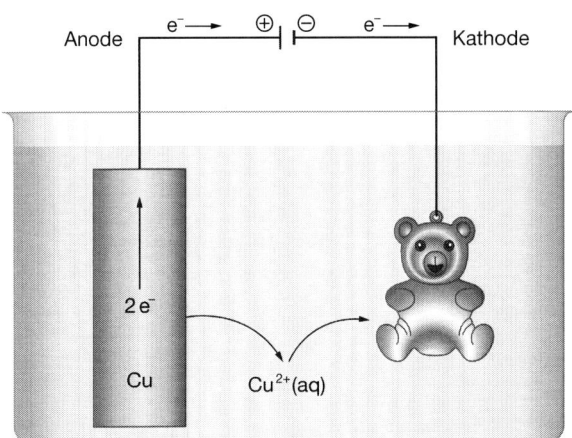

b) Bei Gleichstrom wandern die Kationen zur Kathode und die Anionen zur Anode und werden dort abgeschieden. Bei Wechselstrom würde sich die Richtung des Stromflusses dauern ändern. Die Ionen würden zwar den elektrischen Strom leiten, aber ständig wechselnd an den beiden Elektroden reagieren.

V88.1

a) *Eisenblech:* Das fest gewordene Agar-Agar-Gel färbt sich auf dem Eisenblech blau.

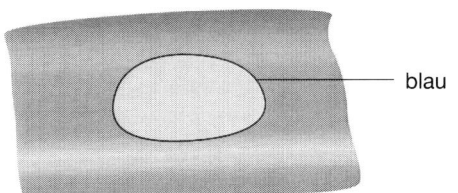

blau

Eisennagel, unbehandelt: Der Eisennagel rostet, Blaufärbung und rotviolette Färbung.

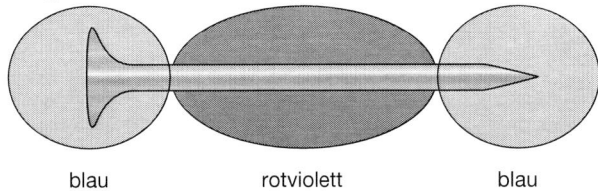

blau   rotviolett   blau

Eisennagel, zur Hälfte oxidiert: rotviolette Färbung an der oxidierten Seite, Blaufärbung an der blanken Seite.

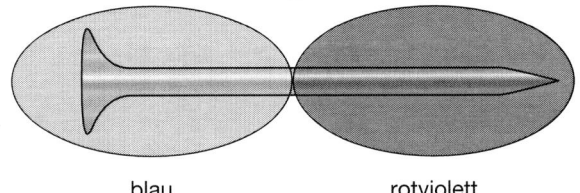

blau   rotviolett

Eisennagel mit Kupferdraht: rotviolette Färbung im Bereich des Kupferdrahtes, Blaufärbung an den Enden des Eisennagels.

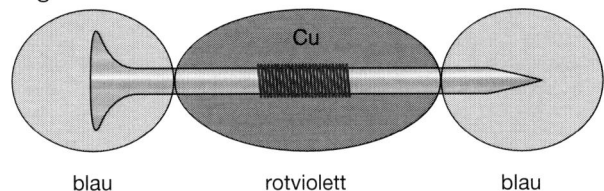

blau   rotviolett   blau

Eisennagel mit Zink: Das Zink löst sich langsam auf. Rotviolette Färbung am Eisennagel.

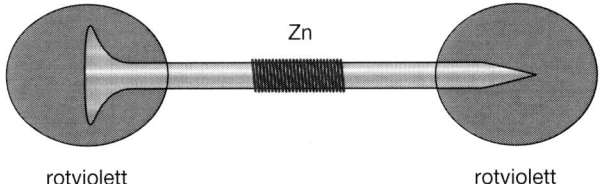

rotviolett   rotviolett

b) OH^--Ionen bewirken die rotviolette Färbung des Phenolphthaleins. Die Blaufärbung beruht auf der Bildung von Berliner Blau (Nachweis von Fe^{2+}-Ionen). Der Eisennagel wird also oxidiert, gleichzeitig wird an anderer Stelle in der Lösung Sauerstoff unter Bildung von Hydroxid-Ionen reduziert. Beim Versuch mit dem umwickelten Kupferdraht liegt ein Lokalelement vor; die Reduktion des Sauerstoffs erfolgt am Kupferdraht.

Ort der Oxidation (blau): Minuspol. Ort der Reduktion (rotviolett): Pluspol:

Oxidation/Minuspol: $Fe(s) \dashrightarrow Fe^{2+} + 2\,e^-$ $\qquad | \cdot 2$
Reduktion/Pluspol: $O_2(g) + 2\,H_2O(l) + 4\,e^- \dashrightarrow 4\,OH^-(aq)$

Redoxreaktion: $2\,Fe(s) + O_2(g) + 2\,H_2O(l) \rightarrow$
$\qquad\qquad\qquad\qquad 2\,Fe^{2+}(aq) + 4\,OH^-(aq)$

Bei dem Versuch mit dem in der Mitte verzinkten Draht liegt ebenfalls ein Lokalelement vor. Das unedlere Zink löst sich auf, die Reduktion des Sauerstoffs erfolgt am Eisen:

Minuspol-Zink/Oxidation: $Zn(s) \dashrightarrow Zn^{2+} + 2\,e^-$ $\qquad | \cdot 2$
Pluspol-Eisen/Reduktion: $O_2(g) + 2\,H_2O(l) \dashrightarrow$
$\qquad\qquad\qquad\qquad\qquad\qquad 4\,OH^-(aq)$

Redoxreaktion: $2\,Zn(s) + O_2(g) + 2\,H_2O(l) \rightarrow$
$\qquad\qquad\qquad\qquad 2\,Zn^{2+}(aq) + 4\,OH^-(aq)$

c) Mit dem zweiten Metall bildet sich jeweils ein Lokalelement. Am Kupferdraht findet die Reduktion statt, Eisen wird oxidiert. Da Zink unedler ist als Eisen wird dieses eher oxidiert als das Eisen.

Ein Kupferüberzug ist als Rostschutz geeignet, solange das Eisen mit einer unverletzten Kupferschicht überzogen ist. Zink eignet sich ebenfalls als Schutz für den Eisennagel, bei Verletzung der Zinkschicht bildet diese eine Opferanode.

d) Wenn Eisen- und Kupferrohre verbunden werden, dann bildet sich an der Kontaktstelle ein Lokalelement, wodurch das Eisenrohr schneller korrodiert.

V88.2

a) *Partner A:* Im Kupferbad wird der Eisendraht mit einer braunen Schicht überzogen, die sich nicht mit dem Tuch abputzen lässt.
Partner B: Im Silberbad bildet sich am Eisendraht eine blanke Schicht. An der Bleistiftmine bildet sich ein Gas.

b) *Partner A:* Pluspol: $Cu \dashrightarrow Cu^{2+} + 2\,e^-$
Minuspol: $\qquad\qquad Cu^{2+} + 2\,e^- \dashrightarrow Cu$

Im Kupferbad herrscht am Minuspol (Kathode) ein Elektronenüberschuss. Hier nehmen Cu^{2+}-Ionen jeweils 2 Elektronen auf und lagern sich als Cu-Atome am Eisendraht an – die Cu^{2+}-Ionen werden reduziert. Es entsteht ein Kupferüberzug. Gleichzeitig gehen aus dem Kupferdraht neue Cu^{2+}-Ionen in Lösung, da die Elektrode als Anode geschaltet ist und dort Elektronen abgegeben werden. Hier werden Kupfer-Atome zu Kupfer-Ionen oxidiert.

Partner B: Pluspol: $Ag^+ + e^- \dashrightarrow Ag$
Minuspol: $\qquad\quad 4\,OH^- \dashrightarrow O_2 + 2\,H_2O + 4\,e^-$
Im Silberbad werden am Eisendraht Ag^+-Ionen zu Ag reduziert, es lagert sich eine Schicht aus Silber-Atomen auf dem Eisennagel ab. Am Pluspol entsteht elementarer Sauerstoff.

V89.1

a)

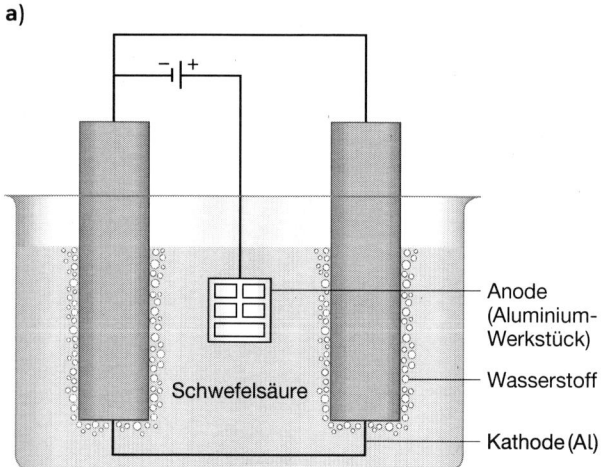

Versuchsanleitung:
1. Schneide aus dem Aluminiumblech einen Aluminiumstreifen oder eine Figur aus. Schmirgle diese gut ab und entfette sie zusätzlich, indem du den Streifen mit Aceton abreibst.

2. Schließe ein Aluminiumstück an den Pluspol und ein Aluminiumstück an den Minuspol an und tauche beide Elektroden etwa zur Hälfte in ein Becherglas mit verdünnter Schwefelsäure.
3. Elektrolysiere für etwa 10 Minuten bei 10 V.
4. Spüle das Aluminiumstück und tupfe es vorsichtig trocken.
5. Für ein gefärbtes Werkstück: Löse zwei Spatel des Lebensmittelfarbstoffs in heißem Wasser und säuere mit etwas Essig an.
6. Lege das Aluminiumstück für etwa 10 Minuten in die heiße Lösung. Die Temperatur sollte ungefähr 80 °C betragen.
7. Koche das Werkstück etwa 10 Minuten in siedendem Wasser.
8. Spüle das Werkstück anschließend unter fließendem Wasser ab.

b) An den eloxierten Stellen des Aluminiumblechs hat sich ein gräulicher Belag gebildet. Wenn das Aluminium eingefärbt wird, dann färben sich nur die eloxierten Stellen.

c) Die elektrische Leitfähigkeit an den eloxierten Stellen ist geringer. Eloxiertes Aluminium ist kratzfester und beständiger gegenüber verdünnter Salzsäure.

d) *Kathode/Reduktion:* $2\,H^+(aq) + 2\,e^- \dashrightarrow H_2(g)$
Anode/Oxidation: $Al(s) \dashrightarrow Al^{3+}(aq) + 3\,e^-$
Folgereaktion: $Al^{3+}(aq) + 3\,H_2O(aq) \dashrightarrow Al_2O_3(s) + 6\,H^+(aq)$

e) Das Werkstück aus Aluminium wird als Anode (Pluspol) geschaltet. An der Kathode würden keine Al^{3+}-Ionen entstehen.

A89.2

Die dickere Schicht aus Aluminiumoxid beim Eloxal ist sehr hart und widerstandsfähig. Der Farbstoff lagert sich in feinen Röhren ab, die am Ende der Produktion versiegelt werden. Damit ist der Farbstoff vor der mechanischen Ablösung geschützt.

A91.1

a), b)
Minuspol/Oxidation: $Mg(s) \dashrightarrow Mg^{2+}(aq) + 2e^-$
Pluspol/Reduktion: $Ag^+(aq) + e^- \dashrightarrow Ag(s) \qquad | \cdot 2$

Redoxreaktion: $Mg(s) + 2\,Ag^+(aq) \rightarrow Mg^{2+}(aq) + 2\,Ag(s)$

c)

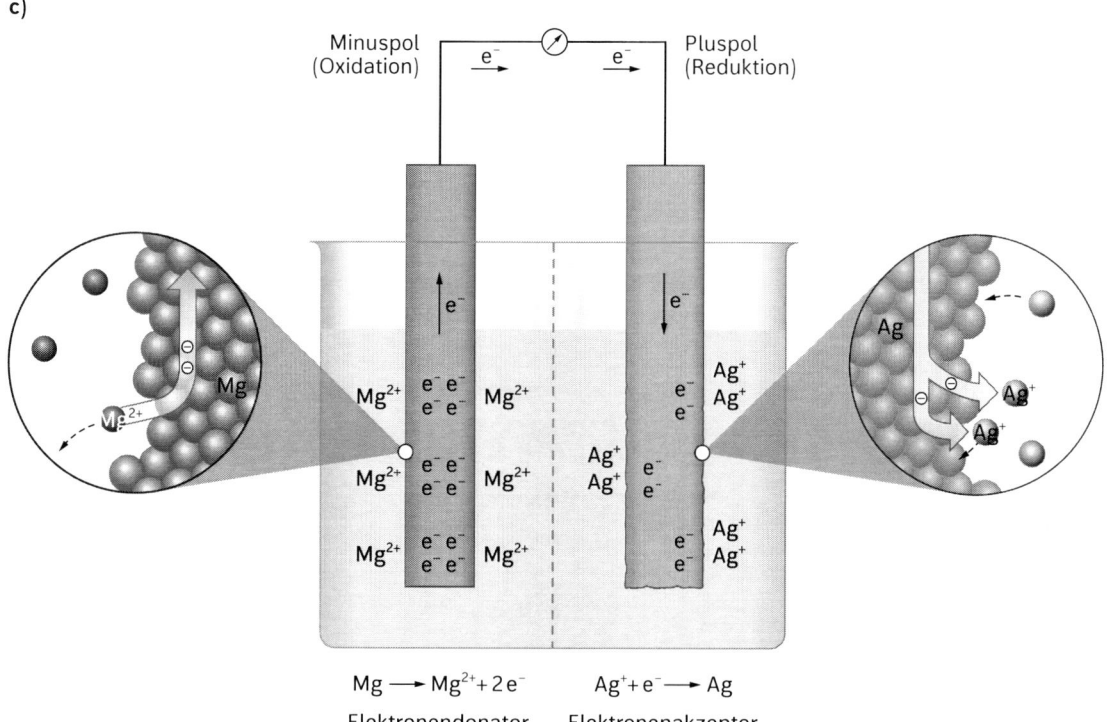

Minuspol
(Oxidation)

Pluspol
(Reduktion)

$Mg \longrightarrow Mg^{2+} + 2\,e^-$ $Ag^+ + e^- \longrightarrow Ag$
Elektronendonator   Elektronenakzeptor

A91.2

Wenn die beiden Halbzellen getrennt sind, liegt kein geschlossener Stromkreis mehr vor, die Redoxreaktion kann nicht mehr ablaufen. Die Poren des Tonzylinders sind für Ionen durchlässig, sodass der Stromkreis durch Ionenwanderung geschlossen ist.

A91.3

a) Zink-Luft-Batterie.

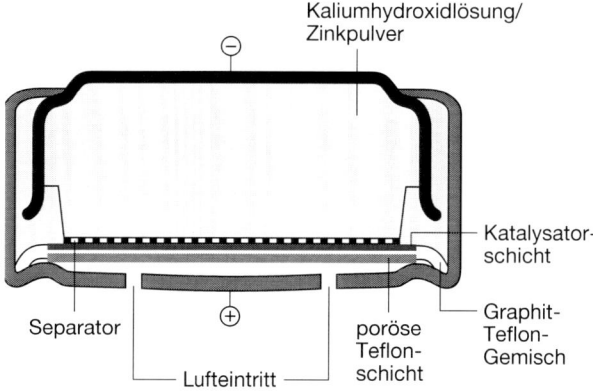

Eigenschaften: lange Spannungskonstanz, sehr langlebig.
Verwendung: Baustellenwarnleuchten, Weidezäune, Hörgeräte.

Minuspol: $Zn(s) \dashrightarrow Zn^{2+}(aq) + 2\,e^-$ $| \cdot 2$
Pluspol: $O_2(g) + 2\,H_2O(l) + 4\,e^- \dashrightarrow 4\,OH^-(aq)$

Redoxreaktion: $2\,Zn(s) + O_2(g) + 2\,H_2O(l) \rightarrow$
$2\,Zn^{2+}(aq) + 4\,OH^-(aq)$

b) Zink-Kohle-Batterie.

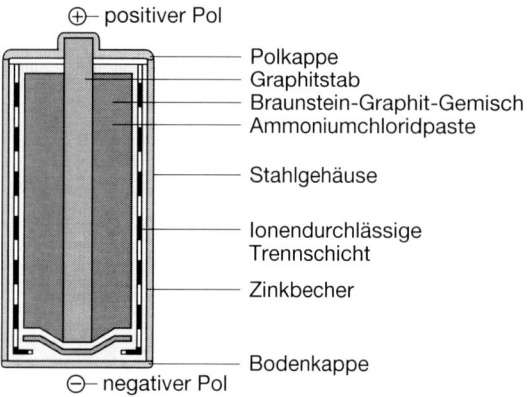

⊕– positiver Pol

Polkappe
Graphitstab
Braunstein-Graphit-Gemisch
Ammoniumchloridpaste

Stahlgehäuse

Ionendurchlässige
Trennschicht

Zinkbecher

Bodenkappe

⊖– negativer Pol

Eigenschaften: besonders preiswert, Spannung sinkt beim Entladen relativ schnell, wenig auslaufsicher.
Verwendung: Taschenlampen, Fernbedienungen.

Minuspol: $Zn(s) \dashrightarrow Zn^{2+}(aq) + 2\,e^-$
Pluspol: $MnO_2(s) + H_2O(l) + e^- \dashrightarrow$
$MnOOH(s) + OH^-(aq)$ $| \cdot 2$

Redoxreaktion: $Zn(s) + 2\,MnO_2(s) + 2\,H_2O(l) \rightarrow$
$Zn^{2+}(aq) + 2\,MnOOH(s) + 2\,OH^-(aq)$

c) Silberoxidbatterie.

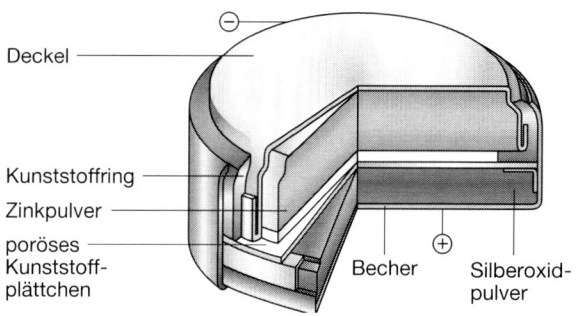

Deckel

Kunststoffring
Zinkpulver

poröses
Kunststoff-
plättchen

Becher   Silberoxid-
pulver

Eigenschaften: Spannung bleibt lange konstant, langlebig, relativ teuer.
Verwendung: Herzschrittmacher, Kameras, Armbanduhren.

Minuspol: $Zn(s) \dashrightarrow Zn^{2+}(aq) + 2\,e^-$
Pluspol: $Ag_2O(s) + H_2O(l) + 2\,e^- \dashrightarrow 2\,Ag(s) + 2\,OH^-(aq)$

Redoxreaktion: $Zn(s) + Ag_2O(s) + H_2O(l) \rightarrow$
$$Zn^{2+}(aq) + 2\,Ag(s) + 2\,OH^-(aq)$$

d) Lithiumbatterie.

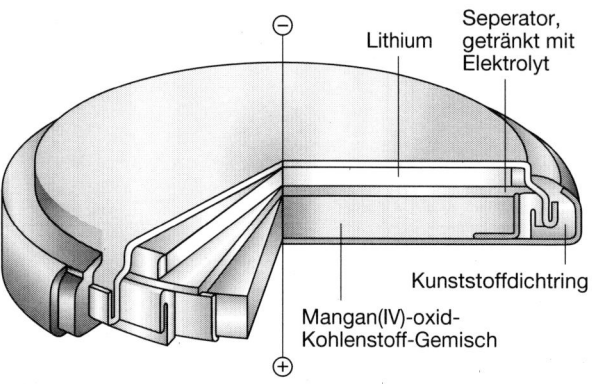

⊖
Lithium
Seperator, getränkt mit Elektrolyt
Kunststoffdichtring
Mangan(IV)-oxid-Kohlenstoff-Gemisch
⊕

Eigenschaften: Hochleistungsbatterie mit dauerhaft konstanter Spannung, lange lagerfähig, hohe Produktionskosten.
Verwendung: Armbanduhren, Platinen im Computer.

Minuspol: $Li(s) \dashrightarrow Li^+(aq) + e^-$
Pluspol: $Li^+(aq) + e^- + MnO_2(s) \dashrightarrow LiMnO_2(s)$

Redoxreaktion: $Li(s) + MnO_2(s) \rightarrow LiMnO_2(s)$

e) Nickel/Metall-Hydrid-Akku.

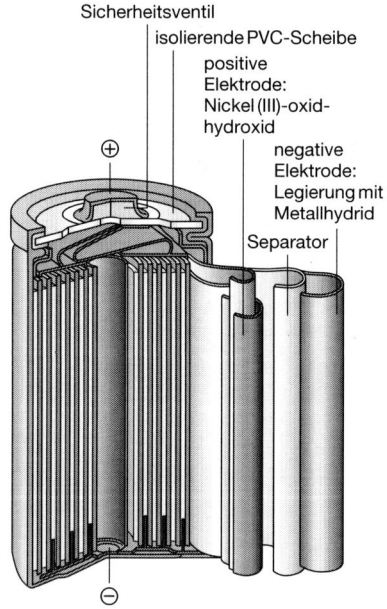

Sicherheitsventil
isolierende PVC-Scheibe
positive Elektrode: Nickel(III)-oxid-hydroxid
negative Elektrode: Legierung mit Metallhydrid
Separator
⊕
⊖

Eigenschaften: wieder aufladbar, hohe Leistungsfähigkeit, empfindlich gegen Überladung und Überhitzung.
Verwendung: CD-Player, Fotoapparate, Telefone, Notbeleuchtungen.

$$\text{Metall-H} + NiO(OH) \underset{\text{laden}}{\overset{\text{entladen}}{\rightleftharpoons}} \text{Metall} + Ni(OH)_2$$

f) Lithium-Polymer-Akku.
Siehe Chemie heute Teilband 2, S.99, C2.
Eigenschaften: oft wieder aufladbar, große Energiedichte, hohe und gleichmäßige Spannung bei geringer Masse, empfindlich gegen Temperaturschwankungen und Überladung, sehr teuer.
Verwendung: Handys, Notebooks, Elektroautos.

Entladen:
Pluspol: $Li^+(aq) + LiCo_2O_4 + e^- \dashrightarrow 2\,LiCoO_2$
Minuspol: $LiC_6 \dashrightarrow C_6\,(Graphit) + Li^+(aq) + e^-$

Laden:
Pluspol: $2\,LiCoO_2 \dashrightarrow Li^+(aq) + LiCo_2O_4 + e^-$
Minuspol: $C_6\,(Graphit) + Li^+(aq) + e^- \dashrightarrow LiC_6$

V92.1

a) Man misst eine Spannung von 0,6 bis 0,9 Volt.

b) Kupfer bildet den Pluspol, Zink den Minuspol.

c) Die Zitrone ist das Reaktionsgefäß, der Saft dient als Elektrolyt.

V92.2

a) Es lässt sich eine Spannung von etwa 0,8 V pro Element ablesen. Bei mehreren übereinandergelegten Elementen vervielfacht sich die Spannung entsprechend.

b) *Säure:* Sie reagiert mit den Metallen, so dass die für die chemische Reaktion benötigten Kationen erzeugt werden. Weiterhin bildet sie den Elektrolyten.
Papier: Nimmt die Elektrolytflüssigkeit auf und trennt Anode und Kathode voneinander. Sie lässt eine Ionenwanderung zu und schließt damit den Stromkreis.

c) Hypothese: Die Spannung nimmt mit der Anzahl der Elemente linear zu.

d) Hypothese: Eine 5-Cent-Münze besteht an der Oberfläche aus Kupfer. Eine 10-Cent-Münze besteht an der Oberfläche aus einer Legierung, die hauptsächlich Kupfer enthält. Also sollte sich beim Tausch der Unterlegscheibe durch eine 10-Cent-Münze keine Spannung messen lassen.

V92.3

a) Es ist eine Spannung von 1,5 V messbar.

b) Mangandioxid bildet den Pluspol, Zink den Minuspol.

c) Das Graphitpulver leitet den elektrischen Strom, die Stärke dickt den Elektrolyten ein. Die Extraktionshülse verhindert die Vermischung der beiden breiartigen Massen, lässt aber Ionenwanderung zu und schließt damit den Stromkreis.

d) Die Stromstärke nimmt mit der Elektrodengröße zu.

A93.1

Zink-Luft-Batterie
a) Taschenlampen, Fernbedienungen
b) individuelle Lösung
c) vgl. Abb. auf S.39, A91.3 a)
d) vgl. Reaktionsgleichungen in A91.3 a)
e) individuelle Lösung

Silberoxid-Batterie
a) Herzschrittmacher, Kameras, Armbanduhren
b) individuelle Lösung
c) vgl. Abb. auf S. 39, A91.3 c)
d) vgl. Reaktionsgleichungen in A91.3 c)
e) individuelle Lösung

Nickel-Metallhydrid-Akku
a) Transistorgeräte, Notbeleuchtungen, Telefone
b) individuelle Lösung
c) vgl. Abb. auf S. 40, A91.3 e)
d) vgl. Reaktionsgleichungen in A91.3 e)
e) individuelle Lösung

Zink-Kohle-Batterie
a) Taschenlampe, Fernbedienung
b) individuelle Lösung
c) vgl. Abb. auf S. 39, A91.3 b)
d) vgl. Reaktionsgleichungen in A91.3 b)
e) individuelle Lösung

Lithiumbatterie
a) Armbanduhren, Platinen am Computer
b) individuelle Lösung
c) vgl. Abb. auf S. 39, A91.3 d)
d) vgl. Reaktionsgleichungen in A91.3 d)
e) individuelle Lösung

Lithium-Ionen- und Lithium-Polymer-Akku
a) Handy, Notebooks, Elektroautos
b) individuelle Lösung
c) siehe Chemie heute Teilband 2, S. 99, C2
d) vgl. Reaktionsgleichungen in A91.3 f)
e) individuelle Lösung

A95.1

Am Minuspol geben Wasserstoff-Moleküle Elektronen an die Elektrode ab. Die dabei gebildeten hydratisierten Wasserstoff-Ionen wandern durch eine Membran zum Pluspol. Hier nehmen Sauerstoff-Moleküle Elektronen auf und reagieren zu Oxid-Ionen (O^{2-}). Die Wasserstoff-Ionen bilden mit den Oxid-Ionen Wasser-Moleküle.

Minuspol: $H_2(g) \dashrightarrow 2\,H^+(aq) + 2\,e^-$ $\quad | \cdot 2$
Pluspol: $O_2(g) + 4\,e^- \dashrightarrow 2\,O^{2-}(g)$

Redoxreaktion: $2\,H_2(g) + O_2(g) \rightarrow 2\,H_2O(g)$

A95.2

a)

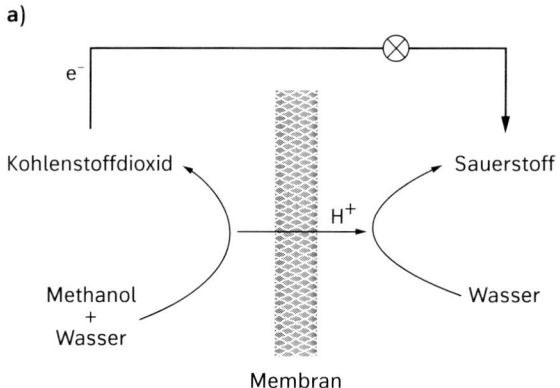

b) *Minuspol:* $CH_3OH + H_2O \dashrightarrow CO_2 + 6\,H^+ + 6\,e^-$
Pluspol: $O_2 + 4\,H^+ + 4\,e^- \dashrightarrow 2\,H_2O$

c) Elektrogeräte in Raumfahrzeugen, Antrieb im Auto, Antrieb im U-Boot

d) *Antriebsart – Wirkungsgrad*
Benzinmotor: 35 – 40 %
Dieselmotor: 40 – 50 %
Elektromotor: 94 – 95 %
Brennstoffzelle: 20 – 80 %

e) Mögliche Aspekte: *Methanol-Brennstoffzellen* liefern Kohlenstoffdioxid beim Betrieb. Methanol ist leicht entflammbar. Der Treibstoff kann schnell aufgefüllt werden. Der Treibstoff hat eine hohe Energiedichte.
Redox-Flow-Zellen stoßen keine klimafeindlichen Gase aus. Sie sind wiederaufladbar. Entladene Tanks können schnell gegen aufgeladene ausgetauscht werden. Redox-Flow-Zellen haben eine niedrige Energiedichte.

A95.3

a) *Partner A:* Entladen
Minuspol: $Cr^{2+} \dashrightarrow Cr^{3+} + e^-$
Pluspol: $Fe^{3+} + e^- \dashrightarrow Fe^{2+}$

Partner B: Aufladen
Minuspol: $Fe^{2+} \dashrightarrow Fe^{3+} + e^-$
Pluspol: $Cr^{3+} + e^- \dashrightarrow Cr^{2+}$

c)

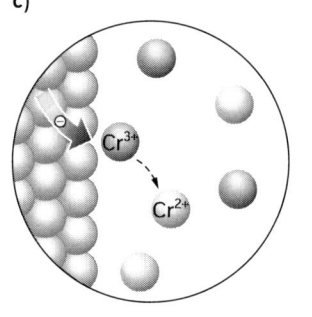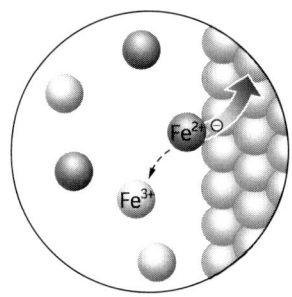

A95.4

Speichertechnik	Vorteil	Nachteil
Batterie	günstige Herstellung	wenige Ladezyklen, langsames Be- und Entladen
Pumpspeicherwerk	gespeicherte Energie kann sofort rückgewonnen werden	sehr kostenintensiv
Schwungradspeicher	hohe Zyklenzahl	große Selbstentladung
Kondensator	hoher Wirkungsgrad	niedrige Speicherkapazität
Druckluftspeicher	gespeicherte Energie kann sofort rückgewonnen werden	aufwendig zu bauen

A96.1

a) Hypothese: Es bildet sich ein Lokalelement, so dass das Eisen schnell oxidiert wird, also korrodiert und somit Rost entsteht.

b) Ein Eisennagel wird mit Schmirgelpapier abgeschliffen. Anschließend wickelt man Kupferdraht um den Nagel und legt ihn für mehrere Tage in eine Petrischale mit Wasser.

c) Das Wasser im geschlossenen Kreislauf ist nicht sauer und hat sehr wenig gelösten Sauerstoff. Es findet also keine Säurekorrosion und keine Sauerstoffkorrosion statt, das Eisenrohr rostet nicht.

d) Die Fließregel besagt, dass bei Trinkwasserrohren erst Rohre/Armaturen aus unedlem Metall und dann die aus edlem Metall installiert werden sollen. Wenn Atome aus dem unedlen Metall oxidieren und als Ionen in das Wasser gehen, dann können diese nicht mit den Atomen der edleren Metalle reagieren.

A96.2

a) siehe Chemie heute Teilband 2, S. 49, V5

b) Kalk brennen: $CaCO_3(s) \rightarrow CaO(s) + CO_2(g)$
Branntkalk löschen: $CaO(s) + H_2O(l) \rightarrow Ca(OH)_2(s)$
Löschkalk abbinden: $Ca(OH)_2(s) + CO_2(g) \rightarrow$
$$CaCO_3(s) + H_2O(l)$$

A96.3

Beim Löschen von Kalk und beim Anrühren von Kalkmörtel entsteht eine Lauge ($Ca(OH)_2(aq)$). Diese kann die Haut und Augen verätzen. Außerdem steigt die Temperatur stark an.

A96.4

Durchführung:
1. Fülle in das Quarzreagenzglas etwa 2 cm hoch Calciumcarbonat.
2. Baue die Apparatur nach der Abbildung auf.
3. Erhitze den Kalk im Quarzreagenzglas bis zur Rotglut.
4. Wenn im Kalkwasser eine deutliche Veränderung zu erkennen ist, wird das Winkelrohr aus dem Kalkwasser gezogen und die Gaszufuhr geschlossen.

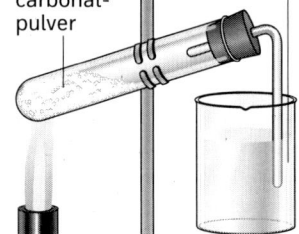

Calciumcarbonatpulver

Kalkwasser

A98.B1

a), b) individuelle Lösung

A98.B2

a), b)

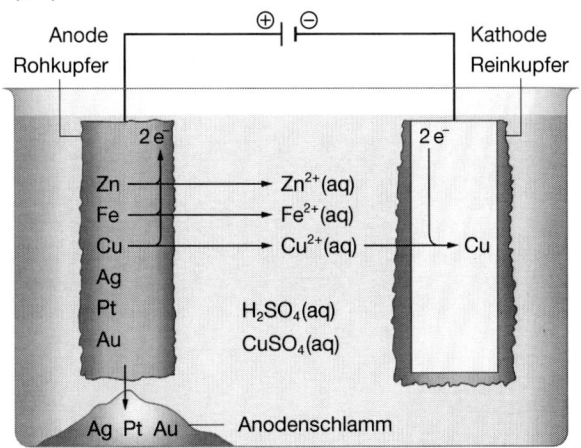

Anode: $Cu(s) \dashrightarrow Cu^{2+}(aq) + 2\,e^-$
$\quad\quad\quad Zn(s) \dashrightarrow Zn^{2+}(aq) + 2\,e^-$
$\quad\quad\quad Fe(s) \dashrightarrow Fe^{2+}(aq) + 2\,e^-$
Kathode: $Cu^{2+}(aq) + 2\,e^- \rightarrow Cu(s)$

c) Die unedleren Metalle gehen mit dem Kupfer in Lösung, werden aber nicht so leicht wieder abgeschieden, wie Kupfer. Sie bleiben also in der Lösung. Silber, Gold und Platin sind edler als Kupfer und gehen nicht in Lösung sondern sinken als Anodenschlamm zu Boden.

d) Wasser ist nicht geeignet, es sind nur sehr wenige Ionen enthalten. Wasser hat deshalb nur eine geringe elektrische Leitfähigkeit; somit kann nur ein sehr kleiner Strom zwischen den Elektroden fließen.

A98.B3

Das Zink und der wasserabweisende Kleber schützen das Eisen vor dem Luftsauerstoff und der Luftfeuchtigkeit. Das Zink legt sich auf das Eisen und haftet mithilfe des Klebers. Zink überzieht sich mit einer fest anhaftenden Oxidschicht und ist so vor weiterer Oxidation geschützt.

A98.B4

Ohne das mit Salzlösung befeuchtete Filtrierpapier wäre der Stromkreis nicht geschlossen. Im feuchten Filtrierpapier ist eine Ionenwanderung und damit ein Ladungstransport möglich.

A99.C1

a) Durch Pipelines wird beispielsweise Gas mit hohem Druck gepumpt. Wenn durch Korrosion die Pipeline beschädigt wird, kann die Pipeline reißen und das Gas ausströmen. Die Kunststoffummantelung schützt das darunter liegende Eisen vor dem Luftsauerstoff und der Luftfeuchtigkeit. Es kann daher nicht korrodieren. Mit Opferanoden schützt man das Eisen vor Oxidation. Eisen bildet mit der Opferanode ein Lokalelement, bei dem die Opferanode oxidiert. Mithilfe eines Fremdstroms werden die bei der Oxidation freigesetzten Elektronen nachgeliefert, so dass Eisen vor Oxidation geschützt ist. Die mit PU-Harz vergossenen Schweißnähte sind ebenfalls vor dem Luftsauerstoff und der Luftfeuchtigkeit geschützt. Zusätzlich sind diese Stellen besser vor mechanischen Belastungen geschützt.

b) Bei den Funden handelt es sich um Edelmetalle. Diese sind gegenüber Korrosion widerstandsfähig. Deshalb behalten sie auch nach mehreren Jahrhunderten ihren Glanz.

c) Der zweite Legierungsbestandteil, das Zinn, korrodiert im Laufe der Zeit. Nach vielen Jahren hat auch der Kupferanteil reagiert und eine vor weiterer Korrosion schützende Patina gebildet.

A99.C2

a) Im Lithium-Polymer-Akku sind eine Graphitelektrode und eine Elektrode aus Cobaltoxid über eine Polymermembran leitend miteinander verbunden. Dabei ist die Graphitelektrode beim Entladen der Minuspol, die Cobaltoxidelektrode ist der Pluspol. In der gelartigen Kunststoffmembran sind Lithiumsalze gelöst. Die Li^+-Ionen können durch die zwischen den Polen befindliche Membran hindurch gelangen, für die Anionen sind die Poren zu klein. Die Elektrodenmaterialien weisen feinste Hohlräume auf, in welche die Li^+-Ionen eingelagert werden können.

b) Beim Ladevorgang wird eine Spannung angelegt, sodass Elektronen aus der Cobaltoxidschicht in Richtung der Graphitelektrode befördert werden. Die so entstehende negative Ladung an der Graphitelektrode wird dadurch ausgeglichen, dass Li^+-Ionen im Elektrolyten zum Minuspol wandern und sich in den Zwischenräumen der Graphitschicht anlagern. Bei Entladevorgang fließen die Elektronen wieder zurück zur Cobaltoxidelektrode und die Li^+-Ionen werden dort wieder eingelagert.

Im Bleiakku reagiert beim Entladevorgang Blei mit Bleidioxid. An beiden Elektroden entsteht ein Niederschlag von schwerlöslichem Bleisulfat. Beim Ladevorgang wird die Reaktion umgekehrt, aus Bleisulfat wird Blei bzw. Bleidioxid zurückgebildet.

Entladen
Minuspol: $Pb(s) + SO_4^{2-}(aq) \dashrightarrow PbSO_4(s) + 2\,e^-$
Pluspol: $PbO_2(s) + SO_4^{2-}(aq) + 4\,H^+(aq) + 2\,e^- \dashrightarrow$
$$PbSO_4(s) + 2\,H_2O(l)$$

Redoxreaktion: $Pb(s) + PbO_2(s) + 2\,SO_4^{2-}(aq) + 4\,H^+(aq)$
$$\dashrightarrow 2\,PbSO_4(s) + H_2O(l)$$

Laden
Minuspol: $PbSO_4(s) + 2\,e^- \dashrightarrow Pb(s) + SO_4^{2-}(aq)$
Pluspol: $PbSO_4(s) + 2\,H_2O(l) \dashrightarrow$
$$PbO_2(s) + SO_4^{2-}(aq) + 4\,H^+(aq) + 2\,e^-$$

Im Vergleich zum Bleiakku finden im Lithium-Polymer-Akku nicht die klassischen Hin- und Rückreaktionen statt, es werden nur Li^+-Ionen hin und her verschoben.

c) Bleiakku: $\dfrac{180\,000\ Wh}{30\ \frac{Wh}{kg}} = 6000\ kg$

Lithium-Polymer-Akku: $\dfrac{180\,000\ Wh}{150\ \frac{Wh}{kg}} = 1200\ kg$

Ein Bleiakku hat bei gleicher Leistung das fünffache Gewicht eines Lithium-Polymer-Akkus.

5 Atome im Multipack – Moleküle

a) *H-Atom:* Die Elektronenwolke ist gleichmäßig um den Atomkern verteilt; nach außen nimmt die Elektronendichte ab.
H₂-Molekül: Bei Annäherung zweier H-Atome ziehen die Protonen eines Atomkerns sowohl die eigenen Elektronen als auch die Elektronen des anderen Atoms an. Die Elektronenwolken überlappen sich und bilden ein gemeinsames, mit zwei Elektronen besetztes, bindendes Elektronenpaar. Die Elektronendichte ist zwischen den Atomkernen höher als außerhalb dieses Bereichs.

b) Die Bildung eines H₂-Moleküls aus den Atomen ist stark exotherm. Die frei werdende Bindungsenergie ist die treibende Kraft für die Bildung eines H₂-Moleküls. Wenn zwei H-Atome zusammentreffen, bildet sich sofort ein Molekül, es sei denn die Bewegungsenergie der Atome ist größer als die Bindungsenergie, dann fliegen die Atome sofort wieder auseinander. Die Lebensdauer eines H-Atoms ist entsprechend kurz.

A103.2

a) *Partner A:*

H—F| ⟵ nichtbindende Elektronenpaare ⟶ |F—F|

bindendes
Elektronenpaar   bindendes
Elektronenpaar

Partner B:

H—Cl| |Cl—Cl|

b)

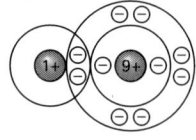 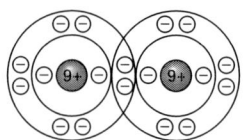

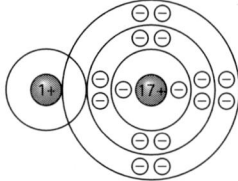 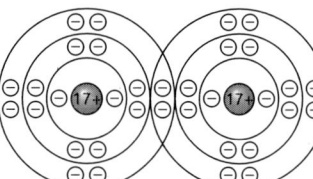

c) *H-Atom:* Durch die beiden Elektronen des gemeinsamen Elektronenpaares hat das H-Atom die Elektronenkonfiguration von Helium-Atomen.

Cl-Atom: Das Cl-Atom hat 6 Elektronen in 3 nichtbindenden Elektronenpaaren und 2 Elektronen im bindenden Elektronenpaar, dies entspricht der Elektronenkonfiguration von Argon-Atomen.

F-Atom: Das F-Atom hat 6 Elektronen in 3 nichtbindenden Elektronenpaaren und 2 Elektronen im bindenden Elektronenpaar, dies entspricht der Elektronenkonfiguration von Neon-Atomen.

e) Im HCl-Molekül besitzt das Wasserstoff-Atom durch das bindende Elektronenpaar 2 Außenelektronen und das Chlor-Atom besitzt 8 Außenelektronen. Beide Atome haben damit Edelgaskonfiguration und sind besonders stabil.

A103.3

a)

NaCl – Ionenverbindung	HCl – Molekülverbindung
fest – Ionengitter	gasförmig – geringe Wechselwirkungen zwischen den einzelnen Molekülen
hohe Schmelztemperatur – Ionengitter	nicht elektrisch leitfähig – ungeladene Moleküle
spröde – Ionengitter	reagiert mit Wasser zu Salzsäure – es bilden sich Ionen. Aufgrund der frei beweglichen Ionen ist die Lösung elektrisch leitfähig
Kristalle nicht elektrisch leitfähig – keine frei beweglichen Ladungsträger, da die Ionen im Gitter fest angeordnet sind	
gut in Wasser löslich – Ionengitter löst sich auf, die Ionen werden hydratisiert	
sowohl die Lösung als auch die Schmelze ist elektrisch leitfähig – die Ionen sind frei beweglich	

b) Bestimmung der Schmelztemperatur bzw. des Aggregatzustandes, Probe mit einem Hammer, elektrische Leitfähigkeit der Schmelze.

A103.4

a) Methan

b) Die Molekülformel wird auch Summenformel genannt und gibt die Anzahl der verschiedenen Atome in einem Molekül an. Die Molekülformel CH₄ besagt beispielsweise, dass das Methan-Molekül aus 1 Kohlenstoff-Atom und 4 Wasserstoff-Atomen besteht.

c) CH_4

$$\begin{array}{c} H \\ | \\ H-C-H \\ | \\ H \end{array}$$

d) Die H-Atome haben jeweils zwei Bindungselektronen und damit die Elektronenkonfiguration von Helium-Atomen.
Das C-Atom hat 4 Bindungselektronenpaare und damit die Elektronenkonfiguration von Neon-Atomen.
Das C-Atom hat vier Außenelektronen und kann deshalb 4 Einfachbindungen eingehen.

A103.5

In den Molekülen haben die H-Atome 1 Bindungselektronenpaar und damit die Edelgaskonfiguration von Helium-Atomen. H-Atome verbinden sich also so mit anderen

Nichtmetall-Atomen, dass sie *eine* Elektronenpaarbindung eingehen.

Alle anderen Atome haben jeweils 4 Elektronenpaare, also 8 Elektronen und damit eine Edelgaskonfiguration. Sie verbinden sich also mit anderen Nichtmetall-Atomen so, dass sie 4 bindende und/oder freie Elektronenpaare haben.

A105.1

a)

·Na   Ṁg   Ȧl·   ·Ṡi·   ·P̱·   ·S̱· |C̱l· |A̱r|

·K   Ċa   Ġa·   ·Ġe·   ·A̱s·   ·S̱e· |Ḇr· |Ḵr|

b) Si/Ge: 4 Außenelektronen – 4 Einfachbindungen
P/As: 5 Außenelektronen – 3 Einfachbindungen
S/Se: 6 Außenelektronen – 2 Einfachbindungen
Cl/Br: 1 Außenelektron – 1 Einfachbindung
Die Atome erreichen durch die Elektronenpaarbindung(en) jeweils mit 4 Elektronenpaaren ein Elektronenoktett und damit eine Edelgaskonfiguration.
Hinweis: Silicium, Germanium, Arsen und Selen sind Halbmetalle und können ebenfalls Elektronenpaarbindungen eingehen.

A105.2

a), b), c)
Bindende Elektronenpaare sind schwarz gezeichnet, nichtbindende Elektronenpaare sind grau gezeichnet.

H· ·Ḇr| ·S̱·
H—Ḇr| H· ·H
Bromwasserstoff   S
                H   H
        Schwefelwasserstoff

        H   H
    H· ·Ċ· ·Ċ· ·H
        H   H
        H   H
    H—C—C—H
        H   H
        Ethan

H· ·N̄· ·H
    H
H—N̄—H   H· ·Ō· ·Ō· ·H
    H   H—Ō—Ō—H
Ammoniak   Wasserstoffperoxid

Die Wasserstoff-Atome haben jeweils 1 Bindungselektronenpaar und damit die Edelgaskonfiguration von Helium-Atomen.
Alle anderen Atome haben 4 Elektronenpaare (bindende und freie), also 8 Elektronen und damit ein Elektronenoktett.

e)
Ethen:
H   H
  C=C
H   H

Die Wasserstoff-Atome haben jeweils 1 Bindungselektronenpaar und damit die Edelgaskonfiguration von Helium-Atomen.

Die Kohlenstoff-Atome haben jeweils 4 Bindungselektronenpaare und damit die Edelgaskonfiguration von Neon.

Ethin:
H—C≡C—H
Die Wasserstoff-Atome haben jeweils 1 Bindungselektronenpaar und damit die Edelgaskonfiguration von Helium-Atomen.
Die Kohlenstoff-Atome haben jeweils 4 Bindungselektronenpaare und damit die Edelgaskonfiguration von Neon.

g)
        Ō
H—C
        H

Die Wasserstoff-Atome haben jeweils 1 Bindungselektronenpaar und damit die Edelgaskonfiguration von Helium-Atomen.
Das Kohlenstoff-Atom und das Sauerstoff-Atom haben 4 Elektronenpaare, also 8 Elektronen und damit ein Elektronenoktett.

A105.3

a) Schwefelsäure:
        O
H—Ō—S—Ō—H
        O

Salpetersäure:
        |Ō|⊖
        N⊕
H—Ō   Ō|

b) Die Oktettregel gilt streng nur für Atome der 2. Periode. So können die Schalen ab der 3. Perioden mehr als 8 Elektronen beinhalten. Dem Schwefel-Atom in dem Schwefelsäure-Molekül werden 12 Elektronen in der äußersten Schale zugeordnet. Diesen Zustand mit mehr als 8 Valenzelektronen nennt man Oktettaufweitung.
In der Salpetersäure müssen das Stickstoff-Atom und die Sauerstoff-Atome die Oktettregel erfüllen. Dies wird erreicht, indem ein bindendes Elektronenpaar aus einer N-O-Bindung dem Sauerstoff-Atom als freies Elektronenpaar zugeordnet wird. Dadurch trägt das Stickstoff-Atom eine positive Formalladung und das Sauerstoff-Atom eine negative Formalladung.

A105.4

F—B   F   N̈=Ō   N⊕   N⊕
        F   ⊖Ō   Ō| ⟷ |Ō   Ō⊖

BF₃: Das Bor-Atom hat nur 6 Elektronen.
NO: Das Stickstoff-Atom hat nur 7 Elektronen.
NO₂: Das Stickstoff-Atom hat nur 7 Elektronen.
Die Anzahl der insgesamt vorhandenen Elektronen lassen am Bor-Atom und an den Stickstoff-Atomen kein Elektronenoktett zu.

A105.5.

a)

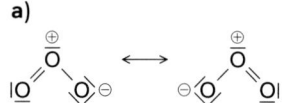

Die Oktettregel ist für alle drei Atome erfüllt.
Ergänzung: Die tatsächliche Elektronenverteilung lässt sich mit Lewis-Formeln nicht darstellen. Die tatsächliche Elektronenverteilung wird durch *Grenzformeln* umschrieben, die getrennt durch Mesomeriepfeile ($\leftrightarrow$) dargestellt werden. Diese Grenzformeln sind fiktive, real nicht existierende Strukturen. Es gibt für das Ozon-Molekül 2 Grenzformeln, bei denen allerdings Formalladungen auftreten. Man erhält eine *Formalladung*, indem man von der Anzahl der Außenelektronen eines Atoms die Hälfte der Bindungselektronen und die freien Elektronen subtrahiert:
Beispiel Ozon-Molekül. Mitteres O-Atom: $6 - 5 = +1$; äußeres O-Atom: $6 - 7 = -1$.

b) In dem Ozon-Molekül wird einem Sauerstoff-Atom eine negative Ladung und einem anderen Sauerstoff-Atom eine positive Ladung zugeordnet. Insgesamt heben sich die beiden Ladungen gegenseitig auf und das gesamte Molekül ist ungeladen.

A107.1

a) Die Elektronenpaare des zentralen Atoms werden als negativ geladene Elektronenwolken aufgefasst, die sich untereinander abstoßen. Die Elektronenwolken werden so angeordnet, dass sie einen möglichst großen Abstand voneinander haben. Dies gilt sowohl für Elektronenwolken mit Bindungselektronenpaaren als auch für solche mit freien Elektronenpaaren. Die Elektronenpaarbindung erfolgt dann in der Richtung der Elektronenwolken.

b) Da sich die Raumerfüllung von Mehrfachbindungen nur wenig von der Raumerfüllung einer Einfachbindung unterscheidet, werden Mehrfachbindungen als eine Elektronenwolke behandelt.

c) Bindende Elektronenpaare werden von zwei Atomkernen angezogen. Bei nichtbindenden Elektronenpaaren zieht nur ein Atomkern die Elektronen an. Daher können sich freie Elektronenpaare mehr ausdehnen.

A107.2

a)

 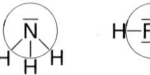

Die H-Atome haben in allen Molekülen 1 Bindungselektronenpaar und damit die Edelgaskonfiguration von Helium-Atomen. Alle anderen Atome haben jeweils ein Elektronenoktett.

b) *NH$_3$:* Die 3 bindenden und das freie Elektronenpaar richten sich nach allen 4 Ecken eines Tetraeders aus. Dadurch entsteht ein gewinkeltes Molekül mit einem Bindungswinkel von 107° (siehe Abb. 107.2).
HF: Das bindende und die 3 freien Elektronenpaare richten sich nach den 4 Ecken eines Tetraeders aus. Da aber nur ein H-Atom gebunden wird, entsteht ein lineares Molekül (siehe Abb. 107.2).

c) Die bindenden und die freien Elektronenpaare richten sich nach den 4 Ecken eines Tetraeders aus. Da bei den freien Elektronenpaaren aber keine Bindungspartner vorhanden sind, bezeichnet man die Moleküle als unvollständige Tetraeder.

e) Ein nichtbindendes Elektronenpaar nimmt einen etwas größeren Raum ein als ein bindendes Elektronenpaar. Es drängt dadurch die bindenden Elektronenpaare etwas weiter zusammen, so dass sich im NH$_3$-Molekül der Bindungswinkel zwischen den beiden Wasserstoff-Atomen und dem zentralen Atom verkleinert. Im H$_2$O-Molekül ist der Effekt noch stärker, da am zentralen O-Atom zwei nichtbindende Elektronenpaare sind.

A107.3

a), b)

$$\langle O{=}C{=}O\rangle \qquad \overset{\oplus}{\underset{|O\,\,\,\,\,O|^{\ominus}}{S}} \longleftrightarrow \overset{\oplus}{\underset{{}^{\ominus}|O\,\,\,\,\,O|}{S}}$$

c) Im CO$_2$-Molekül hat das C-Atom aufgrund der beiden Zweifachbindungen 2 bindende Elektronenwolken, die dann entgegengesetzt gerichtet sind. Der Bindungswinkel beträgt 180°, das Molekül ist linear gebaut.
Im SO$_2$-Molekül hat das S-Atom insgesamt 3 Elektronenwolken: Einfachbindung, Zweifachbindung, freies Elektronenpaar. Das Molekül ist gewinkelt gebaut. Vergleiche und Ergänzung zur Lösung der Aufgabe A105.5

A107.4

b)

H–C(H)(H)–H   H–C(H)(H)–C(H)(H)–H   C=C (Ethen)   H–C≡C–H (Ethin)

H–C(H)(H)–H (Methan)   H–C(H)(H)–C(H)(H)–H (Ethan)

Die räumliche Struktur der C-Atome bei Methan und Ethan ist tetraedrisch. Die räumliche Struktur am C-Atom des Ethens ist trigonal, die am Ethin ist linear.

c) Strukturformeln geben nicht die korrekten Bindungswinkel wider. So wird der Tetraederwinkel des Methan-Moleküls, der 109,5° beträgt, als Winkel von 90° abgebildet.

A107.5

a)

$$\langle \overset{\ominus}{N}{=}\overset{\oplus}{N}{=}O\rangle$$

b) Es treten Formalladungen auf. Die Oktettregel ist für alle Atome erfüllt. Vergleiche die Erläuterung bei A105.5

c) Das zentrale N-Atom hat aufgrund der beiden Zweifachbindungen 2 bindende Elektronenpaare, die entgegengesetzt gerichtet sind. Der Bindungswinkel beträgt 180°, das Molekül ist linear gebaut.

A109.1

Dipol: In der Chemie ist ein Dipol ein Molekül mit einem positiven und einem negativen Ladungsschwerpunkt, die nicht zusammenfallen. Ein typischer Dipol ist das Wasser-Molekül.

Elektronegativität: Die Elektronegativität ist ein Maß dafür, wie stark ein Atom Elektronen anziehen kann.

A109.2

a) Der Wasserstrahl wird angezogen.

b)

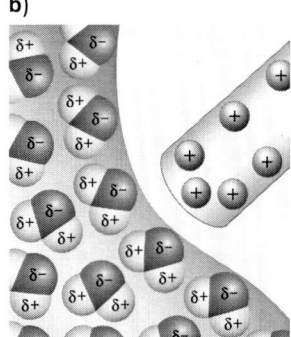

Die Wasser-Moleküle richten sich mit dem negativen Pol ihres Dipols in Richtung des positiv aufgeladenen Stabes aus und werden dann angezogen.

A109.3

polare Elektronenpaarbindungen:

$\overset{\delta^-}{N}\!-\!\overset{\delta^+}{H}$ $\overset{\delta^-}{C}\!-\!\overset{\delta^+}{H}$ $\overset{\delta^+}{H}\!-\!\overset{\delta^-}{I}$

unpolare Elektronenpaarbindung:
Cl—Cl

A109.4

a) Keine Dipole, da symmetrische Struktur:

$$Cl\!-\!\underset{\underset{Cl}{|}}{\overset{\overset{Cl}{|}}{Si}}\!-\!Cl \quad \langle O=O\rangle \quad F\!-\!\underset{}{\overset{\overset{F}{|}}{B}}\diagdown F$$

Dipol-Molekül, da linear oder gewinkelte Struktur.

$\overset{\delta^+}{H}\!-\!\overset{\delta^-}{\underline{Br}}I$ $\underset{\underset{\delta^+}{H \quad H}}{\overset{\delta^-}{S}}$ $\underset{\underset{\delta^+}{H}}{\overset{\delta^-}{\underset{H \quad H}{N}}}$

b) Aufgrund der Elektronegativitätsdifferenzen ist der Dipol des HF-Moleküls stärker als der Dipol des HCl-Moleküls und der Dipol des H_2O-Moleküls stärker als der Dipol des H_2S-Moleküls.

	HF	HCl	H₂S	H₂O
ΔEN	1,8	1,0	0,4	1,2

Aufgrund der polaren C – Cl-Bindung ist das CH_3Cl-Molekül ein Dipol-Molekül. Das CCl_4-Molekül ist symmetrisch gebaut und deshalb kein Dipol-Molekül.

A109.5

Für den Übergang von flüssig zu gasförmig müssen die Anziehungskräfte zwischen den Molekülen überwunden werden. Hierfür spielt die Stärke der Anziehungskräfte eine entscheidende Rolle. Zwischen den unpolaren Kohlenstoff-dioxid-Molekülen bilden sich nur schwache anziehende Kräfte aus. Bei einem leichten Molekül wie Kohlenstoffdi-oxid reicht daher schon die Wärme der Raumtemperatur, um die Anziehungskräfte zu überwinden. Zwischen den polaren Wasser-Molekülen herrschen starke Anziehungs-kräfte. Die Energie der Raumtemperatur reicht nicht aus, um die Anziehungskräfte zwischen den Wasser-Molekülen zu überwinden.

A109.6

Das Tetrachlormethan-Molekül ist ein unpolares Mole-kül. Obwohl die C-Cl-Bindung leicht polar ist, fallen die Ladungsschwerpunkte durch die Struktur des Tetrachlor-methan-Moleküls zusammen. Nach außen wirkt dieses Molekül unpolar und wird daher nicht durch die Ladung des Kunststoffstabes abgelenkt.

A111.1

a) *Partner A:* Dipol-Dipol-Wechselwirkungen sind Wech-selwirkungen zwischen Molekülen, die einen permanenten Dipol besitzen. Van-der-Waals-Kräfte sind Wechselwirkun-gen zwischen Molekülen, bei denen temporäre und indu-zierte Dipole entstehen. Dipol-Dipol-Wechselwirkungen sind in der Regel stärker als Van-der-Waals-Kräfte.

Partner B: Eine Ionenbindung besteht zwischen positiv und negativ geladenen Ionen. Ein Beispiel hierfür ist die Bindung innerhalb eines Natriumchloridkristalls. Zwischen den posi-tiv geladenen Natrium-Kationen und den negativ geladenen Chlorid-Anionen herrschen starke Anziehungskräfte in alle Raumrichtungen. Elektronenpaarbindungen sind gerichtete Bindungen zwischen zwei Nichtmetall-Atomen innerhalb von Molekülen. Dabei teilen sich die Atome ein gemeinsa-mes Elektronenpaar. Ein Beispiel für eine Elektronenpaar-bindung ist die Bindung zwischen einem Sauerstoff-Atom und einem Wasserstoff-Atom in einem Wasser-Molekül.

c) Zwischenmolekulare Wechselwirkungen bezeichnen die Anziehungskräfte zwischen Molekülen. Die Stärke der Anziehungskraft ist abhängig von der Art der Wechsel-wirkung (Van-der-Waals-Kräfte, Dipol-Dipol-Wechselwir-kungen oder Wasserstoffbrücken) und der Fläche, auf der die Anziehungskraft wirkt. Bindungen dagegen sind Anzie-hungskräfte zwischen Atomen innerhalb eines Moleküls. Durch die Bildung einer Elektronenpaarbindung oder die Bildung von Ionen erreichen die Atome häufig eine Edel-gaskonfiguration und befinden sich in einem stabileren Zustand.
Dies ist auch der Grund, warum Bindungen in der Regel stärker sind als zwischenmolekulare Wechselwirkungen.

A111.2

a) Dargestellt sind zwei Neon-Atome. Das linke Atom ist ein temporärer Dipol, da die Elektronen in der Hülle ungleich-mäßig verteilt sind. Das rechte Atom ist kein Dipol.

b) Die partiell negative Seite des temporären Dipol-Atoms stößt Elektronen des unpolaren Atoms ab, sodass ein induzierter Dipol entsteht. Die beiden Dipol-Moleküle ziehen sich dann an.

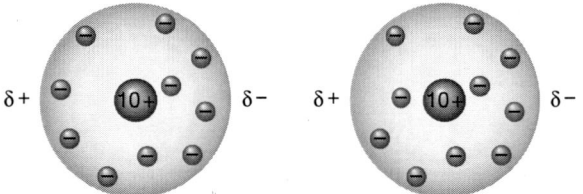

A111.3

a) Die Siedetemperatur steigt in beiden Elementfamilien innerhalb der Gruppen aus den gleichen Gründen.

1. Die Masse der Atome oder Moleküle steigt innerhalb der Elementfamilie an. Die Atome oder Moleküle weisen eine größere Trägheit auf und es wird mehr Energie benötigt sie so stark zu beschleunigen, dass sie in die Gasphase wechseln.

2. Innerhalb einer Elementfamilie steigt mit zunehmender Anzahl an Schalen die Anzahl der Elektronen im Atom. In Atomen mit mehr Elektronen steigt die Wahrscheinlichkeit für die Ausbildung eines zufälligen Dipols und sie lassen sich leichter polarisieren. Die anziehenden Kräfte zwischen den Atomen oder Molekülen nehmen zu.

c) zunehmende Siedetemperatur:
Wasserstoff < Stickstoff < Sauerstoff
Alle drei Stoffe liegen als zweiatomige unpolare Moleküle vor. Die Anzahl der Elektronen im Molekül nimmt vom Wasserstoff mit zwei Elektronen über Stickstoff mit 14 Elektronen zum Sauerstoff mit 16 Elektronen zu. Also zeigen Sauerstoff-Moleküle die größte Polarisierbarkeit und damit bilden sich unter den Sauerstoff-Molekülen die stärksten Van-der-Waals-Kräfte aus. Wasserstoff zeigt dementsprechend die geringste Wechselwirkung zwischen den Molekülen. Um Sauerstoff-Moleküle voneinander zu trennen wird also vergleichsweise viel Energie benötigt, bei Wasserstoff-Molekülen vergleichsweise wenig. Sauerstoff zeigt die größte Siedetemperatur, Wasserstoff die kleinste.

A111.4

a) zunehmende Polarität der Bindung: HI < HBr < HCl

b) Die Siedetemperatur steigt innerhalb der Gruppe.

c) Zwischen den Stoffen herrschen jeweils Dipol-Dipol-Wechselwirkungen. Die steigende Siedetemperatur von Chlorwasserstoff über Wasserstoffbromid zu Wasserstoffiodid liegt an zwei wesentlichen Faktoren:

1. Je größer die Masse eines Moleküls ist, desto mehr Energie wird benötigt, um es so stark zu beschleunigen, dass es in die Gasphase wechselt. Vergleicht man die Molmassen (M (HCl) = 36,5 $\frac{g}{mol}$, M (HBr) = 80,9 $\frac{g}{mol}$, M (HI) = 127,9 $\frac{g}{mol}$) sieht man einen deutlichen Anstieg der Masse. Durch diesen Massenanstieg steigt die Siedetemperatur.

2. Je mehr Elektronen in einem Molekül sind, desto größer ist die Wahrscheinlichkeit für Ladungsverschiebungen im Molekül und die Ausbildung eines temporären Dipols. Dadurch nehmen die Anziehungskräfte zwischen den Molekülen zu und die Siedetemperatur steigt.

A111.5

a) H_2S-Moleküle sind Dipol-Moleküle. Zwischen ihnen liegen Dipol-Dipol-Bindungen und Van-der-Waals-Bindungen vor.

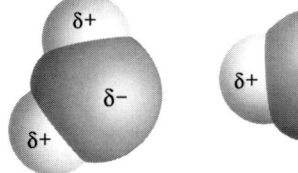

A113.1

Wasser hat bei einem Druck von p = 1013 hPa eine Schmelztemperatur von 0 °C und eine Siedetemperatur von etwa 100 °C. Zwischen den Wasser-Molekülen bilden sich Wasserstoffbrücken aus. Unter 0 °C sind die Wasserstoffbrücken beständig und die Wasser-Moleküle sind in eine feste Gitterstruktur eingebunden. Erhöht man die Temperatur, nimmt die Bewegung der Teilchen zu. Dadurch brechen einzelne Wasserstoffbrücken auf und das Eis beginnt zu schmelzen. Im flüssigen Wasser liegt ein Gleichgewicht zwischen sich bildenden und aufbrechenden Wasserstoffbrücken vor. Die Wasser-Moleküle sind dadurch gegeneinander verschiebbar, ohne dass sie sich voneinander lösen. Erhöht man die Temperatur weiter, nimmt im gleichen Maße die Teilchenbewegung zu. Einzelne Wasser-Moleküle haben nun ausreichend Energie die Wasserstoffbrücken zu überwinden, sie verlassen den Teilchenverband und das flüssige Wasser verdampft allmählich zu Wasserdampf.

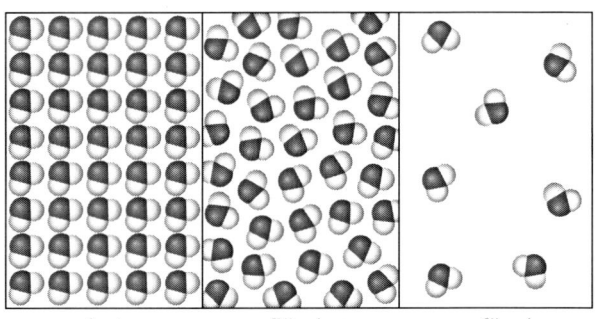

fest   flüssig   gasförmig

A113.2

a) Beide Stoffe werden fest. Wachs sinkt etwas ein. Das Volumen des Feststoffes ist kleiner als das Volumen der Flüssigkeit, weil sich im Normalfall alle Stoffe mit steigender Temperatur aufgrund der zunehmenden Bewegung der Teilchen ausdehnen.
Dagegen steigt das Eis über den Rand des Bechers. Im Eisgitter gibt es große Hohlräume. Die Dichte von Eis ist deshalb kleiner als die Dichte von Wasser. Beim Gefrieren nimmt also die Dichte ab und das Volumen zu.
Die Volumenzunahme beim Gefrieren ist die Ursache für die Sprengkraft.

c) HF: 19,5 °C, HBr: –67 °C, HI: –35 °C

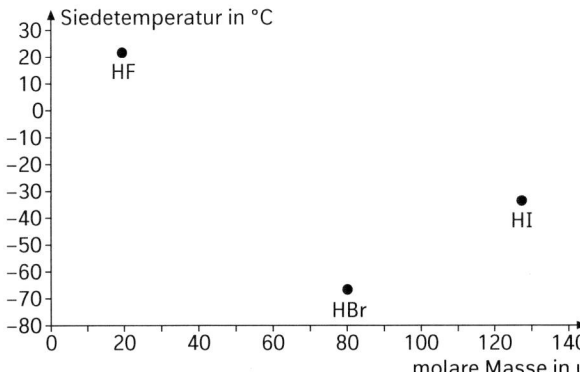

Die Siedetemperatur von Fluorwasserstoff (HF) ist höher als erwartet, da zwischen den Fluorwasserstoff-Molekülen Wasserstoffbrücken ausgebildet werden. Wasserstoffbrücken halten die Moleküle untereinander stark zusammen, daher ist die Siedetemperatur vergleichsweise hoch.

A113.3

a) Methan-Moleküle sind unpolar, es liegen nur schwache Van-der-Waals-Bindungen vor.

Schwefelwasserstoff-Moleküle sind Dipol-Moleküle. Allerdings sind die Anziehungskräfte so schwach, dass Schwefelwasserstoff bei Raumtemperatur bereits gasförmig ist. Weil das Schwefel-Atom so groß ist, können sich zwischen H_2S-Molekülen keine Wasserstoffbrückenbindungen ausbilden.

Wasserstoffbrückenbindungen können sich nur zwischen kleinen, stark elektronegativen Atomen mit freiem Elektronenpaar (O-Atome, N-Atome, F-Atome) und polar gebundenen H-Atomen ausbilden. Die Chlor-Atome im HCl-Molekül sind für stabile Wasserstoffbrücken zu groß.

b) HF-Moleküle haben ein polar gebundenes H-Atom und drei freie Elektronenpaare, so dass kettenförmige Strukturen entstehen. H_2O-Moleküle haben zwei polar gebundene H-Atome und zwei freie Elektronenpaare. Ein Wasser-Molekül kann daher mit jeweils vier weiteren Molekülen Wasserstoffbrücken bilden, so dass große dreidimensionale Strukturen entstehen.

H–F̠···H–F̠···H–F̠|

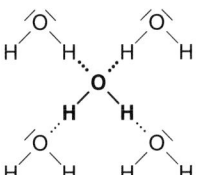

Die punktierten Bindungen stellen die freien Elektronenpaare dar, die die Wasserstoffbrücken eingehen.

A115.1

a) Bei Natriumhydroxid erwärmt sich beim Lösevorgang die Lösung, bei Ammoniumchlorid kühlt sich die Lösung beim Lösevorgang ab.

b) *Natriumhydroxid:*

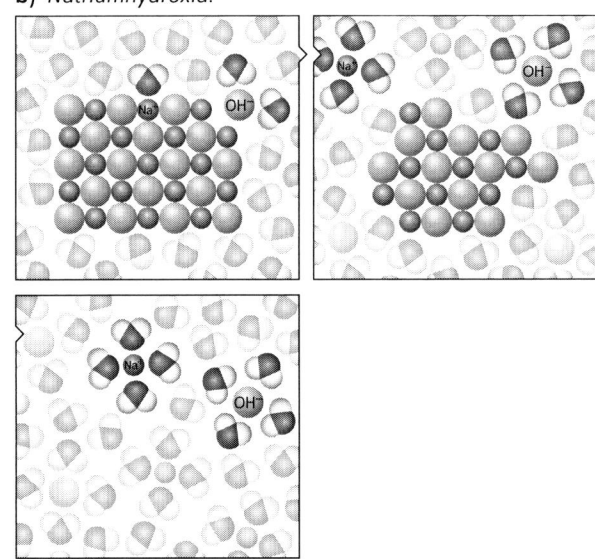

Ammoniumchlorid:

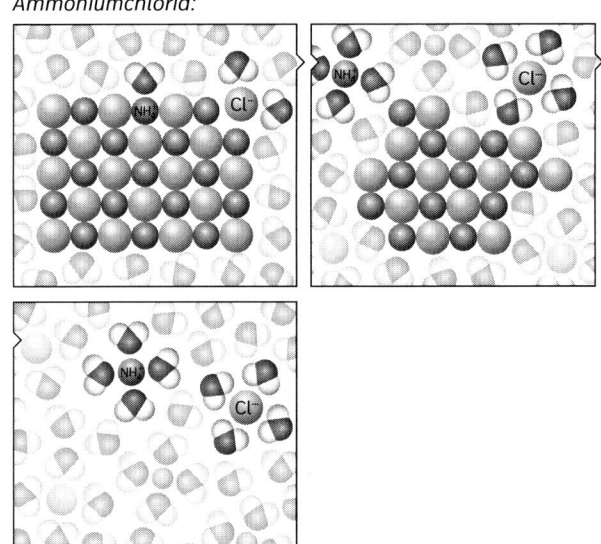

c)

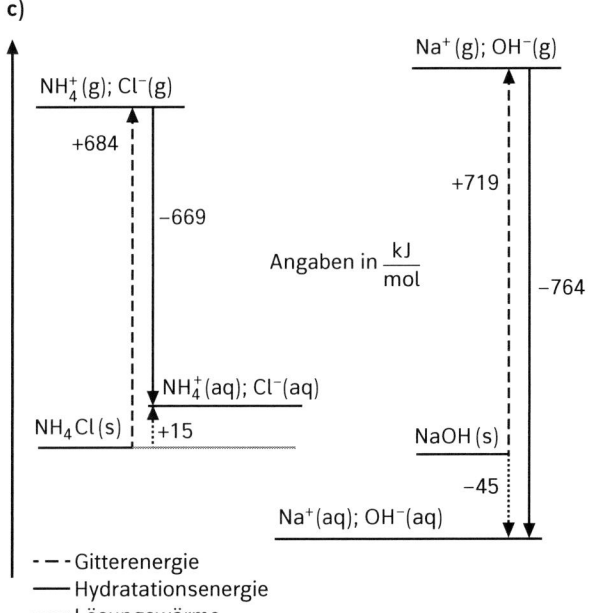

- – – Gitterenergie
- —— Hydratationsenergie
- ······ Lösungswärme

A115.2

Das Phänomen der Volumenkontraktion beruht darauf, dass im Wasser zwischen den Molekülen noch Hohlräume sind. Um die Ionen des Salzes bilden sich Hydrathüllen. Dadurch wird der durchschnittliche Abstand zwischen den Wasser-Molekülen kleiner und das Gesamtvolumen der Lösung nimmt ab.

A115.3

a) *endotherm:*

Natriumchlorid: $+4 \frac{kJ}{mol}$

Kaliumchlorid: $+13 \frac{kJ}{mol}$

Calciumsulfat: $+74 \frac{kJ}{mol}$

exotherm:

Magnesiumchlorid: $-160 \frac{kJ}{mol}$

Ammoniumchlorid: $-15 \frac{kJ}{mol}$

Natriumhydroxid: $-45 \frac{kJ}{mol}$

b) Natriumchlorid-, Kaliumchlorid- und Calciumsulfat-Lösung kühlen sich ab. Magnesiumchlorid-, Ammoniumchlorid- und Natriumhydroxid-Lösungen erwärmen sich. Calciumsulfat ist nur schlecht löslich, da der Lösevorgang stark endotherm ist.

A117.1

individuelle Lösung

A117.2

a) Die Trennung des Gemisches kann gut mit dem einfachen Teilchenmodell beschrieben und erklärt werden. Die Reaktion von Eisen und Zink kann mit dem Dalton-Modell beschrieben und in Teilen erklärt werden. Für eine tiefergehende Erklärung, die beispielsweise auch die Verhältnisformel erklärt, ist die Nutzung des Schalenmodells sinnvoll.

b) individuelle Lösung

c) Ein Modell kann nicht richtig oder falsch sein, es ist lediglich geeignet oder ungeeignet, um ein Phänomen zu erklären oder zu beschreiben.

Man kann häufig verschiedene Modelle für eine Erklärung nutzen. Oftmals eignen sich bestimmte Modelle besonders gut für eine Erklärung, aber auch andere Modelle liefern eine gute, wenn auch manchmal komplexere, Erklärung.

Modelle sind nicht die Realität. Sie erklären immer nur einen kleinen Bereich der Realität und bilden sie niemals komplett ab.

Alte Modelle behalten ihre Gültigkeit, auch wenn ein neues Modell entwickelt wurde und können weiterhin an geeigneter Stelle verwendet werden.

A117.3

a) *Zuordnung der Anschauungsmodelle:*
a) Atommodell nach Bohr
b) Atommodell nach Bohr
c) Atommodell nach Bohr, Rutherford, Dalton
d) Atommodell nach Bohr, EPA
e) Atommodell nach Bohr
f) Dalton, Atommodell nach Bohr, Rutherford

g) Atommodell nach Bohr
h) Atommodell nach Bohr
i) Atommodell nach Bohr, EPA
j) Atommodell nach Bohr

b) *Funktion der Anschauungsmodelle:*
a) Das Schalenmodell zeigt, dass die Elektronen sich in schalenförmigen Aufenthaltsbereichen befinden. Auf der innersten Schale halten sich maximal 2 Elektronen auf. Die äußerste Schale ist für die Chemie besonders wichtig, da sie das chemische Verhalten maßgeblich bestimmt.
b) Das Energiestufenmodell zeigt, dass die Elektronen je nach Abstand zum Kern eine unterschiedliche Energie haben. Je näher sich die Elektronen am Kern befinden, desto höher ist die Ionisierungsenergie.
c) Das Gittermodell zeigt die Anordnung und Gitterstruktur der Anionen und Kationen in einem Salz.
d) Das Kugel-Stab-Modell zeigt die Zusammensetzung und die Struktur eines Moleküls.
e) Das Kalottenmodell zeigt die Zusammensetzung, räumliche Struktur und die räumliche Ausdehnung eines Moleküls.
f) Das Kugelgittermodell zeigt die Anordnung der Ionen eines Salzes und die räumliche Ausfüllung des Volumens.
g) Das Schalenmodell zeigt die Elektronenpaarbindungen der Atome in einem Molekül.
h) Die Strukturformel zeigt den Aufbau und die Bindungen der Atome in einem Molekül.
i) Die Keilstrichformel zeigt den räumlichen Aufbau eines Moleküls.
j) Das Elektronenwolkenmodell zeigt die Verteilung der Elektronen im Raumbereich des Moleküls.

c) *Grenzen der Anschauungsmodelle:*
a) Große Moleküle werden sehr unübersichtlich.
b) Es gibt keine Information über den räumlichen Aufbau einer Verbindung und ist in der Form nur für einzelne Atome geeignet.
c) Es liefert keine Informationen über die Ladung der Ionen und deren Ausdehnung im Raum.
d) Es zeigt keine freien Elektronenpaare.
e) Es zeigt keine freien Elektronenpaare.
f) Es zeigt keine Ladungen der Ionen und die Struktur des Kristallgitters lässt sich teilweise schlecht erkennen.
g) Die Darstellung wird bei größeren Molekülen sehr schnell sehr unübersichtlich.
h) Die Darstellung zeigt die räumliche Anordnung der Moleküle nur unvollständig.
i) Die Größe der Atome und die Durchdringung der Elektronenwolken lassen sich nicht erkennen.
j) Die einzelnen Elektronen und die Zuordnung zu den Schalen werden nicht deutlich.

A117.4

individuelle Lösung; mögliche Zusatzinformationen durch den Zeichner: Farbe der Atome, Form der Teilchen, Material der Atome, Oberfläche der Atome, ...

A118

Für die Lehrkraft: Anleitung zum Bau der Kiste
Erstellen Sie für jede Gruppe eine Kiste. Die Kisten der verschiedenen Gruppen sollten einen vergleichbaren inneren und äußeren Aufbau haben, da dies einen besseren Austausch über die Ergebnisse innerhalb der Klasse ermöglicht. Als Kiste eignen sich alle verschließbaren Pappschachteln,

beispielsweise Schuhkartons. Öffnen Sie die Kiste und bauen Sie verschiedene Hindernisse im Inneren ein. Hindernisse können Rampen, Innenwände mit Öffnungen, Säulen und dergleichen sein. Dabei sollte die innere Struktur so sein, dass Ihre Schüler den Aufbau mit Murmeln und Drähten erahnen können. Schneiden Sie zum Abschluss ein Loch in eine Seitenwand, durch das die Murmeln und Drähte hineingesteckt werden können. Verschließen Sie die Kiste und kleben Sie sie zu, damit Ihre Schüler nicht schummeln können. Die Schüler dürfen die Kisten auch nach Erledigung der Aufgaben auf S.118 im Chemiebuch nicht sofort öffnen. Dadurch wird erreicht, dass die intensive Auseinandersetzung und Übertragung der Ergebnisse auf den naturwissenschaftlichen Bereich Kompetenzen im Umgang mit und im Einsatz von Modellen in der Chemie aufbaut und fördert. Werden die Kisten dann einige Unterrichtsstunden später geöffnet, können die Ergebnisse zur Modellbildung wiederholt und ergänzt werden.

a), b), c), d) individuelle Lösung

e) Solange die Kiste verschlossen bleibt, kann man nicht mit Sicherheit sagen, ob eine der Hypothesen stimmt. Man kann sich eventuell auf eine Lösung einigen, die der Realität sehr nah kommt, aber man weiß nie sicher, ob sie richtig ist, solange man nicht nachgucken kann.

f) In der Forschung wird der Aufbau von Atomen untersucht. Hierbei werden verschiedene Untersuchungsmöglichkeiten verwendet, die Hypothesen zum Aufbau der Atome unterstützen oder widerlegen. Durch unterschiedliche Untersuchungsmethoden wurden viele Erkenntnisse über den Aufbau von Atomen gesammelt. Zusammen ergeben sie ein immer detaillierteres Anschauungsmodell von Atomen. Dennoch weiß niemand, wie Atome tatsächlich aussehen. Dies wird prinzipiell auch nicht möglich sein, da man in das Atom nicht hineinschauen kann. Dies ist vergleichbar mit der verschlossenen Kiste: Die innere Struktur wird solange nicht mit Sicherheit erkannt, bis man die Kiste öffnet und in sie hineinschaut.

g)

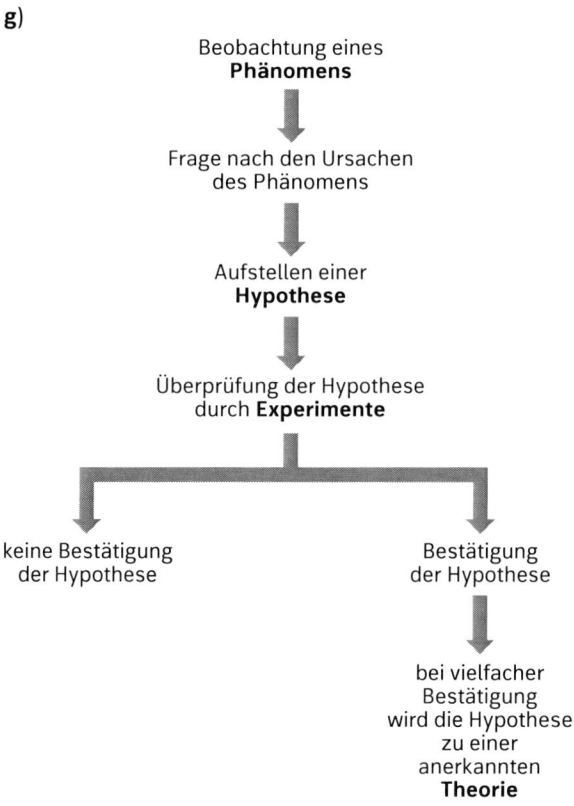

Beobachtung eines **Phänomens**

Frage nach den Ursachen des Phänomens

Aufstellen einer **Hypothese**

Überprüfung der Hypothese durch **Experimente**

keine Bestätigung der Hypothese

Bestätigung der Hypothese

bei vielfacher Bestätigung wird die Hypothese zu einer anerkannten **Theorie**

V120.1

a) *Anomalie 1:* Der Eiswürfel schwimmt auf dem Wasser. Eis hat eine geringere Dichte als das Wasser. Das feste Wachsstück sinkt im flüssigen Wachs auf den Boden. Festes Wachs hat eine größere Dichte als flüssiges Wachs.

Anomalie 2: Die kalte Kaliumpermanganatlösung bleibt am Boden des Gefäßes. Es gibt eine klare Grenze zwischen den Schichten. Am Boden ist die Temperatur an niedrigsten. Die Kaliumpermanganatlösung hat aufgrund der niedrigen Temperatur eine hohe Dichte und bleibt deshalb am Boden des Gefäßes. Die Wassertemperatur über der Kaliumpermanganatlösung liegt zunächst nahe bei 20 °C.

Gibt man Eiswürfel auf das Wasser, sieht man Schlieren die nach unten sinken. Das kalte Schmelzwasser hat eine größere Dichte als das Oberflächenwasser und sinkt deshalb auf den Boden ab (Wasser hat die größte Dichte bei 4 °C). Es bilden sich Wirbel an der Grenze zwischen Wasser und Kaliumpermanganatlösung. Beide Phasen vermischen sich. Die Temperatur an der Wasseroberfläche sinkt, ebenso im Wasser, in der Kaliumpermanganatlösung steigt die Temperatur. Am folgenden Tag haben sich beide Phasen vollständig vermischt und die Temperatur ist in den verschiedenen Schichten gleich.

b) Wasser ist nicht geeignet, weil es bei 0 °C gefriert. Die Schmelztemperatur von Alkohol ist −114 °C, die Siedetemperatur beträgt 78 °C. Alkoholthermometer können also in einem weiten Temperaturbereich verwendet werden.

V120.2

a) Die Büroklammer schwimmt auf der Wasseroberfläche. Die Wasserstoffbrücken zwischen den Wasser-Molekülen sorgen für einen so starken Zusammenhalt, dass die Büroklammer nicht in das Wasser eindringt und auf der Oberfläche schwimmt.
Der Wasserspiegel steigt über den Rand des Glases hinaus und wölbt sich. Wird die Wölbung zu stark, fließt Wasser über den Glasrand. Auch hier sorgen die Wasserstoffbrücken zwischen den Wasser-Molekülen für einen so starken Zusammenhalt, dass eine Wölbung entsteht und das Wasser nicht einfach über den Glasrand abfließt.

b) Im Inneren eines Wassertropfens wirken auf ein Wasser-Molekül durch die umgebenden Wasser-Moleküle anziehende Kräfte in alle Richtungen, so dass sie sich gegenseitig aufheben. Die resultierende Kraft ist dann Null. Am Rand eines Wassertropfens addieren sich die anziehenden Kräfte durch die benachbarten Wasser-Moleküle so, dass das Wasser-Molekül in den Tropfen hinein gezogen wird.

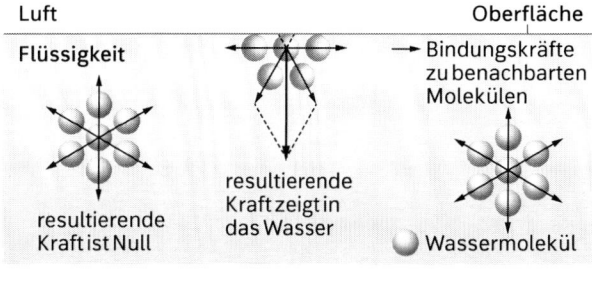

Luft | Oberfläche
Flüssigkeit
Bindungskräfte zu benachbarten Molekülen
resultierende Kraft ist Null
resultierende Kraft zeigt in das Wasser
Wassermolekül

V120.3

a) Ammoniumchlorid und Calciumchlorid-Hydrat lösen sich unter Abkühlung.

Natriumchlorid: keine Temperaturänderung.

Weißes Kupfersulfat und wasserfreies Calciumchlorid lösen sich unter Erwärmung.

Beim Mischen von Calciumchlorid-Hydrat mit Eiswürfel erfolgt eine sehr starke Abkühlung weit unter 0 °C.

b) Bei Ammoniumchlorid und Calciumchlorid-Hydrat ist der Betrag der Gitterenergie größer als der Betrag der Hydratationsenergie, die Lösungswärmen sind also endotherm.

Bei weißem Kupfersulfat und wasserfreiem Calciumchlorid ist der Betrag der Gitterenergie kleiner als der der Hydratationsenergie, die Lösungswärmen sind also exotherm.

Bei Natriumchlorid ist der Unterschied zwischen Gitter- und Hydratationsenergie sehr klein, deshalb ändert sich die Temperatur kaum.

V121.4

a) *Mögliche Hypothesen:*
- In Metallen sinkt die Leitfähigkeit mit steigender Temperatur.
- In Lösungen steigt die Leitfähigkeit mit steigender Temperatur.
- Je höher die Konzentration einer Salzlösung ist, desto größer ist die Leitfähigkeit der Salzlösung.
- Je länger ein Metalldraht ist, desto schlechter wird seine Leitfähigkeit.
- Je geringer der Umgebungsdruck ist, desto schlechter wird die Leitfähigkeit der Lösung.

b), c), d), e) individuelle Lösung

A123.1

n-Decan hat eine Siedetemperatur von 174 °C, die von n-Pentan beträgt 36 °C. Die Siedetemperatur von n-Decan ist größer, weil das Decan-Molekül eine größere Oberfläche hat als das Pentan-Molekül. Bei größeren Molekülen mit mehr Elektronen steigt die Wahrscheinlichkeit für die Ausbildung von temporären Dipolen. Die daraus resultierenden größeren Van-der-Waals-Kräfte sorgen für einen stärkeren Zusammenhalt zwischen den n-Decan-Molekülen.

A123.2

$CH_3-CH_2-CH_2-CH_2-CH_2-CH_2-CH_2-CH_3$: Im Octan-Molekül gibt es nur unpolare C–C- und C–H-Bindungen. Octan ist deshalb hydrophob und lipophil.

CH_3-CH_2-OH: Im Ethanol-Molekül gibt es neben den unpolaren Bindungen auch die stark polare O–H-Gruppe, die Wasserstoffbrücken mit Wasser-Molekülen ermöglicht. Ethanol ist deshalb sowohl hydrophil als auch lipophil.

A123.3

a)

Eigenschaft	n-Butan	i-Butan
Schmelzpunkt	–138,29 °C	–159,42 °C
Siedepunkt	–0,50 °C	–11,7 °C
Dichte bei 20 °C, 1013 hPa	$0{,}00253\ \frac{g}{cm^3}$	$0{,}00252\ \frac{g}{cm^3}$
Löslichkeit in Wasser bei 20 °C	$61\ \frac{mg}{l}$	$49\ \frac{mg}{l}$

Eigenschaft	Ethanol	Wasser
Schmelzpunkt	–114,5 °C	0 °C
Siedetemperatur	78,32 °C	100 °C
Dichte bei 20 °C, 1013 hPa	$0{,}789\ \frac{g}{cm^3}$	$1\ \frac{g}{cm^3}$
Löslichkeit in Wasser	beliebig	beliebig

n-Butan weist eine größere Oberfläche auf. Daraus resultieren größere Van-der-Waals-Kräfte zwischen den n-Butan-Molekülen und es wird mehr Energie benötigt, um die Moleküle voneinander zu trennen. n-Butan hat eine höhere Schmelz- und Siedetemperatur als i-Butan.

i-Butan-Moleküle sind in ihrer Struktur etwas sperriger als n-Butan-Moleküle. Sie können sich nicht so dicht aneinander lagern, so dass in der Folge die Dichte von i-Butan etwas geringer ist, als die von n-Butan.

n-Butan-Moleküle sind länglich geformt, i-Butan-Moleküle eher kugelförmig. Die Polarisierbarkeit der n-Butan-Moleküle dadurch ist dadurch größer. Befinden sich Wasser-Moleküle in der Nähe polarisieren sie die n-Butan-Moleküle etwas mehr als die i-Butan-Moleküle, so dass die insgesamt schlechte Wasserlöslichkeit bei n-Butan etwas besser ist als bei i-Butan.

Wasser-Moleküle können pro Molekül zwei Wasserstoffbrücken ausbilden, Ethanol-Moleküle nur eine. Die anziehenden Kräfte zwischen den Wasser-Molekülen sind daher größer und Wasser hat in der Folge eine höhere Schmelz- und Siedetemperatur als Ethanol.

Mehr Wasserstoffbrücken zwischen den Wasser-Molekülen sorgen für eine stärkere Anziehung der Wasser-Moleküle untereinander. Die Moleküle rücken näher zusammen, die Dichte der Flüssigkeit steigt.

b) n-Butan und i-Butan lösen sich sehr gut ineinander, da die Struktur der Moleküle sehr ähnlich ist. Zwischen den Molekülen des n-Butan und des i-Butan können sich daher ebenso gut Van-der-Waals-Kräfte ausbilden wie zwischen den Molekülen eines Stoffes.

Ethanol und Wasser lösen sich sehr gut ineinander, da die Struktur der Moleküle sehr ähnlich ist. Die polare Hydroxylgruppe des Ethanols bildet mit einem Wasser-Molekül ebenso eine Wasserstoffbrücke aus wie Wasser-Moleküle dies untereinander tun. Der kleine unpolare C_2H_5-Rest des Ethanol-Moleküls beeinflusst die Löslichkeit kaum.

d) *Lipophil* bedeutet fettliebend. Ein Stoff ist lipophil, wenn er sich gut in Stoffen lösen lässt, die aus unpolaren Molekülen bestehen, wie beispielsweise Octan. n-Butan und i-Butan sind lipophile Stoffe. Stoffe, die sich dagegen nicht gut in unpolaren Lösemitteln lösen lassen, nennt man *lipophob,* das bedeutet fettabweisend. Wasser ist ein Beispiel für einen lipophoben Stoff.

Stoffe, die sich gut in Wasser lösen lassen, nennt man *hydrophil,* das bedeutet wasserliebend. Ethanol ist ein hydrophiler Stoff, da er sich in jedem Verhältnis in Wasser löst. Stoffe, die sich schlecht in Wasser lösen, sind *hydrophob,* also wasserabweisend. Butan ist ein Beispiel für einen hydrophoben Stoff.

A123.1 Exkurs

a)

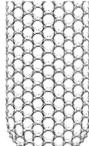 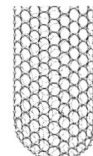

Die linke Nanoröhre ist metallisch leitend, die rechte Nanoröhre ist halbleitend. Der Unterschied zwischen metallisch leitend und halbleitend entsteht durch die unterschiedliche Anordnung der C-Atome in der Röhrenwand.

b)

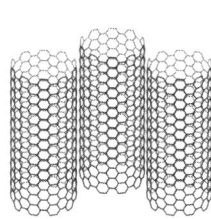 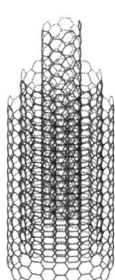

Einwandige Nanoröhrchen (in der Abb. links) bestehen aus einer Fläche von C-Atomen, die röhrenartig angeordnet ist. Mehrwandige Nanoröhrchen (in der Abb. rechts) bestehen aus zwei oder mehreren Röhrchen, die ineinander geschoben sind.

c) Mögliche Einsatzgebiete sind u.a. Transistoren, Akkus, Solarzellen und leitende Verbindungen in der Mikroelektronik.

A123.2 Exkurs

individuelle Lösung

V124.1

a) *Beobachtungen:*
Ethanol: Nach dem Schütteln bildet sich eine Phase, die blau gefärbt ist.
Propan-1-ol: Nach dem Schütteln bildet sich eine Phase, die blau gefärbt ist.
Pentan-1-ol: Nach dem Schütteln bilden sich zwei Phasen. Die untere, wässrige Phase ist blau gefärbt, die obere ist farblos.
Glycerin: Nach dem Schütteln bildet sich eine Phase mit Schlieren, die blau gefärbt ist.
Hexan-1,6-diol: Nach dem Schütteln bildet sich eine Phase, die blau gefärbt ist.

b), c)
Ethanol: hydrophil

Propan-1-ol: hydrophil

Pentan-1-ol: hydrophob

Glycerin: hydrophil

Hexan-1,6-diol: hydrophil

Erklärung: Das Kupfersulfat ist in Wasser gelöst und färbt es blau. Die hydrophilen Stoffe mischen sich mit dem Wasser, so dass eine homogene blaue Phase entsteht. Die hydrophoben Substanzen mischen sich nicht mit dem Wasser, es bilden sich nach dem Schütteln wieder zwei Phasen aus. Die nichtwässrige Phase bleibt farblos.

V124.2

a) Als Inhaltsstoff sollte neben dem Pfefferminzöl und dem Meersalz Ethanol verwendet werden, um die beiden Stoffe miteinander zu vermischen.

b) individuelle Lösung

c) Es sollen 20 ml einer Pfefferminzöl-Lösung hergestellt werden, die 1 % Meersalz enthält. Um eine homogene Lösung zu erreichen, wird Ethanol als Emulgator zugefügt. Die folgende Berechnung bezieht sich auf eine Volumenkonzentration von 10 Vol% Pfefferminzöl in Ethanol. Möchte man andere Mischungsverhältnisse einsetzen, müssen die Werte entsprechend angepasst werden. Die Volumenveränderung bei der anschließenden Zugabe von Meersalz kann bei der Berechnung vernachlässigt werden.

1. Volumen Pfefferminzöl berechnen:
20 ml · 10 % = 2 ml

2. Volumen Ethanol berechnen:
20 ml · 90 % = 18 ml

3. Masse des Meersalzes berechnen: hierfür muss zunächst die Masse des Pfefferminzöl-Ethanol-Gemisches berechnet werden:
Dichte (Pfefferminzöl): ca. 0,9 $\frac{g}{ml}$
Dichte (Ethanol): 0,79 $\frac{g}{ml}$
2 ml · 0,9 $\frac{g}{ml}$ + 18 ml · 0,79 $\frac{g}{ml}$ = 16,02 g
Das Gemisch hat eine Masse von 16,02 g.
Hinweis: Bei der Berechnung wurde eine Volumenkontraktion durch Mischung vernachlässigt.
Das Halsspray enthält schließlich einen Massenanteil Meersalz von w = 1 %. Das Halsspray enthält demnach 99 % Pfefferminzöl-Ethanol-Gemisch, dies entspricht 16,02 g.

Damit berechnet sich die Gesamtmasse zu

$$m(\text{Halsspray}) = \frac{16{,}02\ \text{g} \cdot 100}{99} = 16{,}18\ \text{g}.$$

Die Masse des hinzugefügten Meersalzes berechnet sich zu

$$m(\text{Meersalz}) = \frac{16{,}18\ \text{g}}{100} = 0{,}162\ \text{g}.$$

d) individuelle Lösung

V124.3

a) Wasser + Ethanol: Es entsteht eine homogene Phase.
Wasser + Heptan-1-ol: Es bilden sich zwei Phasen.
Wasser + Octan: Es bilden sich zwei Phasen.
Wasser + Iod: Das Iod löst sich nur etwas. Es bildet sich eine gelb-braune Färbung.
Ethanol + Heptan-1-ol: Es bildet sich eine homogene Phase.
Ethanol + Octan: Es bildet sich eine homogene Phase.
Ethanol + Iod: Es bildet sich eine braune, homogene Phase.
Heptan-1-ol + Octan: Es bildet sich eine homogene Phase.
Heptan-1-ol + Iod: Es bildet sich eine braune, homogene Phase.
Octan + Iod: Es bildet sich eine braune, homogene Phase.

b) Ethanol

Heptan-1-ol

Octan

Ethanol-Moleküle haben einen polaren und einen unpolaren Molekülteil. Ethanol zeigt damit sowohl lipophile als auch hydrophile Eigenschaften, es mischt sich also gut mit den untersuchten Substanzen.

Heptan-1-ol ist hydrophob und damit gleichzeitig lipophil. Es löst sich daher schlecht in Wasser. Lipophiles Octan und Iod lassen sich gut mit Heptan-1-ol mischen.

c) Iod ist ein unpolares Molekül und bildet Van-der-Waals-Wechselwirkungen aus. Octan hat ebenfalls unpolare Moleküle, so dass die Iod-Moleküle und die Octan-Moleküle ebenfalls Van-der-Waals-Wechselwirkungen untereinander zeigen. Iod löst sich daher gut in Octan.

Die geringe Löslichkeit des hydrophoben Iods in Wasser lässt sich mithilfe der Molekülgröße erklären: Iod-Moleküle mit 106 Elektronen lassen sich recht gut von den polaren Wasser-Molekülen polarisieren. Damit bilden Iod-Moleküle ebenfalls Dipole aus, die sich zwischen die polaren Wasser-Moleküle drängen können. Dieser Effekt ist jedoch gering, da die Wasser-Moleküle untereinander die recht starken Wasserstoffbrücken ausbilden.

d) *Übersetzung:* Gleiches löst sich in Gleichem.

Hydrophile Stoffe lösen sich gut in anderen hydrophilen Stoffen. Lipophile Stoffe lösen gut sich in anderen lipophilen Stoffen.

V124.4

a) Das Ethanol-Wasser-Gemisch lässt sich nicht entzünden. Nach Zugabe des Kaliumcarbonats lässt sich das Ethanol-Wasser-Kaliumcarbonat-Gemisch entzünden.

b) Ethanol-Wasser-Gemische sind ab einer Ethanol-Konzentration von etwa 50 % brennbar.

c) Kaliumcarbonat reagiert mit Wasser zu Kaliumhydrogencarbonat und Kaliumhydroxid. Durch die Reaktion verringert sich der Wasseranteil und die Ethanol-Konzentration steigt über die Brennbarkeitsgrenze.

d) Beispiele sind Rum, Weinbrand, Gin, Whiskey, Pastis oder Kirschwasser.

A126.B1

individuelle Lösung

A126.B2

Beim Lösen von Kaliumnitrat kühlt sich die Lösung ab, weil mehr Energie für die Auflösung des Ionengitters benötigt wird, als bei der Hydratation der Ionen frei wird. Die Gitterenergie ist also vom Betrag her kleiner als die Hydratationsenergie. Beim Natriumhydroxid ist dagegen der Betrag der Hydratationsenergie größer als der der Gitterenergie, die Reaktion ist exotherm.

A126.B3

a)

	Siedetemperatur in °C	molare Masse in u	ΔEN
NH_3	−33	17	0,8
PH_3	−88	34	0
AsH_3	−62	78	0
SbH_3	−17	124	0,1
H_2O	100	18	1,2
H_2S	−60	34	0,4
H_2Se	−41	81	0,4
H_2Te	−1	130	0,1

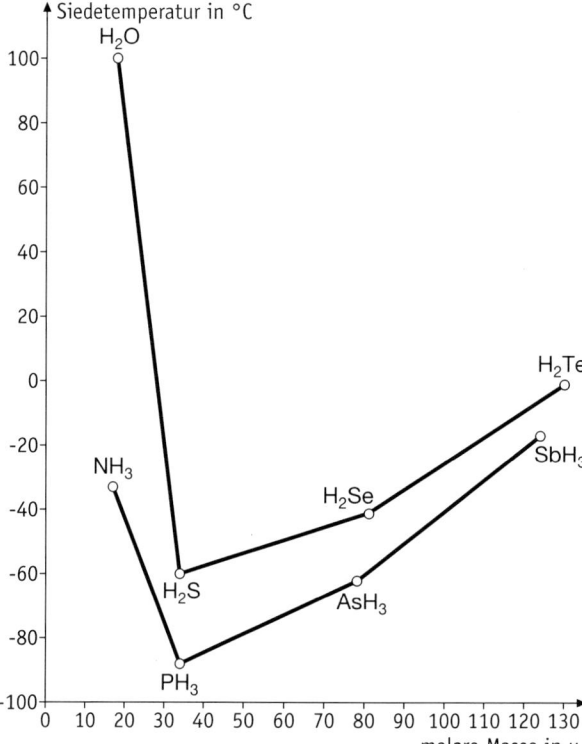

b) In den Reihen Ammoniak, Phosphorwasserstoff, Arsenwasserstoff, Antimonwasserstoff und Wasser, Schwefelwasserstoff, Selenwasserstoff, Tellurwasserstoff nehmen die molaren Massen (und damit die Größe der Moleküle) vom Ammoniak zum Antimonwasserstoff und vom Wasser zum Tellurwasserstoff zu.

Bei den Siedetemperaturen fällt auf, dass diese von Schwefelwasserstoff zum Tellurwasserstoff und vom Phosphorwasserstoff zum Antimonwasserstoff kontinuierlich ansteigen. Dies erklärt sich aus der zunehmenden Größe der Moleküle – die Bildung temporärer und induzierter Dipole wird dadurch erleichtert und die resultierenden Van-der-Waals-Kräfte sind stärker, was wiederum zu einer höheren Siedetemperatur führt.

Die Siedetemperaturen der Wasserstoffverbindungen der VI. Hauptgruppe (H_2S, H_2Se, H_2Te) liegen etwas höher als bei den Verbindungen der V. Hauptgruppe (PH_3, AsH_3, SbH_3). Die Elektronegativitätsdifferenzen sind etwas größer, dadurch haben die Moleküle einen schwachen Dipolcharakter. Die resultierenden Van-der-Waals-Kräfte sind stärker, was wiederum zu einer höheren Siedetemperatur führt.

Ammoniak und Wasser haben als erste Verbindung ihrer Reihe auffällig hohe Siedetemperaturen. Diese Moleküle können stabile Wasserstoffbrücken ausbilden, die als starke zwischenmolekulare Bindungen die Siedetemperaturen deutlich erhöhen. Der Effekt ist bei Wasser stärker als bei Ammoniak, denn jedes Wasser-Molekül kann über seine beiden polar gebundenen H-Atome und die beiden freien Elektronenpaare Wasserstoffbrücken zu vier Nachbar-Molekülen eingehen. Ammoniak-Moleküle können im Schnitt nur zu zwei Nachbar-Molekülen Wasserstoffbrücken bilden.

A126.B4

a) Beim Verdunsten des Wassers muss Energie aufgewendet werden, um die Wasserstoffbrücken zwischen den Wasser-Molekülen zu trennen. Diese Energie wird der Umgebung entzogen, daher bleibt die Flasche kühl.

b) Das Wasser erwärmt sich weniger als das Octan. Die zwischenmolekularen Wechselwirkungen sind beim Wasser aufgrund der stabilen Wasserstoffbrücken stärker als beim Octan. Im Octan liegen zwischen den Molekülen nur schwache Van-der-Waals-Kräfte vor. Dadurch ist die Wärmekapazität des Wassers, also die Energie, die notwendig ist, um das Wasser zu erwärmen, viel größer als die Wärmekapazität des Octans.

A126.B5

a) Ammoniak-Moleküle sind Dipol-Moleküle, die Wasserstoffbrücken ausbilden können. Dabei tragen die H-Atome eine positive Teilladung und die N-Atome eine negative Teilladung. Ammoniak-Moleküle können sich wie Wasser-Moleküle um die Ionen anordnen und eine Ammoniak-Hülle bilden.

b)

A127.C1

a) *Nonan:* Unpolare C-C-Bindungen ($\Delta EN = 0$) und nahezu unpolare C-H-Bindungen ($\Delta EN = 0,4$)
PER: Etwas polare C-Cl-Bindungen ($\Delta EN = 0,5$)
CO_2: Polare C-O-Bindungen ($\Delta EN = 1,4$)

b) *Nonan:* jedes C-Atom ist tetraedrisch von vier weiteren Atomen umgeben, Bindungswinkel 109,5°

PER: ebene Struktur, Bindungswinkel 120°

CO_2: lineares Molekül, Bindungswinkel 180°

c) *Nonan:* Die Bindungen im Nonan-Molekül sind (nahezu) unpolar, daher handelt es sich nicht um einen Dipol. Zwischen Nonan-Molekülen herrschen Van-der-Waals-Kräfte.
PER: PER hat etwas polare C-Cl-Bindungen. Durch die symmetrische Verteilung der Cl-Atome im Molekül heben sich die Wirkungen der polaren Elektronenpaarbindungen gegenseitig auf, es handelt sich nicht um ein Dipol-Molekül. Zwischen PER-Molekülen herrschen Van-der-Waals-Kräfte.
CO_2: Ähnlich wie beim PER heben sich die Wirkungen der polaren C=O-Bindungen gegenseitig durch die symmetrische

Ladungsverteilung auf. Zwischen CO_2-Molekülen herrschen Van-der-Waals-Kräfte.

d) Öl ist hydrophob, also wasserabstoßend, daher kann man das Öl von der Faser nicht mit Wasser ablösen.

e) Alle drei Reinigungsmittel sind geeignet, denn sie sind alle drei lipophil. Die Moleküle sind jeweils unpolar.

f)

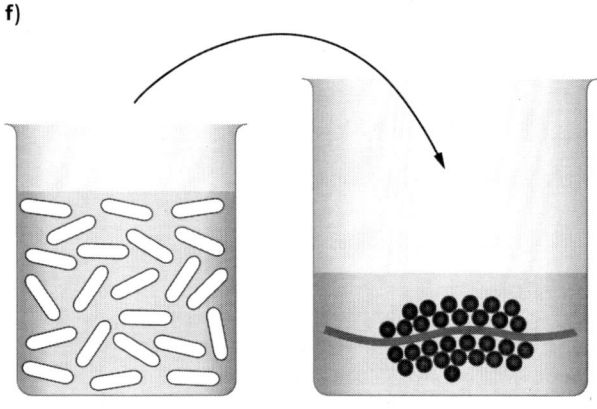

Nonan-Moleküle   Öl-Moleküle

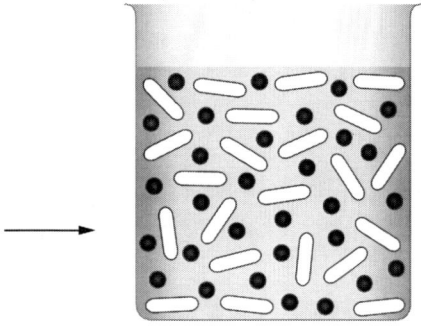

A127.C2

a) Im Herbst werden durch Winde und die sinkende Lufttemperatur die oberflächennahen Wassermassen abgekühlt. Mit abnehmender Temperatur erhöht sich die Dichte des Wassers. Die kälteren Wassermassen sinken ab und verdrängen wärmeres Tiefenwasser mit vergleichsweise geringerer Dichte nach oben. Die Zirkulationsbewegung endet erst, wenn das gesamte Wasser eine Temperatur von 4°C erreicht hat. Bei dieser Temperatur hat Wasser seine höchste Dichte. Wasser, das unter 4°C abgekühlt wird, hat eine geringere Dichte und verbleibt an der Oberfläche. Die Zirkulation kommt so zum Erliegen.

b) Am Ende des Winters befindet sich am Boden eines Sees kaltes Wasser mit einer Temperatur von 4°C. An der Oberfläche beträgt die Wassertemperatur 0°C. Die Dichte der Wasserschichten nimmt demnach in Richtung der Wasseroberfläche ab. Falls eine Eisschicht vorhanden ist, schmilzt sie im Frühjahr und die Wassertemperatur beträgt ebenfalls 0°C. Das Wasser wird jetzt erwärmt und hat zunächst eine größere Dichte als das Wasser bei 0°C (erst bei 8°C ist die Dichte wieder so groß, wie bei 0°C, danach sinkt sie weiter). Im Frühling kommt es dadurch erneut zu einer Zirkulationsbewegung: Das wärmer werdende Oberflächenwasser sinkt ab und verdrängt Tiefenwasser an die Oberfläche. Zusätzlich erzeugt der Wind eine Strömung. Die dadurch ausgelöste Zirkulation des gesamten Wasserkörpers endet, wenn alle Wassermassen eine Temperatur von 4°C aufweisen.

c) Im Sommer kommt es durch die Dichteanomalie des Wassers lediglich zu einer Durchmischung der oberflächennahen Wassermassen. Organisches Material, das absinkt, wird teilweise am Boden des Sees unter Verbrauch von Sauerstoff abgebaut. Dadurch sinkt die Sauerstoffkonzentration bodennaher Schichten. Erst durch die Zirkulationsbewegungen im Frühjahr und im Herbst wird sauerstoffreiches Oberflächenwasser und nährstoffreiches Tiefenwasser im ganzen Wasserkörper verteilt. Sauerstoff und Nährstoffe sind für den Energiestoffwechsel der Organismen im See unverzichtbar.

d) Bei fast allen Stoffen ist die Dichte des Feststoffes größer als die Dichte des flüssigen Stoffes. Wasser macht hier eine Ausnahme: Die Dichte von Eis ist geringer als die von Wasser.
Die Dichte fast aller flüssigen Stoffe nimmt mit steigender Temperatur ab. Wasser hat jedoch seine größte Dichte bei 4°C. Mit zunehmender Temperatur steigt somit zwischen 0°C und 4°C die Dichte des Wassers an, um dann bei höheren Temperaturen wieder abzunehmen. Diese Dichteanomalie ist für die Herbstzirkulation im See verantwortlich.

e) In feine Spalten eingedrungenes Wasser gefriert im Winter. Das entstehende Eis sprengt aufgrund seines größeren Volumenbedarfs das Gestein.
Positive Auswirkungen:
• Gestein wird so immer weiter zerkleinert bis zusammen mit Humus fruchtbare Erde entsteht.
• Der Boden von im Herbst grob gepflügten Feldern wird für die nächste Aussaat zerkleinert und gelockert.
• Wurzeln neuer Keimlinge können besser atmen und ins Erdreich eindringen.
Negative Auswirkungen:
• Felsen können durch gefrierendes Wasser gesprengt werden, Steinschlag ist die Folge.
• Wasser, das in Straßenbelag eingedrungen ist, verursacht Frostaufbrüche. Große Schäden im Straßenbau sind die Folgen: Der Straßenbelag wird aufgesprengt und lockere Bestandteile durch Autoreifen mitgerissen. So entstehen schnell gefährliche Schlaglöcher.

6 Saure, alkalische und neutrale Lösungen

A131.1

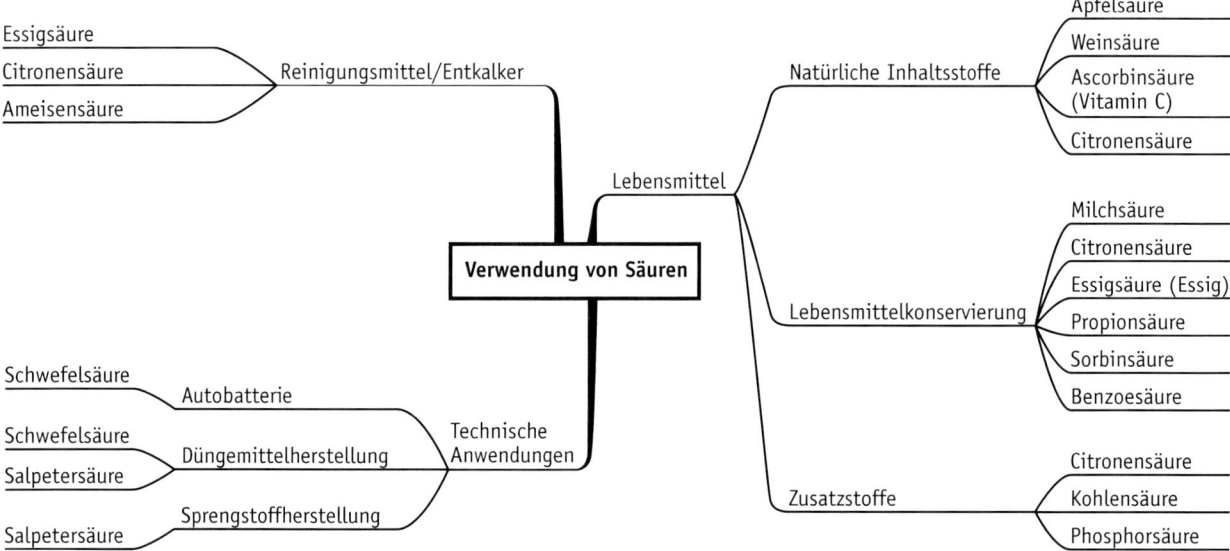

A131.2

Zu den Leitfragen:

a) *Ascorbinsäure*/Vitamin C ist in vielen Obst- und Gemüsesorten enthalten, vor allem in Citrus- und Acerolafrüchten, Hagebutten oder in verschiedenen Kohlsorten (Grünkohl, Rotkohl). Ascorbinsäure wirkt als Antioxidationsmittel und macht Lebensmittel länger haltbar (E 300). Ebenso wird es Lebensmitteln (z. B. Wurst) zugesetzt, um die Farben zu erhalten oder zu verändern (naturtrüber Apfelsaft). Der Name leitet sich von der Erkrankung Skorbut ab, die durch einen Vitamin C-Mangel ausgelöst wird. Es ist die verkürzte Version von „Antiscorbutische Säure".

b) Früher wurde die *Citronensäure* vornehmlich aus Zitrusfrüchten mittels Ammoniak extrahiert, mit einer Calciumlösung als Calciumcitrat ausgefällt und mit Schwefelsäure zu Citronensäure umgesetzt. Heute verläuft die Herstellung in China oder den USA vornehmlich mikrobiologisch durch Fermentation von zuckerhaltigen Rohstoffen mithilfe des Schimmelpilzes Aspergillus Niger. Da dieses Verfahren umweltschutztechnisch nicht ganz bedenkenlos ist, wird inzwischen auch die Hefe *Yarrowia lipolytica* eingesetzt. Insgesamt reicht die produzierte Menge aus, die landwirtschaftliche Produktionsmenge aus Citrusfrüchten würde nicht ausreichen.

c) *Salzsäure* ist eine der wichtigsten Grundchemikalien. Sie wird technisch als Fleckentferner für Kalk- oder Mörtelreste genutzt. Sie findet bei der PVC-Herstellung genau so Verwendung, wie bei der Aufarbeitung von Erzen. In der chemischen Analytik wird sie vielfach eingesetzt, etwa als Fällungsmittel. Als Lebensmittelzusatzstoff E 507 fungiert sie als Säureregulator. Im Magen (pH 1,5 – 2,5) ist ca. 0,5%ige Salzsäure vorhanden. Das saure Milieu sorgt für ein Abtöten von Bakterien, so dass das Gegessene nicht faulen kann. Zudem benötigt das Verdauungsenzym Pepsin eine saure Umgebung. Die Säure denaturiert darüber hinaus Eiweiße. Eine Hydrolyse von Zuckern findet nicht statt, da dafür die Reaktionstemperatur zu gering ist. Die Magenschleimhaut ist säureresistent und schützt den Magen. Ist die Magenschleimhaut verletzt, kann es an dieser Stelle zu Magengeschwüren kommen.

A131.3

Essigsäure ist ein Reinstoff. Essig ist eine saure Lösung, die etwa 5 % Essigsäure enthält.
Heringe und Gurken werden häufig in Essig eingelegt, sie kommen als „Saure Heringe" und „Saure Gurken" in den Handel. In der sauren Lösung können sich schädliche Bakterien und Schimmel kaum entwickeln.

A131.4

b) individuelle Lösung, mögliche Ergebnisse:
Saure Lösungen: Zitronensaft, Essig, Säfte, Mineralwasser, Softdrinks mit Kohlensäure, Kaffee, Rindfleisch, Nudeln, Käse
Neutrale Lösungen: Milch, Wasser
Alkalische Lösungen: Backpulver, Sellerie, Grüner Tee, Mandeln, Olivenöl

c) individuelle Lösung, mögliche Ergebnisse:
Saure Lösungen: Citronensäure, Kohlensäure, Ascorbinsäure / Vitamin C, Essigsäure
Neutral: kein Ergebnis
Alkalische Lösungen: Natriumhydrogencarbonat

A131.5

Reinigungsmittel (Beispiele)	Experimentelles Ergebnis	Inhaltsstoffe
Kalkentferner	Sauer	*Essig* oder *Citronensäure*, Tenside
Essigreiniger	Sauer	*Essig*
Ammoniakgeist	Basisch	*Ammoniak*, Tenside
Backofenspray	Basisch	Aliphatische Kohlenwasserstoffe, Tenside
Oxireiniger	Sauer	Tenside, *Wasserstoffperoxid*

Kursiv sind die sauer oder alkalisch wirkenden Inhaltsstoffe.

A133.1

Eine Säure ist ein Stoff, der mit Wasser-Molekülen Oxonium-Ionen (H_3O^+(aq)) bildet. Löst man eine Säure in Wasser, so werden auf der Teilchen-Ebene Wasserstoff-Ionen auf Wasser-Moleküle übertragen. Es entsteht eine saure Lösung, in der positiv geladene hydratisierte Oxonium-Ionen und negativ geladene Säurerest-Ionen vorliegen. Die ähnlichen Eigenschaften der sauren Lösungen beruhen auf dem Vorhandensein der Oxonium-Ionen.

A133.2

	Stoff	elektrische Leitfähigkeit	keine elektrische Leitfähigkeit
a)	Zitronensaft	X	
b)	feste Citronensäure		X
c)	Chlorwasserstoffgas		X
d)	Salzsäure	X	
e)	Essig	X	
f)	Essigessenz	X	
g)	Eisessig		X

Eine elektrische Leitfähigkeit ist nur dann zu beobachten, wenn Oxonium-Ionen und Säurerest-Ionen vorliegen und diese in einer Lösung frei beweglich sind.

A133.3

Das Pulver ist richtig benannt. Die Flüssigkeit enthält eine saure Lösung von Citronensäure in Wasser.

A133.4

a) H_2CO_3(aq) + H_2O(l) → HCO_3^-(aq) + H_3O^+(aq) (Hydrogencarbonat-Ion)
HCO_3^-(aq) + H_2O(l) → CO_3^{2-}(aq) + H_3O^+(aq) (Carbonat-Ion)

b) HF(g) + H_2O(l) → F^-(aq) + H_3O^+(aq) (Fluorid-Ion)

c) HCN(g) + H_2O(l) → CN^-(aq) + H_3O^+(aq) (Cyanid-Ion)

A133.5

a) *Partner A:* Der kristalline Stoff deutet auf eine salzartige Verbindung hin.
Zn(s) + 2 H_3O^+(aq) + 2 Cl^-(aq) →
$\qquad\qquad Zn^{2+}$(aq) + 2 Cl^-(aq) + H_2(g) + 2 H_2O(l)
Nach dem Eindampfen bleibt kristallines $ZnCl_2$ übrig.
Die Knallgasprobe weist Wasserstoff nach.
2 H_2(g) + O_2(g) → 2 H_2O(l)

Partner B: Die Kalkwasserprobe weist CO_2 nach.
CO_2(aq) + Ca^{2+}(aq) + 2 OH^-(aq) → $CaCO_3$(s) + H_2O(l)
Weißes Kupfersulfat färbt sich durch die Einlagerung von Wasser blau. Ein weißer, kristalliner Feststoff deutet auf eine salzartige Verbindung hin.
Es entstehen Kohlenstoffdioxid, Wasser und – je nach Säure – ein entsprechendes Salz.
$CaCO_3$(s) + 2 H_3O^+(aq) → CO_2(g) + 3 H_2O(l) + Ca^{2+}(aq)

c) individuelle Lösung

A133.6

a) Salzsäure mit einem Massenanteil von 7 % enthält 7 g Chlorwasserstoff in 100 g Salzsäure. Es gelten folgende Zusammenhänge:

$$n = \frac{m}{M} \qquad \varrho = \frac{m}{V} \qquad c = \frac{n}{V}$$

$$n(HCl) = \frac{7\ g}{36{,}45\ g \cdot mol^{-1}} = 0{,}192\ mol$$

$$V(Salzsäure) = \frac{100\ g}{1{,}035\ g \cdot cm^{-3}} = 96{,}6\ cm^3$$

$$c(Salzsäure) = \frac{0{,}192\ mol}{0{,}0966\ l} = 1{,}99\ \frac{mol}{l} \approx 2\ \frac{mol}{l}$$

In einem Liter 7%iger Salzsäure sind 2 mol HCl enthalten.

Salzsäure mit einem Massenanteil von 37 % enthält 37 g Chlorwasserstoff in 100 g Salzsäure.

$$n(HCl) = \frac{37\ g}{36{,}45\ g \cdot mol^{-1}} = 1{,}015\ mol$$

$$V(Salzsäure) = \frac{100\ g}{1{,}19\ g \cdot cm^{-3}} = 84{,}03\ cm^3$$

$$c(Salzsäure) = \frac{1{,}015\ mol}{0{,}08403\ l} = 12{,}08\ \frac{mol}{l} \approx 12\ \frac{mol}{l}$$

In einem Liter 37%iger Salzsäure sind 12 mol HCl enthalten.

b) $V_m = 24\ l \cdot mol^{-1}$
Zur Herstellung von einem Liter verdünnter Salzsäure (7 %) werden 2 mol, also 48 l Chlorwasserstoffgas benötigt.
Zur Herstellung von einem Liter konzentrierter Salzsäure (37 %) werden 12 mol, also 288 l Chlorwasserstoffgas benötigt.

A133.7

Die Salzsäure mit der höheren Konzentration hat die größere Dichte. Unter der Voraussetzung, dass die Messkolben exakt die gleiche Masse haben, kann man die Messkolben auf einer Waage abwiegen. Der Messkolben mit der größeren Masse enthält die konzentriertere Salzsäure.

A133.8

Die Bindung zwischen dem O-Atom und dem H-Atom der Hydroxylgruppe ist stark polarisiert. Dieses H-Atom lässt sich am einfachsten ablösen.

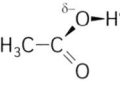

A135.1

a) *Partner A:* $H_2(g) + Br_2(l) \rightarrow 2\,HBr(g)$

Partner B: $H_2(g) + I_2(s) \rightarrow 2\,HI(g)$

A135.2

a) *Partner A:* $C(s) + O_2(g) \rightarrow CO_2(g)$
$CO_2(g) + H_2O(l) \rightarrow H_2CO_3(aq)$
$H_2CO_3(aq) + H_2O(l) \rightarrow H_3O^+(aq) + HCO_3^-(aq)$
Hydrogencarbonat-Ion
$HCO_3^-(aq) + H_2O(l) \rightarrow CO_3^{2-}(aq) + H_3O^+(aq)$
Carbonat-Ion

Partner B: $4\,P(s) + 5\,O_2(g) \rightarrow P_4O_{10}(s)$
$P_4O_{10}(s) + 6\,H_2O(l) \rightarrow 4\,H_3PO_4(aq)$
$H_3PO_4(aq) + H_2O(l) \rightarrow H_3O^+(aq) + H_2PO_4^-(aq)$
Dihydrogenphosphat-Ion
$H_2PO_4^-(aq) + H_2O(l) \rightarrow H_3O^+(aq) + HPO_4^{2-}(aq)$
Hydrogenphosphat-Ion
$HPO_4^{2-}(aq) + H_2O(l) \rightarrow H_3O^+(aq) + PO_4^{3-}(aq)$
Phosphat-Ion

A135.3

$2\,NO_2(g) + H_2O(l) \rightarrow HNO_2(aq) + HNO_3(aq)$

A135.4

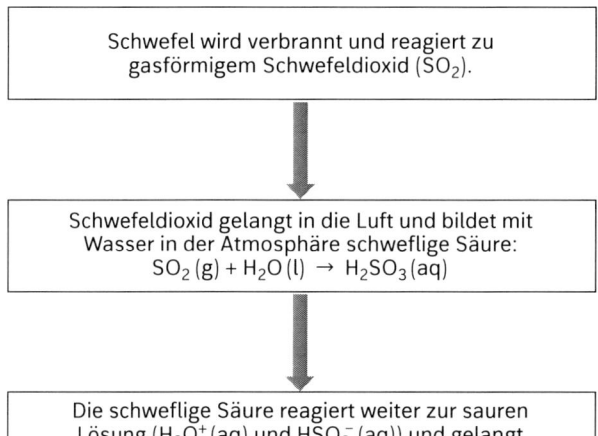

Durch den Einbau der Filteranlagen wurde die Freisetzung von SO_2 verhindert. In der Folge entstand weniger saurer Regen, der eine Ursache für das Waldsterben war.

A135.5

CO_2 reagiert mit Meerwasser zu Kohlensäure und trägt somit zur Versauerung der Meere bei. Dies ist problematisch für Kleinstlebewesen, wie beispielsweise Meeresschnecken oder Zooplankton, die aus Kalk ein schützendes Außenskelett bilden. In der Folge wird die Nahrungskette im Meer gestört. Gleiches passiert auch bei Korallen, wodurch der Lebensraum vieler Tierarten zerstört wird.

A135.6

a) individuelle Lösung
Mögliche Recherchepunkte:
- Lebenslauf mit wichtigen Daten
- Verhältnis zum Vater
- Lehre bei Ascanio Sobrero
- Erste eigene Gehversuche und die Geschichte des Dynamits
- Der Patentrechtsstreit mit Abel und Dewar (Cordit-Prozess)
- Nobels Einstellung zum Krieg
- Der Nobelpreis

A137.1

Alle alkalischen Lösungen enthalten hydratisierte Hydroxid-Ionen ($OH^-(aq)$). Das erklärt die gemeinsamen Eigenschaften: ätzende Wirkung, charakteristische Färbung von Indikatoren, elektrische Leitfähigkeit.

A137.2

a) Laugen sind meist ätzende Lösungen, die organische Stoffe angreifen und zersetzen. Besonders gefährdet sind die Augen.

b) *Laugen* sind für Chemiker Lösungen von Alkalimetallhydroxiden in Wasser. In der Alltagssprache findet der Begriff unterschiedliche Verwendungen, nicht immer handelt es sich um eine alkalische Lösung: ätzende Flüssigkeit, Waschlauge, Seifenlauge, Bleichlauge, konzentrierte Salzlösung (Salzbergbau).

c) In Laugen sind die Hydroxid-Ionen bereits enthalten. Wird die Lauge in Wasser gelöst, werden diese hydratisiert. Basen sind Stoffe, die mit Wasser reagieren und durch Protonenübertrag Hydroxid-Ionen bilden (z. B. Ammoniak).

d) $2\,K(s) + 2\,H_2O(l) \rightarrow 2\,K^+(aq) + 2\,OH^-(aq) + H_2(g)$
$LiOH(s) \rightarrow Li^+(aq) + OH^-(aq)$
$CaO(s) + H_2O(l) \rightarrow Ca^{2+}(aq) + 2\,OH^-(aq)$
$NH_3(g) + H_2O(l) \rightarrow NH_4^+(aq) + OH^-(aq)$

e) Ammoniakreiniger reagiert als alkalische Lösung nicht mit Kalk. Säuren hingegen schon. Beispiel mit Essigreiniger:
$2\,H_3O^+(aq) + 2\,Ac^-(aq) + CaCO_3(s) \rightarrow$
$\qquad Ca^{2+}(aq) + 2\,Ac^-(aq) + CO_2(g) + 3\,H_2O(l)$

A137.3

a) Zitronensäure und Natriumhydroxid werden in getrennten Aufbauten solange erhitzt bis sie schmelzen. Mit einem Stromkreis aus Spannungsquelle, 2 Kohleelektroden, die in die Schmelze getaucht werden, und einem Amperemeter wird die Leitfähigkeit gemessen.

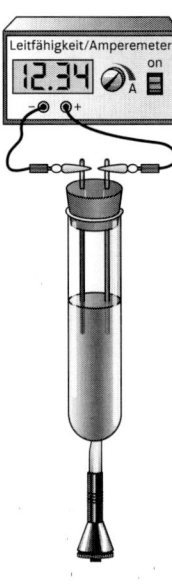

b) Im festen Aggregatzustand liegt Natriumhydroxid in Form eines Ionengitters vor. Das heißt, alle Ionen sitzen an festen Plätzen und stehen somit für einen Ladungstransport nicht zur Verfügung. Im flüssigen Zustand sind die Ionen frei beweglich und stehen für den Ladungstransport zur Verfügung.

c) Im Unterschied zu Natriumhydroxid ist Zitronensäure eine Molekülverbindung. Die Zitronensäuremoleküle sind ungeladen und können somit auch keine Ladungen transportieren.

A137.4

Seife entsteht, wenn man Fette oder Öle mit einer alkalischen Lösung kocht (Seifensieden). In den Anfängen der Seifenherstellung wurde Holzasche (Pottasche) in Wasser gegeben, um die alkalische Lösung herzustellen. Man erhielt Schmierseife als Produkt. Später verwendete man Natronlauge und konnte damit feste Kernseife produzieren. Seifensieder war früher ein wichtiger Handwerksberuf, der seine Bedeutung mit Beginn der industriellen Seifenproduktion im 19. Jahrhundert verlor.

A137.5

Brezellauge ist eine sehr stark verdünnte Natronlauge (maximale Konzentration 4 %, Lebensmittelzusatzstoff E 524). Aus dem Backpulver wird während des Backvorgangs Kohlenstoffdioxid freigesetzt, das mit der Brezellauge zu ungefährlichem Natriumhydrogencarbonat (Natron) reagiert.

$$CO_2(g) + Na^+(aq) + OH^-(aq) \rightarrow NaHCO_3(s)$$

A137.6

Wie man an der Färbung des Indikatorpapiers erkennt, reagiert Holzasche mit Wasser alkalisch.
In der Holzasche ist das Salz Kaliumcarbonat (K_2CO_3) enthalten. Dies reagiert mit Wasser als Base zu Kaliumhydrogencarbonat.

$$2\ K^+(aq) + CO_3^{2-}(aq) + 2\ H_2O(l) \rightarrow$$
$$2\ OH^-(aq) + 2\ K^+(aq) + HCO_3^-(aq)$$

V138.1

a) Lösung siehe Check-Karte

c)

	Bromthymolblau	Phenolphthalein	Universalindikator
Zitronensaft	gelb	farblos	gelb
Gurkenwasser	gelb	farblos	gelb
Essig	gelb	farblos	orange
Klarspüler	gelb	farblos	orange
Salzsäure	gelb	farblos	rot
Backofenreiniger	blau	rot	lila
Natron	blau	rot	blau
Seifenlauge	blau	rot	blau
Natronlauge	blau	rot	lila

V138.2

Das Filtrat der Reaktion von Calciumoxid mit Wasser färbt Bromthymolblaulösung blau und Phenolphthaleinlösung rotviolett.

$$CaO(s) + H_2O(l) \rightarrow Ca(OH)_2(s) \rightarrow Ca^{2+}(aq) + 2\ OH^-(aq)$$

Calciumoxid ist kaum wasserlöslich, die geringe Löslichkeit bewirkt dennoch eine alkalische Reaktion der Lösung.

Das Filtrat der Reaktion von Magnesiumoxid mit Wasser färbt Bromthymolblaulösung blau und Phenolphthaleinlösung rotviolett.

$$MgO(s) + H_2O(l) \rightarrow Mg(OH)_2(s) \rightarrow Mg^{2+}(aq) + 2\ OH^-(aq)$$

Magnesiumoxid ist kaum wasserlöslich, die geringe Löslichkeit bewirkt dennoch eine alkalische Reaktion der Lösung.

V138.3

a), b) Das Bromthymolblau schlägt von grün nach gelb um.

$$S(s) + O_2(g) \rightarrow SO_2(g)$$
$$H_2O(l) + SO_2(g) \rightarrow H_2SO_3(aq) \rightarrow H^+(aq) + HSO_3^-(aq)$$

V139.4

a) *Gruppe 1:*
Hypothese: Marmor und Zink werden von Säuren angegriffen, dabei entstehen Salze und Gase. Bei der Reaktion von Marmor entsteht Kohlenstoffdioxid, bei der Reaktion von Zink entsteht Wasserstoff.

Gruppe 2:
Hypothese: Unedle Metalle reagieren mit Säuren unter Entwicklung von Wasserstoff. Je unedler das Metall, desto heftiger fällt die Reaktion aus.

d) *Gruppe 1:*
Beobachtung: Marmor und Zink reagieren unter Gasentwicklung. Das Gas aus der Reaktion mit Marmor trübt das Kalkwasser, mit dem Gas aus der Zinkreaktion verläuft die Knallgasprobe positiv.
Deutung: Bei den Reaktionen sind Kohlenstoffdioxid und Wasserstoff entstanden.
Marmor:

$$CaCO_3(s) + 2\ H^+(aq) + 2\ Cl^-(aq) \rightarrow$$
$$Ca^{2+}(aq) + 2\ Cl^-(aq) + CO_2(g) + H_2O(l)$$

Zink:

$$Zn(s) + 2\,H^+(aq) + 2\,Cl^-(aq) \rightarrow$$
$$Zn^{2+}(aq) + 2\,Cl^-(aq) + H_2(g)$$

Gruppe 2:
Beobachtung: Magnesium reagiert heftiger mit der Säure als Eisen. Die Knallgasprobe mit dem entstehenden Gas verläuft positiv. Kupfer reagiert nicht.
Deutung: Kupfer ist das edelste Metall, vor Eisen und Magnesium. Es entsteht Wasserstoff.

$$Mg(s) + 2\,H^+(aq) + 2\,Cl^-(aq) \rightarrow Mg^{2+}(aq) + 2\,Cl^-(aq) + H_2(g)$$
$$Fe(s) + 2\,H^+(aq) + 2\,Cl^-(aq) \rightarrow Fe^{2+}(aq) + 2\,Cl^-(aq) + H_2(g)$$

V139.5

a) *Ammoniak:* Das Ammoniak verdampft im Kolben. Ist das Glasrohr in das Wasser getaucht, steigt das Wasser im Glasrohr hoch und spritzt wie bei einem Springbrunnen in den Kolben. Der Indikator färbt sich blau.
Salzsäure: Die Beobachtungen sind ähnlich wie beim Ammoniak, der Indikator färbt sich gelb.

b) *Ammoniak:* Das Ammoniak-Molekül ist der Protonenakzeptor, das Wasser-Molekül der Protonendonator. Es entstehen Ammonium-Ionen und Hydroxid-Ionen und somit eine alkalische Lösung.

$$NH_3(g) + H_2O(l) \rightarrow NH_4^+(aq) + OH^-(aq)$$

Salzsäure: Ein Proton wird vom Chlorwasserstoff-Molekül, dem Protonendonator, auf das Wasser-Molekül, den Protonenakzeptor, übertragen. Es entstehen Chlorid-Ionen und Oxonium-Ionen und somit eine saure Lösung.

$$HCl(g) + H_2O(l) \rightarrow Cl^-(aq) + H_3O^+(aq)$$

c) Ammoniak und Chlorwasserstoff sind Gase und nehmen bei Raumtemperatur ein Volumen von ca. $24\,\frac{l}{mol}$ ein. Wird das Gas in Wasser gelöst, verringert sich das Volumen und es entsteht ein Unterdruck im Kolben. Weiteres Wasser wird durch den Luftdruck außerhalb des Kolbens nach oben gepresst. Ein Springbrunnen entsteht.

A140.1

$$|\overline{Cl}{-}H + |NH_3 \longrightarrow NH_4^+ + |\overline{Cl}^-|$$

Sprechblasen von links nach rechts:
1) Aus der polaren Bindung im HCl-Molekül wird ein H^+-Ion abgegeben...
2) ... Dieses bindet an ein freies Elektronenpaar des NH_3-Moleküls ...
3) ... und es bilden sich Cl^--Ionen und NH_4^+-Ionen.

A140.2

Brönsted-Säure: HCl-Molekül
Brönsted-Base: NH_3-Molekül
Wasser ist in Abb.1 eine Brönsted-Base, in Abb.2 eine Brönsted-Säure.

A140.3

Teilchen	Brönsted-Säure		Brönsted-Base	
HNO_3	HNO_3	Salpetersäure	NO_3^-	Nitrat-Ion
NH_3	NH_4^+	Ammonium-Ion	NH_3	Ammoniak
I^-	HI	Iodwasserstoff	I^-	Iodid-Ion
HCO_3^-	HCO_3^-	Hydrogencarbonat-Ion	CO_3^{2-}	Carbonat-Ion
	H_2CO_3	Kohlensäure	HCO_3^-	Hydrogencarbonat-Ion
H_2O	H_2O	Wasser	OH^-	Hydroxid-Ion
	H_3O^+	Hydronium-Ion	H_2O	Wasser
H_2SO_4	H_2SO_4	Schwefelsäure	HSO_4^-	Hydrogensulfat-Ion
HSO_4^-	HSO_4^-	Hydrogensulfat-Ion	SO_4^{2-}	Sulfat-Ion
	H_2SO_4	Schwefelsäure	HSO_4^-	Hydrogensulfat-Ion

A140.4

Partner A:

a) $Na^+(aq) + OH^-(aq) + H_3O^+(aq) + Cl^-(aq) \rightarrow$
$$Na^+(aq) + Cl^-(aq) + 2\,H_2O\,(l)$$

b) Säure: H_3O^+; Base: OH^-
Paar 1: H_3O^+ / H_2O
Paar 2: H_2O / OH^-

Partner B:

a) $NH_3(g) + HI(g) \rightarrow NH_4I(s)$

b) Säure: HI; Base: NH_3
Paar 1: HI / I^-
Paar 2: NH_4^+ / NH_3

Partner C:

a) $Na^+(aq) + OH^-(aq) + NH_4Cl(s) \rightarrow$
$$Na^+(aq) + Cl^-(aq) + H_2O\,(l) + NH_3(g)$$

b) Säure: NH_4^+; Base: OH^-
Paar 1: NH_4^+ / NH_3
Paar 2: H_2O / OH^-

Partner D:

a) $H_2O\,(l) + NH_4Cl(s) \rightarrow Cl^-(aq) + H_3O^+(aq) + NH_3(g)$

b) Säure: NH_4^+; Base: H_2O
Paar 1: NH_4^+ / NH_3
Paar 2: H_3O^+ / H_2O

A140.5

$Mg + 2\,H_3O^+(aq) + 2\,Cl^-(aq) \rightarrow$
$$H_2 + Mg^{2+}(aq) + 2\,Cl^-(aq) + 2\,H_2O\,(l)$$

Es hat keine H^+-Übertragung stattgefunden. Demnach liegt keine Säure-Base-Reaktion vor. Vom Magnesium wurden Elektronen zum Wasserstoff übertragen, es liegt eine Redoxreaktion vor.

A140.6

Die Reaktion zwischen Bromwasserstoffgas und Wasser läuft analog zur Reaktion von Chlorwasserstoffgas mit Wasser ab, es findet eine Säure-Base-Reaktion statt:
$HBr(g) + H_2O\,(l) \rightarrow Br^-(aq) + H_3O^+(aq)$

Mit Benzin findet keine Säure-Base-Reaktion statt, es entstehen keine Ionen und somit keine leitfähige Lösung. Bromwasserstoffgas reagiert nicht mit Benzin, denn die Alkan-Moleküle im Benzin sind unpolar. Es liegen bei ihnen auch keine freien Elektronenpaare vor, die Moleküle können also nicht als Base reagieren.

A140.7

Hydrogensulfat kann sowohl als Säure wie als Base reagieren.

Hydrogensulfat als Säure:
$HSO_4^-(aq) + H_2O\,(l) \rightarrow SO_4^{2-}(aq) + H_3O^+(aq)$

Hydrogensulfat als Base:
$HSO_4^-(aq) + H_2O\,(l) \rightarrow H_2SO_4(l) + OH^-(aq)$

A140.8

a) *Beispiele für Säure-Base-Paare:*
HCl / Cl^-, H_2SO_4 / HSO_4^-, HSO_4^- / SO_4^{2-}, H_3PO_4 / $H_2PO_4^-$, $H_2PO_4^-$ / HPO_4^{2-}, HPO_4^{2-} / PO_4^{3-}, H_2CO_3 / HCO_3^-, HCO_3^- / CO_3^{2-}, HF / F^-, HNO_3 / NO_3^-, NH_4^+ / NH_3, H_2O / OH^-

Die Dominosteine müssen so gestaltet werden, dass auf einem Stein zwei Bestandteile aus unterschiedlichen Säure-Base-Paaren aufgetragen sind. Im Spiel werden dann Steine mit richtig zugeordneten Paaren aneinandergelegt.

A140.9

Arrhenius definiert eine Base als Stoff, der beim Lösen in Wasser in positiv geladene Baserest-Ionen und negativ geladene Hydroxid-Ionen zerfallen kann. Säuren zerfallen beim Lösen in Wasser in positiv geladene Wasserstoff-Ionen und negativ geladene Säurerest-Ionen.
Die Definition nach Brönsted mit Protonenakzeptoren und Protonendonatoren ist weitergehend, da mit ihr auch Stoffe wie Ammoniak als Basen klassifiziert werden. Säure-Base-Paare und Ampholyte können damit erklärt werden.

A142.1

a), b)

Forscher	Beispiele	Definition Säure/Base
GLAUBER	Neutralisation, Salzbildung	Stoff
LAVOISIER	saurer Regen, technische Herstellung der Schwefelsäure	Stoff
DAVY	Reaktion von Säuren mit unedlen Metallen	Stoff
LIEBIG	Reaktion von Säuren mit unedlen Metallen	Stoff
ARRHENIUS	Lösen von Säuren in Wasser	Stoff
BRÖNSTED	Wasser als Säure oder Base	Teilchen

c) GLAUBER: $H_2SO_4(aq) + 2\,NaOH(aq) \rightarrow$
$$Na_2SO_4(aq) + 2\,H_2O\,(l)$$

LAVOISIER: $SO_3(g) + H_2O\,(l) \rightarrow H_2SO_4(l)$

LIEBIG: $H_2SO_4(aq) + 2\,Na(s) \rightarrow Na_2SO_4(aq) + H_2(g)$

ARRHENIUS: $H_2SO_4 \xrightarrow{\text{Wasser}} 2\,H^+ + SO_4^{2-}$

BRÖNSTED: $H_2O\,(l) + NH_3(g) \rightarrow OH^-(aq) + NH_4^+(aq)$

A142.2

a)

1650	GLAUBER	Säuren und Laugen sind feindliche und entgegengesetzt wirkende Stoffe
1647	BRAND	Entdeckung des Phosphors
1778	LAVOISIER	Säuren sind Sauerstoffverbindungen
1808	DALTON	Aufstellung der Atomtheorie
ab 1808	BERZELIUS	Bestimmung von Atommassen
1814	DAVY	Säuren sind Wasserstoffverbindungen
1832	FARADAY	Theorie der Elektrolyse
1838	LIEBIG	Wenn in Säuren die Wasserstoff-Atome durch Metall-Atome ersetzt werden, bilden sich Salze
1864	MEYER	Periodensystem (Vorläufer)
1869	MENDELEEV	Periodensystem
1884	ARRHENIUS	Säuren zerfallen beim Lösen in Wasser in positiv geladene Wasserstoff-Ionen und negativ geladene Säurerest-Ionen
1910	RUTHERFORD	Streuversuch, Entdeckung des positiv geladenen Atomkerns
1923	BRÖNSTED	Säuren sind Protonendonatoren, Basen sind Protonenakzeptoren

b) Die Forscher vor ARRHENIUS und er selbst betrachteten Säuren als Stoffe. ARRHENIUS ordnet dem Begriff *Säure* Stoffe mit bestimmten Eigenschaften zu: Jede Säure zerfällt beim Lösen in Wasser in Wasserstoff-Ionen und Säurerest-Ionen.

BRÖNSTED betrachtet in seiner Säure-Base-Theorie Säuren und Basen als Teilchen, die miteinander reagieren. Er definiert seine Säure-Base-Begriffe also funktional. Der Begriff *Säure* bezeichnet bei BRÖNSTED keine Stoffeigenschaft; eine Säure ist vielmehr ein Teilchen, das ein Proton an eine Base abgibt. Eine Base ist ein Teilchen, das ein Proton aufnimmt. So reagiert ein Wasser-Molekül bei der Reaktion mit einem Ammoniak-Molekül als Säure, aber bei der Reaktion mit einem Schwefelsäure-Molekül reagiert das Wasser-Molekül als Base.

A142.3

GLAUBER: Erste technische Herstellung vieler Produkte: Schwefelsäure, Salpetersäure, Natriumsulfat (Glaubersalz).

LAVOISIER: Quantitative Untersuchung von Reaktionen. Er stellte fest, dass die Masse bei chemischen Reaktionen erhalten bleibt. Erste moderne Theorie zur Verbrennung (Oxidationstheorie).

DAVY: Erste Herstellung von Natrium, Kalium, Barium, Magnesium durch Elektrolyse. Wegbereiter der technischen Elektrochemie.

LIEBIG: Begründer der Agrikulturchemie. Erforschung des Zusammenhangs zwischen Pflanzenwachstum und Nährstoffen (Düngemitteln).

ARRHENIUS: Begründer der Theorie der elektrolytischen Dissoziation.

BRÖNSTED: Begründer der Säure-Base-Theorie.

A143.1

Oxidationsmittel: Chlor-Atom
Reduktionsmittel: Natrium-Atom
Brönsted-Säure: Chlorwasserstoff
Brönsted-Base: Wasser

A143.2

Redoxpaare: Na/Na^+; Cl^-/Cl
Säure-Base-Paare: HCl/Cl^-; H_3O^+/H_2O

A143.3

Bei jeder Sauerstoffübertragungsreaktion bekommt der Sauerstoffspender Elektronen, während der Sauerstoffempfänger Elektronen abgibt. Diese Übertragung von Elektronen kennzeichnet eine Redoxreaktion.

Ein Beispiel für eine Redoxreaktion ohne Sauerstoffübertragung ist die Reaktion vom Aluminium mit Brom. Hier werden Elektronen von Aluminium-Atomen auf Brom-Atome übertragen.

A145.1

Der pH-Wert ist ein Maß für die Konzentration an hydratisierten Wasserstoff-Ionen in einer Lösung:
$c(H^+(aq)) = 10^{-pH}$
Bereich pH = 0 bis pH = 7:
stark sauer – sauer – schwach sauer – neutral
Bereich pH = 7 bis pH = 14:
neutral – schwach alkalisch – alkalisch – stark alkalisch

A145.2

a) Man muss 1 Liter Salzsäure mit pH = 0 auf 1000 Liter verdünnen. Im Labor: Man gibt mit einer Pipette genau 1 ml Salzsäure (pH = 0) in einen 1-Liter-Messkolben und füllt diesen mit Wasser auf 1 Liter auf.

Man muss den Liter Kalilauge (pH = 14) auf 100 Liter verdünnen. Im Labor: Man gibt mit einer Pipette genau 1 ml Natronlauge (pH = 14) in einen 100-ml-Messkolben und füllt diesen mit Wasser auf 100 ml auf.

b) Die Salzsäure mit dem pH-Wert pH = 2 muss um den Faktor 10^5 verdünnt werden.
250 l · 100 000 = 25 000 000 l.
Somit sind 24 999 750 Liter Wasser erforderlich.
Das ist Wasserverschwendung. Es ist besser, das Abwasser zu neutralisieren. Dazu benötigt man 250 l Natronlauge mit einem pH-Wert von pH = 12 oder 25 l mit pH = 13 oder 2,5 l mit pH = 14.

A145.3

Die Hautoberfläche hat einen pH-Wert von etwa pH = 5,5. Das schwach saure Milieu schützt die Haut vor Keimen. Eine leichte Fettschicht schützt die Haut vor Austrocknung. Kernseife bildet mit Wasser eine alkalische Lösung. Beim Waschen wird der pH-Wert der Haut erhöht, der natürliche Säureschutzmantel wird zerstört.

Hautneutrale und pH-neutrale Reinigungsmittel haben einen pH-Wert von 5,5 – wie die Haut. Sie verändern den pH-Wert der Haut nicht, verhalten sich insofern beim Waschen neutral. Die Bezeichnung *pH-neutral* ist irreführend, sie hat nichts mit dem Neutralpunkt pH = 7 zu tun.

Hautneutrale Reinigungsmittel sind von Vorteil für empfindliche und trockene Haut, vor allem im Winter. Diese Reinigungsmittel enthalten keine Seife, sondern synthetisch hergestellte Verbindungen (sogenannte Tenside oder Detergentien). Gesunde Haut regeneriert sich aber nach dem Waschen mit Kernseife wieder von selbst.

A145.4

a) *Mund:* Der pH des Speichels liegt zwischen 6,5 und 7,2. Er ist somit relativ neutral. Durch einen zu sauren Speichel würden die Zähne geschädigt. Das im Speichel enthaltene Enzym Ptyalin leitet den Verdauungsvorgang ein. Gleichzeitig fördert die Befeuchtung der Mundhöhle die Fähigkeit zu schlucken oder zu sprechen. Weitere im Speichel gelöste Stoffe, oftmals Enzyme, wirken antibakteriell oder wundheilend.

Magen: Im Magen sorgt eine 0,5 %ige Salzsäure für einen pH-Wert von 1,5 – 2,5. Darin werden mit der Nahrung aufgenommene Bakterien abgetötet, so dass das Gegessene nicht faulen kann. Das Verdauungsenzym Pepsin ist am wirksamsten in einer sauren Umgebung. Die Säure denaturiert darüber hinaus Eiweiße. Eine Hydrolyse von Zuckern findet nicht statt, da die Reaktionstemperatur zu gering ausfällt. Die Magenschleimhaut ist säureresistent und schützt den Magen. Ist die Magenschleimhaut verletzt, kann es an dieser Stelle etwa zu Magengeschwüren kommen.

Dünndarm: Im Dünndarm steigt der pH nach und nach auf ca. 8,3 an. So wird die Salzsäure aus dem Magen neutralisiert. Die im Dünndarm arbeitenden Verdauungsenzyme benötigen ein alkalisches Milieu. Ein basischer pH-Wert fördert die Zersetzung von Fetten.

Blut: Blut hat einen leicht basischen pH-Wert zwischen 7,35 und 7,45. Leichte Abweichungen von diesem pH-Wert verursachen bereits krankhafte Symptome, die Alkalose oder Acidose genannt werden. Um den pH-Wert des Blutes konstant zu halten, gibt es ein dreifach wirksames Puffersystem aus gelösten Ampholyten, die überschüssige OH^-- und H_3O^+-Ionen abfangen. Dazu gehören der Carbonat-Puffer H_2CO_3/HCO_3^- (ca. 53 %), der Phosphatpuffer $H_2PO_4^-/HPO_4^{2-}$ (ca. 5 %) und der Puffer, der durch das Hämoglobin (roter Blutfarbstoff) gebildet wird (ca. 35 %). Auch die im Blut enthaltenen Aminosäuren (ca. 7 %) können einem zu hohen oder zu niedrigen pH-Wert entgegenwirken.

A145.5

individuelle Lösung; Lösungsbeispiel:
Aus veränderlichen Volumenanteilen von Thymolblau, Bromthymolblau, Methylrot und Phenolphthalein wird ein Universalindikator gemischt.

A145.6

a), b), c) individuelle Lösung

A145.7

$$pOH = -lg \left(\frac{c(OH)^-(aq)}{mol \cdot l^{-1}} \right)$$

Beispiel: $c(OH^-) = 10^{-13}\ mol \cdot l^{-1}$ ⇔ pOH = 13

A147.1

a) saure Lösung + alkalische Lösung →
$$\qquad\qquad\qquad\qquad\text{Salzlösung + Wasser}$$
$H_3O^+(aq) + OH^-(aq) \rightarrow 2\ H_2O(l)$

b) Die neutrale Lösung leitet den Strom, da bei der Neutralisation eine Salzlösung entsteht, die hydratisierte Ionen enthält.

A147.2

a) *Partner A:*
$H_3O^+(aq) + Cl^-(aq) + K^+(aq) + OH^-(aq) \rightarrow$
$$2\ H_2O + K^+(aq) + Cl^-(aq)$$
$2\ H_3O^+(aq) + SO_4^{2-}(aq) + Ca^{2+}(aq) + 2\ OH^-(aq) \rightarrow$
$$4\ H_2O + Ca^{2+}(aq) + SO_4^{2-}(aq)$$

Partner B:
$H_3O^+(aq) + Cl^-(aq) + Li^+(aq) + OH^-(aq) \rightarrow$
$$2\ H_2O + Li^+(aq) + Cl^-(aq)$$
$3\ H_3O^+(aq) + PO_4^{3-}(aq) + 3\ Na^+(aq) + 3\ OH^-(aq) \rightarrow$
$$6\ H_2O + 3\ Na^+(aq) + PO_4^{3-}(aq)$$

b) Die eigentliche Reaktion läuft zwischen Oxonium- und Hydroxid-Ionen ab. Diese reagieren zu Wasser. Die weiteren Ionen bleiben unverändert.

c) individuelle Lösung

A147.3

a)
KNO_3	Kaliumnitrat
$CaSO_4$	Calciumsulfat
$Ca_3(PO_4)_2$	Calciumphosphat
$NaHSO_4$	Natriumhydrogensulfat

b) Na_2CO_3, $Al_3(SO_4)_2$, $Mg(HSO_4)_2$

A147.4

Da Schwefelsäure zwei Oxonium-Ionen pro Molekül bilden kann, Natronlauge aber nur ein Hydroxid-Ion pro Formeleinheit hat, müssen formal zwei Formeleinheiten Natriumhydroxid mit einer Formeleinheit Schwefelsäure reagieren.

A147.5

Man stellt gleich konzentrierte Lösungen von Kaliumhydroxid und Salpetersäure her. Gleiche Volumina der Lösungen werden in einer Kristallisierschale zusammengegeben. Aus der Lösung lässt man das Wasser verdunsten und reines Kaliumnitrat bleibt übrig.
$K^+(aq) + OH^-(aq) + H_3O^+(aq) + NO_3^-(aq) \rightarrow$
$$2\ H_2O + K^+(aq) + NO_3^-(aq)$$

A147.6

$$2\,Al(s) + 3\,Cl_2(g) \rightarrow 2\,AlCl_3(s)$$

$$2\,Al(s) + 6\,H_3O^+(aq) + 6\,Cl^-(aq) \rightarrow$$
$$2\,Al^{3+}(aq) + 6\,Cl^-(aq) + 3\,H_2(g) + 6\,H_2O(l)$$

$$Al^{3+}(aq) + 3\,Cl^-(aq) \xrightarrow{\text{Eindampfen}} AlCl_3(s)$$

$$Al(OH)_3(s) + 3\,H_3O^+(aq) + 3\,Cl^-(aq) \rightarrow$$
$$Al^{3+}(aq) + 3\,Cl^-(aq) + 6\,H_2O(l)$$

$$Al^{3+}(aq) + 3\,Cl^-(aq) \xrightarrow{\text{Eindampfen}} AlCl_3(s)$$

A147.7

Die Neutralisation ist eine stark exotherme Reaktion. Gibt man konzentrierte Schwefelsäure mit konzentrierter Natronlauge zusammen, entsteht schlagartig sehr viel Wärme, die nicht so schnell an die Umgebung abgegeben werden kann. Wasser siedet schlagartig und reißt Säure und/oder Lauge mit. Verspritzende Säure und Lauge stellen eine große Verätzungsgefahr dar.

A147.8

Sodbrennen: Beim Sodbrennen gelangt reizende Magensäure in die Speiseröhre. Ursächlich können dafür etwa die Refluxkrankheit, fettiges und zu stark gewürztes Essen oder eine Schwangerschaft sein. Beim Sodbrennen verspürt man ein brennendes Gefühl im Oberbauch oder Brustraum. Werden die Symptome behandelt, klingen die Beschwerden schnell wieder ab. Eine ständige Reizung der Speiseröhre über längere Zeit kann jedoch ernsthafte Folgen haben, bis hin zum Speiseröhrenkrebs.

Antazida: Antazida neutralisieren die überschüssige Magensäure, die die Speiseröhre reizt. Es werden oft Hydroxide (Aluminiumhydroxid, Magnesiumhydroxid), Metalloxide (Magnesiumoxid), Carbonate oder Hydrogencarbonate eingesetzt.
Beispiel: $3\,H_3O^+(aq) + 3\,Cl^-(aq) + Al^{3+}(aq) + 3\,OH^-(aq) \rightarrow$
$$6\,H_2O(l) + 3\,Cl^-(aq) + Al^{3+}(aq)$$

Wasser statt Antazida: Das Trinken von Wasser macht nur bedingt Sinn: Sind die Symptome wenig ausgeprägt, kann die Verdünnung schon zum Erfolg führen. Bei stärkeren Beschwerden sollte man die Neutralisation durch Antazida vorziehen. Durch die Neutralisation werden überschüssige Oxonium-Ionen entfernt, dies senkt die Konzentration deutlich. Während man sehr viel Wasser trinken müsste, um einen ähnlichen Effekt auf die Konzentration durch Verdünnen zu erreichen.

A147.9

Bei der Behandlung gelingt keine exakte Neutralisation auf der Haut, es besteht die Gefahr, dass die schon geschädigte Haut zusätzlich durch Lauge verätzt wird.
Die Wärme, die durch die Neutralisationsreaktion frei gesetzt wird, könnte Verbrennungen auf der Haut hervorrufen.

V148.1

a) Nach dem Eindampfen liegt ein weißer Feststoff vor.

b) $2\,Na^+(aq) + 2\,OH^-(aq) + 2\,H_3O^+(aq) + SO_4^{2-}(aq) \rightarrow$
$$2\,Na^+(aq) + SO_4^{2-}(aq) + 4\,H_2O(l)$$
$$2\,Na^+(aq) + SO_4^{2-}(aq) \xrightarrow{\text{Eindampfen}} Na_2SO_4(s)$$

$$Ca^{2+}(aq) + 2\,OH^-(aq) + 2\,H_3O^+(aq) + 2\,Cl^-(aq) \rightarrow$$
$$Ca^{2+}(aq) + 2\,Cl^-(aq) + 4\,H_2O(l)$$
$$Ca^{2+}(aq) + 2\,Cl^-(aq) \xrightarrow{\text{Eindampfen}} CaCl_2(s)$$

c) individuelle Lösung

V148.2

a), b)

Neutralisation 50 ml Salzsäure ($1\frac{mol}{l}$) mit 50 ml Natronlauge ($1\frac{mol}{l}$)		Zugabe Natronlauge					
Zeit (in s)	0	15	30	60	90	120	150	180
Temperatur (in °C)	19,8	19,8	26,3	26,2	25,9	25,6	25,4	25,3

Die Temperaturerhöhung beträgt 6,5 K.
$\varrho \approx 1\,\frac{g}{cm^3}$
$m = 100\,g$
Die Neutralisationswärme Q beträgt:

$$Q = 4,18\,\frac{J}{g \cdot K} \cdot 100\,g \cdot 6,5\,K = 2717\,J$$

50 ml Salzsäure ($c = 1\,\frac{mol}{l}$) enthalten 0,05 mol $H^+(aq)$-Ionen. Bei der Neutralisation von 1 mol $H^+(aq)$-Ionen beträgt die Neutralisationswärme $Q = 54\,340\,J \approx 54\,kJ$.
Literaturwert: $56\,kJ \cdot mol^{-1}$

Neutralisation 50 ml Schwefelsäure $(0,1\frac{mol}{l})$ mit 10 ml Natronlauge $(1\frac{mol}{l})$	Zugabe Natronlauge							
Zeit (in s)	0	15	30	60	90	120	150	180
Temperatur (in °C)	19,8	19,8	22,0	22,0	21,8	21,6	21,4	21,3

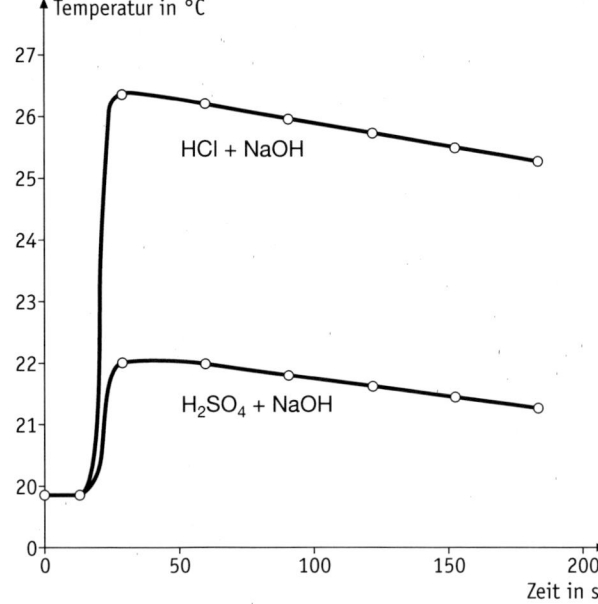

Die Temperaturerhöhung beträgt 2,2 K.

$\varrho \approx 1\,\frac{g}{cm^3}$

$m = 60$ g

Die Neutralisationswärme Q beträgt:

$$Q = 4{,}18\,\frac{J}{g \cdot K} \cdot 60\,g \cdot 2{,}2\,K = 551{,}8\,J$$

50 ml Schwefelsäure $(c = 0{,}1\,\frac{mol}{l})$ enthalten 0,01 mol $H^+(aq)$-Ionen.
Bei der Neutralisation von 1 mol $H^+(aq)$-Ionen beträgt die Neutralisationswärme 55 180 J $\approx$ 55 kJ.

Ergänzung: Der Temperaturverlauf während des Versuchs ließe sich besser mit einem Computer aufzeichnen. Die Temperaturerhöhung kann dann durch Extrapolation an der Messkurve ermittelt werden.

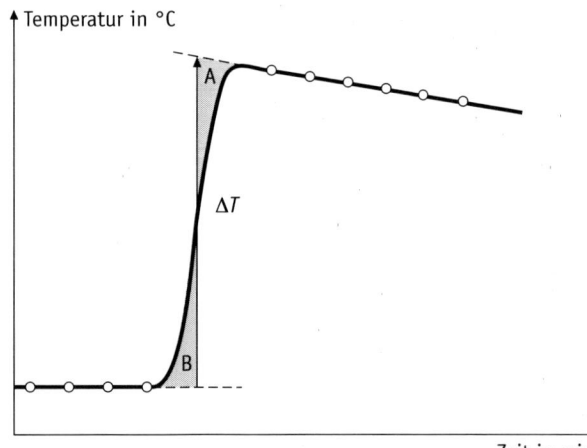

V148.3

Mögliche Vorgehensweisen:
Natronlauge wird in kleinen Portionen zur sauren Lösung gegeben.
Nach jedem Schritt wird das Magnesiumband in die Lösung getaucht. Eine Wasserstoffentwicklung zeigt an, dass die Lösung noch sauer ist. Wenn sich kein Wasserstoff mehr entwickelt, ist die Lösung neutralisiert.

$Mg(s) + 2\,H_3O^+(aq) \rightarrow Mg^{2+}(aq) + H_2(g) + 2\,H_2O(l)$

Nach jedem Schritt wird ein Marmorstückchen in die Lösung gegeben. Eine Entwicklung von Kohlenstoffdioxid zeigt an, dass die Lösung noch sauer ist. Wenn sich kein Kohlenstoffdioxid mehr entwickelt, ist die Lösung neutralisiert.

$CaCO_3(s) + 2\,H_3O^+(aq) \rightarrow Ca^{2+}(aq) + 3\,H_2O(l) + CO_2(g)$

V149.4

a) (1) Calcium + Iod
(2) Calciumhydroxid-Lösung + Salzsäure
(3) Calciumoxid + Salzsäure
(4) Calcium + Salzsäure

b) Am besten funktioniert dies nasschemisch, durch Zusammengabe der Lösungen bzw. der Feststoffe in die Lösungen. Wichtig dabei ist, auf kleine Mengen zu achten. Die Lösungen müssen nach Abklingen der Reaktion eingedampft werden.

c), d), e) individuelle Lösung

V149.5

a) Die Temperatur erhöht sich während der Reaktion. Nach dem Abdampfen entsteht ein weißer Feststoff.

Mögliche Versuche:
1. Reaktion von Calcium mit verdünnter Schwefelsäure. Calcium löst sich unter Entwicklung von Wasserstoff auf. Beim Eindampfen der Lösung kristallisiert Calciumsulfat aus.

$Ca(s) + 2\,H_3O^+(aq) + SO_4^{2-}(aq) \rightarrow$
$\qquad Ca^{2+}(aq) + SO_4^{2-}(aq) + H_2(g) + 2\,H_2O(l)$
$Ca^{2+}(aq) + SO_4^{2-}(aq) \xrightarrow{\text{Eindampfen}} CaSO_4(s)$

2. Reaktion von Calciumhydroxid mit verdünnter Schwefelsäure. Es entsteht eine Calciumsulfatlösung. Beim Eindampfen der Lösung kristallisiert Calciumsulfat aus.

$Ca(OH)_2(s) + 2\,H_3O^+(aq) + SO_4^{2-}(aq) \rightarrow$
$\qquad Ca^{2+}(aq) + SO_4^{2-}(aq) + 4\,H_2O(l)$

3. Reaktion von Calciumoxid mit verdünnter Schwefelsäure. Es entsteht eine Calciumsulfatlösung. Beim Eindampfen der Lösung kristallisiert Calciumsulfat aus.

$CaO(s) + 2\,H_3O^+(aq) + SO_4^{2-}(aq) \rightarrow$
$\qquad Ca^{2+}(aq) + SO_4^{2-}(aq) + 3\,H_2O(l)$

4. Reaktion von Calciumcarbonat mit verdünnter Schwefelsäure. Es entsteht eine Calciumsulfatlösung und Kohlenstoffdioxid. Beim Eindampfen der Lösung kristallisiert Calciumsulfat aus.

$$CaCO_3(s) + 2\,H_3O^+(aq) + SO_4^{2-}(aq) \rightarrow$$
$$Ca^{2+}(aq) + SO_4^{2-}(aq) + CO_2(g) + 3\,H_2O(l)$$

b) individuelle Lösung

V149.6

a) Mögliches Vorgehen für folgende Flaschenkombination:
A: Säure
B: Phenolphthalein
C: niedriger konzentrierte Natronlauge
D: höher konzentrierte Natronlauge

Schritt1: A + B/C/D → keine Reaktion, A muss also die Säure sein

Schritt 2: B + C/D → C und D verfärben sich, B muss also Phenolphthalein sein

Schritt 3: Gleiche Volumina von C und D werden mit etwas B versetzt und mit A titriert. Je nach Konzentration wird mehr Salzsäure benötigt.

Das sind insgesamt 7 Experimente. Für andere Flaschenkennzeichnungen sind analoge Lösungswege möglich.

b), c) individuelle Lösung

A151.1

Schritt 1: $S(s) + O_2(g) \rightarrow SO_2(g)$
Schritt 2: $2\,SO_2(g) + O_2(g) \rightarrow 2\,SO_3(g)$
Schritt 3: $SO_3(g) + H_2O(l) \rightarrow H_2SO_4(aq)$

A151.2

Die Jahresproduktion an Schwefelsäure verläuft analog zur Wirtschaftsentwicklung in den vergangenen Jahren. Eine gute Quelle für entsprechende Zahlen ist das statistische Bundesamt (www.destatis.de).

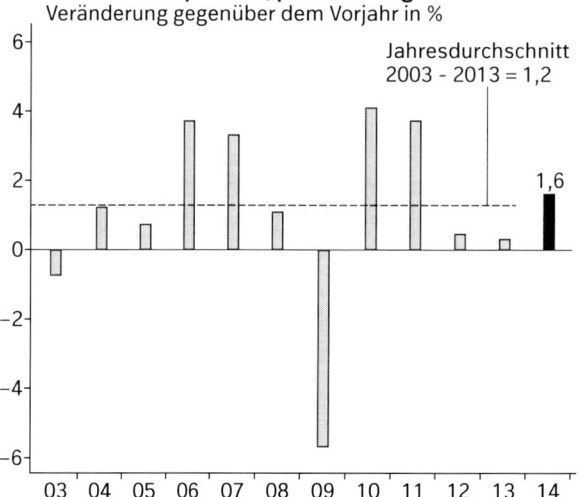

Bruttoinlandsprodukt, preisbereinigt
Veränderung gegenüber dem Vorjahr in %

Jahresdurchschnitt
2003 - 2013 = 1,2

A151.3

a) Kurzerklärungen zu den Verfahren:
Gruppe A: Durch das Ostwaldverfahren wird Salpetersäure mittels Oxidation von Ammoniak hergestellt.

Schritt 1:
Ammoniak + Sauerstoff → Stickstoffmonooxid + Wasser
$4\,NH_3(g) + 5\,O_2(g) \rightarrow 4\,NO(g) + 6\,H_2O(l)$

Schritt 2:
Stickstoffmonooxid + Sauerstoff → Stickstoffdioxid
$2\,NO(g) + O_2(g) \rightarrow 2\,NO_2(g)$

Schritt 3:
Stickstoffdioxid + Wasser →
$\qquad$ Salpetersäure + Stickstoffmonooxid
$3\,NO_2(g) + H_2O(l) \rightarrow 2\,HNO_3(aq) + NO(g)$

Gruppe B: Rundpump-Verfahren: Alkoholische Maische rieselt in einem Bottich immer wieder über Buchenspäne, auf denen Essigbakterien angesiedelt sind. Von unten wird Luft im Gegenstrom eingeblasen. So wird der Alkohol langsam an einer großen Oberfläche oxidiert.

Submers-Verfahren: Das Trägermaterial für die Bakterien entfällt, diese werden der Maische direkt zugesetzt. Eine Belüftungsanlage lässt ständig feine Luftblasen durch die Flüssigkeit perlen.

Gruppe C: Kontaktverfahren: s. Chemie heute Teilband 2, S.150

b) individuelle Lösung

A151.4

a) *Vorteile:* Keine Zerstörung und Renaturierung von Landschaften beim Abbau von Gips. REA-Gips fällt sowieso an und ist günstig. REA-Gips hat die gleiche Qualität wie das Naturprodukt und ist oftmals sogar reiner. REA-Gips ist in der Struktur gleichmäßiger und somit besser zu verarbeiten.

Nachteile: REA-Gips fällt vor Allem bei der Rauchgasentschwefelung in Kohlekraftwerken an und ist so nur bedingt umweltfreundlich und nicht unbedingt ein Zukunftsmodell. Es gibt nicht genug REA-Gips für den Markt. Umstellung der Produktionsverfahren ist teuer, erhöhter Transportaufwand.

b), c) individuelle Lösung

A151.5

Unter *Oleum* versteht man in Schwefelsäure gelöstes SO_3. Da das SO_3 leicht aus der Lösung entweicht, spricht man auch von rauchender Schwefelsäure.

A151.6

Für den sauren Regen waren in den 1980er Jahren vor allem Schwefeloxide verantwortlich, die mit dem Wasser in der Luft schweflige Säure bildeten und mit dem Regen zusammen wieder auf die Erde gelangten. Hier übersäuerten die Böden, was zu einem großen Waldsterben führte. Durch den Einbau von Filteranlagen in Kohlekraftwerken ist dieses Problem in Deutschland mittlerweile weitgehend gelöst. In einigen Schwellenländern ist es aber immer noch akut. Heutzutage ist eher das Kohlenstoffdioxid, welches in Wasser gelöst zu Kohlensäure reagiert, ein Problem im Hinblick auf die Übersäuerung von vor allem stehenden Gewässern.

A151.7

Bei einem Schiffsunfall würde die Schwefelsäure direkt mit dem Flusswasser verdünnt. Bei einem Unfall auf der Straße gäbe es große Schäden aufgrund der stark ätzenden Wirkung der Schwefelsäure, und das Neutralisieren bzw. Verdünnen wäre, auch aufgrund der exothermen Reaktion, deutlich schwieriger.

A153.1

Messkolben zum Ansetzen der Maßlösung,
Vollpipette und Peleusball zum Abmessen der Probe,
Bürette zum Zutropfen der Maßlösung,
Erlenmeyerkolben als Reaktionsgefäß.
Eventuell: Magnetrührer mit Rührfisch.

A153.2

a) $c(\text{Salzsäure}) = 0,1\ \text{mol} \cdot \text{l}^{-1}$
$V(\text{Salzsäure}) = 25\ \text{ml}$

$c = \dfrac{n}{V} \Leftrightarrow$

$n(\text{Salzsäure}) = c \cdot V = 0,1\ \dfrac{\text{mol}}{\text{l}} \cdot 0,025\ \text{l} = 0,0025\ \text{mol}$

b) $c(\text{Natronlauge}) = 0,125\ \text{mol} \cdot \text{l}^{-1}$

$n(\text{Natronlauge}) = n(\text{Salzsäure}) = 0,0025\ \text{mol} \cdot \text{l}^{-1}$

$c = \dfrac{n}{V} \Leftrightarrow$

$V(\text{Natronlauge}) = \dfrac{n}{c} = \dfrac{0,0025\ \text{mol}}{0,125\ \text{mol} \cdot \text{l}^{-1}} = 0,020\ \text{l} = 20\ \text{ml}$

A153.3

a), b)
Hinweis: Essigsäure ist eine einprotonige Säure mit der Molekülformel CH_3COOH. Diese Formel wird häufig mit HAc abgekürzt, dabei steht Ac für das Acetat-Ion, die zu Essigsäure zugehörige Base: CH_3COO^-. Essigsäure reagiert gegenüber Wasser als schwache Säure:
$CH_3COOH(aq) + H_2O(l) \rightarrow H_3O^+(aq) + CH_3COO^-(aq)$

$V(\text{Essig}) = 25\ \text{ml}$
$V(\text{Natronlauge}) = 20,7\ \text{ml}$
$c(\text{Natronlauge}) = 1\ \text{mol} \cdot \text{l}^{-1}$

Am Umschlagspunkt des Indikators gilt:
$n(H_3O^+(aq)) = n(OH^-)$
$c(H_3O^+(aq)) \cdot V(\text{Essig}) = c(OH^-) \cdot V(\text{Natronlauge})$

$c(H_3O^+(aq)) = \dfrac{c(OH^-) \cdot V(\text{Natronlauge})}{V(\text{Essig})}$

$= \dfrac{1\ \text{mol} \cdot \text{l}^{-1} \cdot 20,7\ \text{ml}}{25\ \text{ml}}$

$= 0,828\ \text{mol} \cdot \text{l}^{-1}$

Die Konzentration der Essigsäure im Essig beträgt
$c(\text{Essigsäure}) = 0,828\ \text{mol} \cdot \text{l}^{-1}$.
$M(\text{Essigsäure}) = 60\ \text{g} \cdot \text{mol}^{-1}$
$\varrho(\text{Essig}) \approx 1\ \text{g} \cdot \text{ml}^{-1}$
1000 ml Essig haben ungefähr die Masse 1000 g. Hierin sind $n = 0,828$ mol Essigsäure enthalten.

$n = \dfrac{m}{M} \Leftrightarrow m(\text{Essigsäure}) = n \cdot M = 0,828\ \text{mol} \cdot 60\ \text{g} \cdot \text{mol}^{-1}$
$= 49,68\ \text{g} \approx 50\ \text{g}$

Der Massenanteil der Essigsäure im Essig beträgt:

$\dfrac{50\ \text{g}}{1000\ \text{g}} = 0,05 \triangleq 5\,\%$

Auf Essigflaschen wird in der Regel ebenfalls ein Gehalt von 5 % angegeben.

c) Am Umschlagspunkt des Indikators gilt:
$n(H_3O^+(aq)) = n(OH^-(aq))$
$c(H_3O^+(aq)) \cdot V(\text{Salzsäure}) = c(OH^-(aq)) \cdot V(\text{Natronlauge})$

$c(\text{NaOH}) = \dfrac{c(\text{HCl}) \cdot V(\text{Salzsäure})}{V(\text{Natronlauge})} = \dfrac{1\ \text{mol} \cdot \text{l}^{-1}\ 42,2\ \text{ml}}{5\ \text{ml}}$
$= 8,44\ \text{mol}$

d) Für die Neutralisation mit Schwefelsäure benötigt man lediglich die Hälfte an Volumen einer gleichkonzentrierten Salzsäure, da ein Schwefelsäure-Molekül zwei Protonen für die Neutralisation zur Verfügung stellen kann.

$V(\text{Schwefelsäure}) = \dfrac{c(\text{NaOH}) \cdot V(\text{Natronlauge})}{c(H_2SO_4) \cdot 2}$

$= \dfrac{8,44\ \text{mol} \cdot \text{l}^{-1}\ 0,005\ \text{l}}{0,1\ \text{mol} \cdot \text{l}^{-1} \cdot 2} = 0,211\ \text{l}$

e) Für eine Neutralisation der Säure H_xA mit $B(OH)_y$ gilt allgemein:

$\dfrac{c(H_xA) \cdot V(H_xA)}{y} = \dfrac{c(B(OH)_y) \cdot V(B(OH)_y)}{x}$

f) In die Felder der Spalte B werden die Werte eingegeben. Mithilfe der Formel aus F3 wird das Ergebnis berechnet.

F3	▾ (●	fx	=(B6*B7*B8)/(B4*B3)			
	A	B	C	D	E	F	G
1	Gegebene Größen				Gesuchte Größe		
2							
3	V (Vorlage)=	10	ml		c (Vorlage)=	2	mol/l
4	Anzahl Protonen oder Hydroxid-Ionen	1					
5							
6	c (Maßlösung)=	2	mol/l				
7	V (Maßlösung)=	10	ml				
8	Anzahl Protonen oder Hydroxid-Ionen in der Maßlösung	1					
9							

A153.4

a) $\frac{1}{2} \cdot c(\text{Lauge}) \cdot V(\text{Lauge}) = c(\text{Säure}) \cdot V(\text{Säure})$

$c(\text{Säure}) = \dfrac{\frac{1}{2} \cdot c(\text{Lauge}) \cdot V(\text{Lauge})}{V(\text{Säure})}$

$c(\text{Säure}) = \dfrac{\frac{1}{2} \cdot 0,33\ \text{mol} \cdot \text{l}^{-1} \cdot 0,0063\ \text{l}}{0,025\ \text{l}}$

$c(\text{Säure}) = 0,042\ \text{mol} \cdot \text{l}^{-1}$

b) In einem Liter sind 0,0042 mol Weinsäure enthalten. Es gilt:
$m = M \cdot n = 150\ \text{g} \cdot \text{mol}^{-1} \cdot 0,0042\ \text{mol} = 0,63\ \text{g}$
0,63 g Weinsäure sind in 25 ml enthalten, dementsprechend sind in einem Liter 25,2 g enthalten. Die Gesamtsäure beträgt damit $25,2\ \frac{\text{g}}{\text{l}}$.

c) Rotwein kann nicht mithilfe eines Indikators titriert werden, da in der dunklen Lösung eine Farbveränderung nicht sichtbar ist.

A153.5

Kurzfassung des Verfahrens: Bei der Leitfähigkeitstitration wird die Leitfähigkeit der Lösung gemessen. Diese nimmt bei der Titration einer Säure oder Lauge ab, da gut leitende Oxonium- oder Hydroxid-Ionen durch weniger gut leitende Ionen ersetzt werden. Am Äquivalenzpunkt ist die geringste Leitfähigkeit erreicht. Von hier an steigt sie wieder stark an, da neue OH^-- bzw. H_3O^+-Ionen hinzugefügt werden, die nicht weiter reagieren können.

Dieses Verfahren funktioniert aber nur bei starken Säuren und Basen, die vollständig protolysiert vorliegen. Bei schwachen Säuren und Basen kann man die Leitfähigkeit der Säurerest-Ionen und der Basenrest-Ionen nicht mehr vernachlässigen. Weiterhin liefert die nicht vollständig protolysierte Säure weitere Oxonium-Ionen nach. Der Äquivalenzpunkt ist dennoch gut zu erkennen, da ab dort die Leitfähigkeit stärker ansteigt.

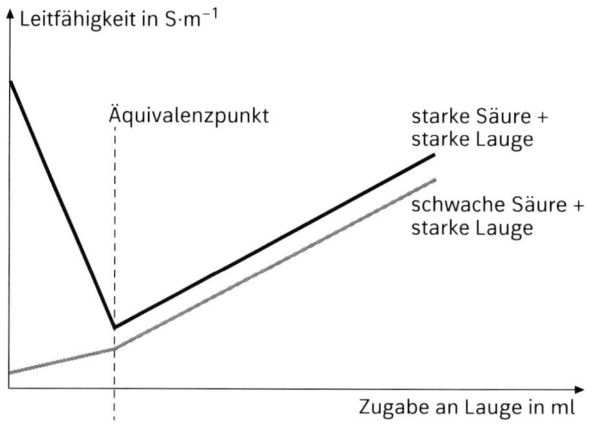

V154.1

a) Bei der Vortitration wird durch schnelles Hinzufügen der Maßlösung in etwa ermittelt, bei welchem zugegebenen Volumen der Umschlagspunkt des Indikators liegt. So kann man im zweiten Versuch die Maßlösung bis zum ungefähren Äquivalenzpunkt zügig zugeben und dann langsam weiter Maßlösung bis zum Umschlag der Indikatorfarbe hinzutropfen. So wird der Äquivalenzpunkt exakt ermittelt.

b)
Beispielrechnung:
V(Natronlauge) = 20 ml
V(Salzsäure) = 22,3 ml
c(Salzsäure) = 0,1 mol $\cdot$ l^{-1}

Am Umschlagspunkt des Indikators gilt:
$n(OH^-) = n(H^+(aq))$
$c(OH^-) \cdot V$(Natronlauge) $= c(H^+(aq)) \cdot V$(Salzsäure)

$$c(OH^-) = \frac{c(H^+(aq)) \cdot V(\text{Salzsäure})}{V(\text{Natronlauge})} = \frac{0,1 \text{ mol} \cdot \text{l}^{-1} \cdot 22,3 \text{ ml}}{20 \text{ ml}}$$
$$= 0,1115 \text{ mol} \cdot \text{l}^{-1}$$
c(Natronlauge) $= 0,112$ mol $\cdot$ l^{-1}

c) Durch die Zugabe von Wasser wird die Anzahl der OH^--Ionen in der Natronlauge lediglich auf ein größeres Volumen verteilt. Die Anzahl der Ionen bleibt aber gleich, so dass die Anzahl an benötigten H_3O^+-Ionen gleich bleibt und somit auch das Volumen an Maßlösung.

V154.2

a) Die mit Natronlauge neutralisierte Essigsäure ist eine Natriumacetatlösung. Ihr pH-Wert ist leicht basisch. Da Phenolphthalein bei einem pH-Wert von 8 seinen Umschlagspunkt hat, sollte er als Indikator verwendet werden. Thymolphthalein mit einem Umschlagspunkt bei pH 9 kann ebenfalls verwendet werden.

Anschließend wird die Titration analog zu Versuch 1 von S. 154 im Chemiebuch durchgeführt. Die Essigsäure wird mit Natronlauge als Maßlösung titriert.

b), c), d) individuelle Lösung

A156.B1

a), b) individuelle Lösung

A156.B2

a) V(Salzsäure) = 20 ml
V(Natronlauge) = 27,2 ml
c(Natronlauge) = 0,1 mol $\cdot$ l^{-1}

$H_3O^+(aq) + Cl^-(aq) + Na^+(aq) + OH^-(aq) \rightarrow$
$$Na^+(aq) + Cl^-(aq) + 2\,H_2O(l)$$

Am Umschlagspunkt des Indikators gilt:
$n(H_3O^+(aq)) = n(OH^-)$
$c(H_3O^+(aq)) \cdot V$(Salzsäure) $= c(OH^-) \cdot V$(Natronlauge)

$$c(H_3O^+(aq)) = \frac{c(OH^-) \cdot V(\text{Natronlauge})}{V(\text{Salzsäure})}$$

$$= \frac{0,1 \text{ mol} \cdot \text{l}^{-1} \cdot 27,2 \text{ ml}}{20 \text{ ml}} = 0,136 \text{ mol} \cdot \text{l}^{-1}$$
Die Konzentration der Salzsäure beträgt
$c(HCl) = 0,136$ mol $\cdot$ l$^{-1} \approx 0,14$ mol $\cdot$ l^{-1}.

b) V(Natronlauge) = 25 ml
V(Schwefelsäure) = 20 ml
c(Schwefelsäure) = 0,1 mol $\cdot$ l$^{-1} \Rightarrow c(H_3O^+(aq)) = 0,2$ mol $\cdot$ l^{-1}

$2\,H_3O^+(aq) + SO_4^{2-}(aq) + 2\,Na^+(aq) + 2\,OH^-(aq) \rightarrow$
$$2\,Na^+(aq) + SO_4^{2-}(aq) + 4\,H_2O(l)$$

Am Umschlagspunkt des Indikators gilt:
$n(OH^-(aq)) = n(H_3O^+(aq))$
$c(OH^-(aq)) \cdot V$(Natronlauge) $= c(H_3O^+(aq)) \cdot V$(Schwefelsäure)

$$c(OH^-(aq)) = \frac{c(H_3O^+(aq)) \cdot V(\text{Schwefelsäure})}{V(\text{Natronlauge})}$$

$$= \frac{0,2 \text{ mol} \cdot \text{l}^{-1} \cdot 20 \text{ ml}}{25 \text{ ml}} = 0,16 \text{ mol} \cdot \text{l}^{-1}$$
Die Konzentration der Natronlauge beträgt
$c(NaOH) = 0,16$ mol $\cdot$ l^{-1}.

c) V(Calciumhydroxidlösung) = 20 ml
V(Salzsäure) = 3,5 ml
c(Salzsäure) = 0,1 mol $\cdot$ l^{-1}

$2\,H_3O^+(aq) + 2\,Cl^-(aq) + Ca^{2+}(aq) + 2\,OH^-(aq) \rightarrow$
$$Ca^{2+}(aq) + 2\,Cl^-(aq) + 4\,H_2O(l)$$

Am Umschlagspunkt des Indikators gilt:
$n(OH^-(aq)) = n(H_3O^+(aq))$
$c(OH^-(aq)) \cdot V(\text{Calciumhydroxidlösung})$
$= c(H_3O^+(aq)) \cdot V(\text{Salzsäure})$

$$c(OH^-(aq)) = \frac{c(H_3O^+(aq)) \cdot V(\text{Salzsäure})}{V(\text{Calciumhydroxidlösung})}$$

$$= \frac{0,1 \text{ mol} \cdot l^{-1} \cdot 3,5 \text{ ml}}{20 \text{ ml}} = 0,0175 \text{ mol} \cdot l^{-1}$$

Die Konzentration der Calciumhydroxidlösung beträgt
$c(Ca(OH)_2) = 0,0175 \text{ mol} \cdot l^{-1} : 2 = 0,00875 \text{ mol} \cdot l^{-1}$.

A156.B3

a) Bei der Reaktion von Kalk mit Salzsäure entsteht gasförmiges Kohlenstoffdioxid, das führt zum Aufschäumen.
$CaCO_3(s) + 2\,H_3O^+(aq) + 2\,Cl^-(aq) \rightarrow$
$\qquad Ca^{2+}(aq) + 2\,Cl^-(aq) + 3\,H_2O(l) + CO_2(g)$

b) $\{Ca^{2+}\,CO_3^{2-}\}(s) + 2\,H_3O^+(aq) + 2\,Cl^-(aq) \rightarrow$
$\qquad Ca^{2+}(aq) + 2\,Cl^-(aq) + 3\,H_2O(l) + CO_2(g)$

Die eigentliche Reaktion findet zwischen den Carbonat-Ionen und den Hydronium-Ionen statt:
$CO_3^{2-}(aq) + 2\,H_3O^+(aq) \rightarrow H_2CO_3(aq) + 2\,H_2O(l)$
Base $\qquad\qquad$ Säure

Dies ist eine Säure-Base-Reaktion. Das Hydronium-Ion ist die Brönsted-Säure, das Carbonat-Ion die Brönsted-Base. Die Kohlensäure zerfällt in Kohlenstoffdioxid und Wasser.
$H_2CO_3(aq) \rightarrow H_2O(l) + CO_2(g)$

A156.B4

Das Hydrogensulfat-Ion ist ein Säurerest-Ion der zweiprotonigen Schwefelsäure. Gegenüber Wasser reagiert es als mäßig starke Säure unter Abgabe eines Protons zu einer sauren Lösung:
$HSO_4^-(aq) + H_2O(l) \rightarrow SO_4^{2-}(aq) + H_3O^+(aq)$
Säure $\qquad$ Base

A156.B5

Chlorwasserstoff reagiert gegenüber Wasser als sehr starke Säure. Alle Chlorwasserstoff-Moleküle geben bei der Reaktion ihr Proton ab.
$HCl(g) + H_2O(l) \rightarrow H_3O^+(aq) + Cl^-(aq)$

Essigsäure (CH_3COOH) reagiert gegenüber Wasser als schwache Säure. Nur ein geringer Anteil der Essigsäure-Moleküle gibt bei der Reaktion ihr Proton ab.
$CH_3COOH(aq) + H_2O(l) \rightarrow H_3O^+(aq) + CH_3COO^-(aq)$

Bei gleicher Konzentration der Säuren ist die Konzentration der Hydronium-Ionen in der Essigsäure daher viel geringer als in der Salzsäure.

A157.C1

a) Durch Trinken von Wasser wird die Magensäure verdünnt, die Konzentration der $H_3O^+(aq)$-Ionen nimmt ab und der pH-Wert steigt.
Die Antacida reagieren mit den $H_3O^+(aq)$-Ionen der Magensäure und senken so ihre Konzentration im Magensaft. Die Einnahme von Natriumhydrogencarbonat führt zu unerwünschten Nebenwirkungen.

$CaCO_3(s) + 2\,H_3O^+(aq) + 2\,Cl^-(aq) \rightarrow$
$\qquad Ca^{2+}(aq) + 2\,Cl^-(aq) + 3\,H_2O(l) + CO_2(g)$

$Al(OH)_3(s) + 3\,H_3O^+(aq) + 3\,Cl^-(aq) \rightarrow$
$\qquad Al^{3+}(aq) + 3\,Cl^-(aq) + 6\,H_2O(l)$

$NaHCO_3(s) + H_3O^+(aq) + Cl^-(aq) \rightarrow$
$\qquad Na^+(aq) + Cl^-(aq) + 2\,H_2O(l) + CO_2(g)$

b) Die hydratisierten Oxonium-Ionen der sauren Lösungen reagieren mit den Hydroxid-Ionen des Apatits. Die Hydroxid-Ionen werden aus dem festen Kristallgitter herausgelöst, die Kristallstruktur verliert ihre Festigkeit und somit wird der Zahn angegriffen.

c) Die Seifenlösung aus Kernseife mit pH = 9 ist alkalisch. Die Hydroxid-Ionen reagieren mit den $H_3O^+(aq)$-Ionen des Säureschutzmantels der Haut. Auf der Haut steigt der pH-Wert und die Schutzwirkung lässt nach. Das ist problematisch vor allem bei sehr trockener und rissiger Haut. Bei gesunder Haut regeneriert sich der Schutzmantel nach einiger Zeit wieder.
Eine Neutralseife mit pH = 5,6 besitzt den gleichen pH-Wert wie die Hautoberfläche, sie verhält sich gegenüber der Haut „neutral". Dadurch verändert sich der pH-Wert beim Waschen nicht. Die Schutzwirkung bleibt erhalten.

A157.C2

a) Der Rohrreiniger enthält Natriumhydroxid.

b) Im U-förmigen Teil des verstopften Abflussrohres steht Wasser, in dem sich das Natriumhydroxid löst. Es entsteht eine konzentrierte, heiße Natronlauge, die Fett und Eiweiß (Haare) zersetzt und so die Verstopfung beseitigt.

c) Natriumhydroxid ist hygroskopisch, die Körnchen werden glitschig und kleben auf dem feuchten Fußboden. Je nach Beschaffenheit des Bodens kann dieser angegriffen werden. Natriumhydroxid löst sich in der Feuchtigkeit, es entsteht an den Körnchen und auf dem Fußboden konzentrierte Natronlauge.

$NaOH(s) \xrightarrow{\text{Wasser}} Na^+(aq) + OH^-(aq)$

d) Durch das Wasser im feuchten Lappen entsteht auch dort Natronlauge. Natronlauge zersetzt Eiweiß und greift daher auch unsere Haut an. Daher sollte man Schutzhandschuhe tragen. Auch die Augen sind gefährdet und sollten durch eine Schutzbrille geschützt werden.

e) *Hinweis:* Essigsäure ist eine einprotonige Säure mit der Molekülformel CH_3COOH. Diese Formel wird häufig mit HAc abgekürzt, dabei steht Ac für das Acetat-Ion, die zu Essigsäure zugehörige Base: CH_3COO^-. Essigsäure reagiert gegenüber Wasser als schwache Säure:
$CH_3COOH(aq) + H_2O(l) \rightarrow H_3O^+(aq) + CH_3COO^-(aq)$

Essigessenz ist eine saure Lösung mit 25 % Essigsäure, mit der man die Natronlauge neutralisieren könnte:
$CH_3COOH(aq) + Na^+(aq) + OH^-(aq) \rightarrow$
$\qquad Na^+(aq) + CH_3COO^-(aq) + H_2O(l)$

Durch Übergießen des Pulvers ist es kaum möglich den Neutralpunkt zu erreichen. Man hätte dann eine saure Lösung, die den Boden angreifen könnte.

f) $2 \, Al(s) + 6 \, H_2O(l) + 2 \, Na^+(aq) + 2 \, OH^-(aq) \rightarrow$
$$2 \, Na^+(aq) + 2 \, [Al(OH)_4]^-(aq) + 3 \, H_2(g)$$

Durch das entstehende Gas werden die Verunreinigungen in dem verstopften Rohr gelockert und vermischen sich besser mit der Natronlauge. Die Verstopfung wird schneller beseitigt.

Hinweis: Aluminiumhydroxid $(Al(OH)_3)$ ist schwer löslich. Durch Anlagerung eines Hydroxid-Ions entsteht das negativ geladene, wasserlösliche Aluminat-Ion $[Al(OH)_4]^-(aq)$.

TIPP-Karte

Kläre die Bedeutung der unbekannten Begriffe mithilfe von S. 10 und 11 im Chemiebuch.

CHECK-Karte

a) $n(\text{S}) = \dfrac{m(\text{S})}{M(\text{S})} = \dfrac{8\,\text{g}}{32\,\frac{\text{g}}{\text{mol}}} = 0{,}25\ \text{mol}$

$N(\text{S}) = n(\text{S}) \cdot 6{,}022 \cdot 10^{23}\ \dfrac{1}{\text{mol}}$

$= 0{,}25\ \text{mol} \cdot 6{,}022 \cdot 10^{23}\ \dfrac{1}{\text{mol}} = 1{,}5 \cdot 10^{23}$

b) $m(\text{Zn}) = n(\text{Zn}) \cdot M(\text{Zn}) = 2\ \text{mol} \cdot 65{,}4\,\dfrac{\text{g}}{\text{mol}} = 130{,}8\ \text{g}$

c) $M(\text{Cu}_2\text{S}) = (2 \cdot 63{,}5 + 32)\,\dfrac{\text{g}}{\text{mol}} = 159\,\dfrac{\text{g}}{\text{mol}}$

$m(\text{Cu}_2\text{S}) = n(\text{Cu}_2\text{S}) \cdot M(\text{Cu}_2\text{S})$

$= 0{,}25\ \text{mol} \cdot 159\,\dfrac{\text{g}}{\text{mol}} = 39{,}8\ \text{g}$

TIPP-Karte

Notiere die gegebenen Größen, die gesuchten Größen und die zur Berechnung benötigten Formeln. Abb. 4 auf S. 11 im Chemiebuch hilft dabei.

TIPP-Karte

Wiederhole die Aussage des Gesetzes von Avogadro.

TIPP-Karte

Zur Berechnung einer Stoffmenge benötigt man die Masse und die molare Masse eines Stoffes.

Zur Berechnung der Masse eines Stoffes benötigt man die molare Masse und die Stoffmenge.

Zur Berechnung der molaren Masse eines Stoffes benötigt man das Periodensystem der Elemente (PSE).

TIPP-Karte

Notiere die gegebenen Größen, die gesuchte Größe und die zur Berechnung benötigte Formel. Lies den Abschnitt **Molares Volumen** auf S. 12 im Chemiebuch erneut durch.

Wasser hat die Dichte $\varrho(\text{H}_2\text{O}) = 1\,\dfrac{\text{g}}{\text{ml}}$.

T IPP-Karte

3 | 4

Seite 13, A 3

Bestimme die Stoffmenge von 36 ml flüssigem Wasser.

Bei 100 °C heißem Wasserdampf befinden sich 1 mol Wasser-Moleküle in einem Volumen von 30,5 Liter.

T IPP-Karte

2 | 4

Seite 13, A 5c

Luft besteht zu etwa $\frac{4}{5}$ aus Stickstoff und $\frac{1}{5}$ aus Sauerstoff. Also beträgt das Verhältnis der Stickstoff- und Sauerstoff-Moleküle im Gasraum ebenfalls 4:1.

C HECK-Karte

4 | 4

Seite 13, A 3

$m = \varrho \cdot V_l(H_2O); n = \frac{m}{M(H_2O)}; V_g(H_2O) = n \cdot V_m$ einsetzen ergibt:

$V_g(H_2O) = \frac{\varrho \cdot V_l(H_2O)}{M(H_2O)} \cdot V_m$

$= 1\frac{g}{ml} \cdot \frac{36\,ml}{18\frac{g}{mol}} \cdot 30,5\frac{l}{mol} = 61\,l$

Das Gasvolumen von 36 ml verdampften Wasser beträgt 61 l.

T IPP-Karte

3 | 4

Seite 13, A 5c

Berechnet die Masse von 24 Liter Luft, bestehend aus 0,8 mol Stickstoff und 0,2 mol Sauerstoff.

Berechnet damit die Dichte der Luft und vergleicht sie mit dem gemessenen Literaturwert.

T IPP-Karte

1 | 4

Seite 13, A 5c

Für Gasgemische gilt dann ebenso: Bei einem Druck von 1013 hPa befinden sich in 24 Liter des Gasgemisches 1 mol Moleküle.

C HECK-Karte

4 | 4

Seite 13, A 5c

Bei 20 °C sind in 24 l Luft etwa 0,2 mol Sauerstoff und 0,8 mol Stickstoff enthalten. Damit berechnet man die Dichte zu:

$\varrho(\text{Luft}) = \frac{m\left(\frac{1}{5}\,mol\,O_2\right) + m\left(\frac{4}{5}\,mol\,N_2\right)}{V} = \frac{6,4\,g + 22,4\,g}{24\,l} = 1,2\frac{g}{l}$

Laut Recherche hat Luft bei 20 °C die Dichte $1,20\frac{g}{l}$. Das Gesetz von Avogadro wird für das Gasgemisch Luft bestätigt.

TIPP-Karte

Eine Verbrennung ist eine Reaktion mit Sauerstoff. Bei dem Gas handelt es sich also um ein Oxid. Unter Normalbedingungen hat es die angegebene Dichte.

CHECK-Karte

$M(\text{Schwefeloxid}) = \varrho \cdot V_m = 2{,}67\,\frac{g}{l} \cdot 24\,\frac{l}{mol} = 64\,\frac{g}{mol}$

Da ein Mol S-Atome die Masse 32 g haben, entfallen die restlichen 32 g auf 2 mol O-Atome. Die Formel lautet also SO_2.

TIPP-Karte

Informationen zur molaren Masse eines Stoffes findest du auf S. 11 im Chemiebuch im Absatz **Die molare Masse M.**

Das molare Volumen wird im Absatz **Molares Volumen** auf S. 13 im Chemiebuch erklärt.

Wie man auf die Molekülformel schließen kann und welche Formel du dazu benötigst, wird im Absatz **Vom molaren Volumen zur Molekülformel** beschrieben.

TIPP-Karte

Wasserstoffperoxid hat etwa die Dichte $\varrho(H_2O_2) = 1\,\frac{g}{ml}$.

Eine 10 %ige Lösung enthält $\frac{1}{10}$ gelöster Stoff in $\frac{9}{10}$ Lösemittel. 10 g der Lösung enthalten damit 1 g gelösten Stoff und 9 g Lösemittel.

Notiere die Reaktionsgleichung.

Notiere die gegebene und die gesuchte Größe.

Notiere die benötigten Formeln.

TIPP-Karte

Arbeite mit der Formel $M(\text{Schwefeloxid}) = \varrho \cdot V_m$.

Achte darauf, dass die Temperatur angegeben ist, denn sie beeinflusst das molare Volumen.

Suche nun die molaren Massen von Schwefel und Sauerstoff im Periodensystem. Die molaren Massen und die Atommassen unterscheiden sich nur durch die Einheit. Der Zahlenwert ist gleich. Überlege nun, wie viele Atome das Molekül bilden.

TIPP-Karte

Reaktionsgleichung:
$2\,H_2O_2\,(l) \rightarrow 2\,H_2O\,(l) + O_2\,(g)$

Ordne der Reaktionsgleichung die Überlegungen aus Abb. 1 von S. 14 im Chemiebuch zu.

Beachte dabei, dass das molare Gasvolumen bei Standardbedingungen $V_m = 24\,\frac{l}{mol}$ beträgt.

TIPP-Karte

3 |4

Seite 15, A4

In der Lösung befindet sich 1 ml und damit etwa 1 g Wasserstoffperoxid.

Berechne die Stoffmenge Wasserstoffperoxid und ermittle mithilfe der Reaktionsgleichung die Stoffmenge an Sauerstoff, die entsteht.

Berechne aus der Stoffmenge das Volumen an Sauerstoffgas.

TIPP-Karte

2 |4

Seite 15, A5

Aus dem Atomzahlenverhältnis muss das Massenverhältnis bestimmt werden.

Dazu werden die Molmassen der betrachteten Stoffe ermittelt und deren Verhältnis berechnet.

Zur Berechnung der benötigten Erzmengen geht man von einer Masse Eisen von 1 kg aus. Dementsprechend muss die Masse an Erz größer als 1 kg sein. Von Hämatit benötigt man eine größere Masse an Erz, da der Eisenanteil im Hämatit geringer ist als im Magnetit.

CHECK-Karte

4 |4

Seite 15, A4

$2\,H_2O_2 \rightarrow 2\,H_2O + O_2$
Aus einem Mol H_2O_2 entstehen 0,5 mol Sauerstoff.

$$n(H_2O_2) = \frac{m(H_2O_2)}{M(H_2O_2)} = \frac{1\,g}{24\,\frac{g}{mol}} = 0,042\,mol$$

$$V(O_2) = V_m(Gas) \cdot \frac{n(H_2O_2)}{2} = 24\,\frac{l}{mol} \cdot 0,021\,mol = 0,5\,l$$

Bei der Reaktion entstehen rund 500 ml Sauerstoff.

TIPP-Karte

3 |4

Seite 15, A5

Ermittle die Molmassen von Eisen und den Verbindungen Hämatit und Magnetit.

Berechne die Verhältnisse. Berücksichtige, dass im Hämatit in jeder Formeleinheit 2 Eisen-Atome und in Magnetit drei Eisen-Atome sind.

Die Masse an Erz berechnet man über die im Verhältnis im Erz enthaltene Masse an Eisen.

TIPP-Karte

1 |4

Seite 15, A5

Der Massenanteil gibt den Anteil der Masse eines Bestandteils bezogen auf die Gesamtmasse an. Ein Massenanteil von 0,5 bedeutet also, dass dieser Bestandteil zur Gesamtmasse die Hälfte beiträgt.

Eine Verhältnisformel, wie Fe_3O_4, gibt das Atomzahlenverhältnis in der Verbindung an. In dieser Verbindung kommen auf 3 Eisen-Atome genau 4 Sauerstoff-Atome.

Der Eisenanteil im Hämatit mit 2:3 ist damit geringer als der Eisenanteil im Magnetit mit 3:4.

CHECK-Karte

4a|4

Seite 15, A5

a) Den Massenanteil des Eisens erhält man, indem man die molare Masse der Eisen-Atome durch die molare Masse der Formeleinheit dividiert.

$$Hämatit:\ w = 2 \cdot \frac{M(Fe)}{M(Fe_2O_3)} = \frac{112\,\frac{g}{mol}}{160\,\frac{g}{mol}} = 0,70$$

Hämatit enthält 70 % Eisen.

$$Magnetit:\ w = 3 \cdot \frac{M(Fe)}{M(Fe_3O_4)} = \frac{168\,\frac{g}{mol}}{232\,\frac{g}{mol}} = 0,72$$

Magnetit enthält 72 % Eisen.

CHECK-Karte

Seite 15, A 5

b) $m(Fe_2O_3) = \dfrac{m(Fe)}{w(\text{in } Fe_2O_3)} = \dfrac{1 \text{ kg}}{0{,}70} = 1{,}43 \text{ kg}$

$m(Fe_3O_4) = \dfrac{m(Fe)}{w(\text{in } Fe_3O_4)} = \dfrac{1 \text{ kg}}{0{,}72} = 1{,}39 \text{ kg}$

Für ein Kilogramm Eisen benötigt man 1,43 kg Hämatit oder 1,39 kg Magnetit.

TIPP-Karte

Seite 23, A 5

Pro Molekül CO_2 benötigt man zwei Formeleinheiten NaOH. Es entstehen eine Formeleinheit Na_2CO_3 und eine Formeleinheit H_2O.

TIPP-Karte

Seite 23, A 5

Notiere die Edukte und die Produkte der Reaktion in der Formelschreibweise.

CHECK-Karte

Seite 23, A 5

$2 \, NaOH\,(aq) + CO_2\,(g) \rightarrow Na_2CO_3\,(s) + H_2O\,(l)$

TIPP-Karte

Seite 23, A 5

Die chemischen Formeln für die Edukte lauten: $NaOH\,(aq)$, $CO_2\,(g)$.

Die chemischen Formeln für die Produkte lauten: $Na_2CO_3\,(s)$, $H_2O\,(l)$.

Achte beim Aufstellen der Reaktionsgleichung darauf, dass die Verhältnisformeln und Molekülformeln nicht verändert werden.

TIPP-Karte

Seite 27, A 2

Informationen zur Dichte der Halogene stehen in der Tabelle auf S. 26 im Chemiebuch.

TIPP-Karte

Beachte die unterschiedlichen Einheiten bei den Angaben zu den Dichten.

C HECK-Karte

Fülle einen Erlenmeyerkolben zu etwa einem Viertel mit Wasser. Verbinde den Kolbenprober mit dem durchbohrten Stopfen, so dass während der Reaktion in der geschlossenen Apparatur das entstehende Gas aufgefangen werden kann. Nimm ein Stück Lithium mit der Pinzette aus dem Vorratsgefäß, lege es auf das Papier und tupfe anhaftendes Öl ab. Entferne mit dem Messer die graue Oxidschicht und schneide ein erbsengroßes Stück zurecht. Wiege diese Stoffportion.

IPP-Karte

$1 \frac{g}{cm^3} = 1000 \frac{g}{l}$

Beachte die Aggregatzustände von Fluor, Chlor, Brom und Iod.

C HECK-Karte

Lege das Lithiumstück auf den Rand des schräg gestellten Erlenmeyerkolbens und verschließe ihn mit dem durchbohrten Stopfen. Richte den Erlenmeyerkolben auf, so dass das Lithiumstückchen in das Wasser fällt und die Reaktion starten kann. Lies das entstandene Volumen an Gas ab.

C HECK-Karte

Fluor hat eine Dichte von 0,00158 $\frac{g}{cm^3}$ und Chlor eine Dichte von 0,00295 $\frac{g}{cm^3}$. Bei beiden Elementen handelt es sich um Gase, die deutlich geringere Dichten als Flüssigkeiten (Brom) oder Feststoffe (Iod) aufweisen.

C HECK-Karte

Es wird eine Elektrolysezelle aufgebaut. Als Anode dient das Kupferkabel aus einem alten Elektrogerät, als Kathode ein Draht aus reinem Kupfer. Beide werden in eine Lösung aus Kupfersulfat getaucht und eine Gleichspannung angelegt.

Hinweis: Die Apparatur muss sehr lange laufen, um ein sichtbares Ergebnis zu bekommen.

1 | 4

Seite 39, A 4b

T IPP-Karte

Mithilfe der mittleren Atomgewichte, also der durchschnittlichen Atommassen, und dem Gesetz von Avogadro lässt sich die Dichte eines Gases ermitteln.

4a | 4

Seite 39, A 4b

C HECK-Karte

mittleres Atomgewicht:

$$m(\text{H-Atom}) = \frac{(1\,u \cdot 99{,}98 + 2\,u \cdot 0{,}02)}{100} = 1{,}0002\,u$$

$$M(\text{H}_2) = 2{,}0004\,\frac{g}{mol}$$

$$\text{Dichte}(\text{H}_2) = \frac{M(\text{H}_2)}{V_m} = \frac{2{,}0004\,\frac{g}{mol}}{24\,\frac{l}{mol}} = 0{,}0834\,\frac{g}{l}$$

mittleres Atomgewicht:

$$m(\text{N-Atom}) = \frac{(14\,u \cdot 99{,}63 + 15\,u \cdot 0{,}37)}{100} = 14{,}0037\,u$$

$$M(\text{N}_2) = 28{,}0074\,\frac{g}{mol}$$

$$\text{Dichte}(\text{N}_2) = \frac{M(\text{N}_2)}{V_m} = \frac{28{,}0074\,\frac{g}{mol}}{24\,\frac{l}{mol}} = 1{,}167\,\frac{g}{l}$$

2 | 4

Seite 39, A 4b

T IPP-Karte

Die mittleren Atomgewichte hast du mit den Informationen der Tabelle in A 4 im Chemiebuch berechnet.

Informationen zum Gesetz von Avogadro und zur Berechnung der Dichte findest du in Kapitel 1.2 auf S. 12 im Chemiebuch.

4b | 4

Seite 39, A 4b

C HECK-Karte

mittleres Atomgewicht:

$$m(\text{O-Atom}) = \frac{(16u \cdot 99{,}8 + 18\,u \cdot 0{,}2)}{100} = 16{,}004\,u$$

$$M(\text{O}_2) = 32{,}008\,\frac{g}{mol}$$

$$\text{Dichte}(\text{O}_2) = \frac{M(\text{O}_2)}{V_m} = \frac{32{,}008\,\frac{g}{mol}}{24\,\frac{l}{mol}} = 1{,}334\,\frac{g}{l}$$

3 | 4

Seite 39, A 4b

T IPP-Karte

Multipliziere die Atommassen in u der Isotope eines Elements mit dem Wert für den prozentualen Anteil des Isotops. Teile die Summe der berechneten Werte durch 100, um das mittlere Atomgewicht zu erhalten.

Wasserstoff-, Stickstoff- und Sauerstoffmoleküle bestehen jeweils aus zwei Atomen des Elements. Die mittlere Molekülmasse ist demnach die doppelte mittlere Atommasse. Der berechnete Zahlenwert in u entspricht auch der mittleren Molmasse des jeweiligen Gases in $\frac{g}{mol}$.

Zur Berechnung der Dichte wird die mittlere Molmasse durch das Molvolumen geteilt.

1 | 4

Seite 39, A 4c

T IPP-Karte

Verdeutlicht euch, was man unter dem Begriff proportional versteht. Erinnert euch beispielsweise an proportionale Zuordnungen aus dem Mathematikunterricht.

 **IPP-Karte**

2 |4

Seite 39, A 4c

Proportionalität zeigt man, indem man aus jedem Wertepaar den Quotienten bildet und diese miteinander vergleicht. Oder indem man die Wertepaare in ein Diagramm einträgt.

 **IPP-Karte**

1 |4

Seite 47, A 5

Mache dir klar, welche Stoffe die Edukte und die Produkte bei dieser Reaktion sind.

 **IPP-Karte**

3 |4

Seite 39, A 4c

Berechnet für die genannten Gase das Verhältnis von Dichte und Atomgewicht, indem ihr bei jedem Wertepaar die Dichte durch das Atomgewicht teilt. Vergleicht die errechneten Zahlenwerte.

ODER: Erstellt ein Diagramm, in dem das Atomgewicht auf der x-Achse aufgetragen wird und die Dichte auf der y-Achse. Tragt die Wertepaare in das Diagramm ein. Versucht eine Ausgleichsgerade durch die eingetragenen Werte zu ziehen.

 **IPP-Karte**

2 |4

Seite 47, A 5

In den Abschnitten **Reaktion mit Wasser** und **Verwendung von Calciumhydroxid** auf S. 46 im Chemiebuch finden sich Informationen über die Edukte und Produkte der Reaktion von Kalkwasser mit Kohlenstoffdioxid.

CHECK-Karte

4 |4

Seite 39, A 4c

In einem Diagramm liegen die Wertepaare aus Atommassen und Dichten auf einer Gerade.

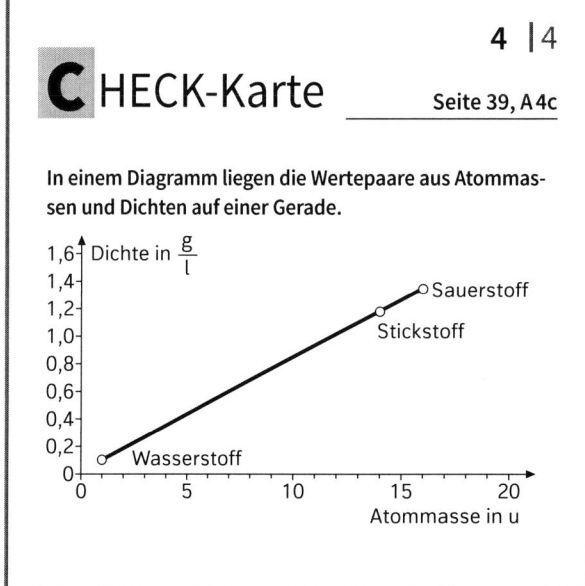

 **IPP-Karte**

3 |4

Seite 47, A 5

Edukte: Kalkwasser ($Ca(OH)_2$) und Kohlenstoffdioxid (CO_2)

Produkte: Kalk ($CaCO_3$) und Wasser (H_2O)

CHECK-Karte 4|4
Seite 47, A5

Reaktionsschema:
Kalkwasser + Kohlenstoffdioxid → Kalk + Wasser

Reaktionsgleichung:
$Ca(OH)_2(aq) + CO_2(g) \rightarrow CaCO_3(s) + H_2O(l)$

TIPP-Karte 3|4
Seite 47, A7a

$2\,Li(s) + 2\,H_2O(l) \rightarrow 2\,LiOH(aq) + H_2(g)$
$Ca(s) + 2\,H_2O(l) \rightarrow CaOH(aq) + H_2(g)$

$n(Li) = \dfrac{m(Li)}{M(Li)}$

$n(Ca) = \dfrac{m(Ca)}{M(Ca)}$

Die Angabe für die Masse findet sich in der Aufgabenstellung, Angaben zur Berechnung der Molmasse im Periodensystem.

TIPP-Karte 1|4
Seite 47, A7a

Stelle die Reaktionsgleichung auf und berechne auf dieser Grundlage die Stoffmenge an Wasserstoff.

CHECK-Karte 4|4
Seite 47, A7a

$2\,Li(s) + 2\,H_2O(l) \rightarrow 2\,LiOH(aq) + H_2(g)$: Pro Mol Lithium entsteht ein halbes Mol Wasserstoff.

$Ca(s) + 2\,H_2O(l) \rightarrow CaOH(aq) + H_2(g)$: Pro Mol Calcium entsteht ein Mol Wasserstoff.

$n(Li) = \dfrac{27{,}76\,g}{6{,}94\,\frac{g}{mol}} = 4\,mol$

$n(Ca) = \dfrac{80{,}13\,g}{40{,}1\,\frac{g}{mol}} = 2\,mol$

Mithilfe der Reaktionsgleichung zeigt man, dass jeweils 2 Mol Wasserstoffgas entstehen.

TIPP-Karte 2|4
Seite 47, A7a

Hinweise auf die Reaktionsgleichung finden sich im Chemiebuch auf S. 23 im Kapitel 2.1 **Natrium – ein ungewöhnliches Metall** und S. 46 im Kapitel 2.11 **Elementfamilie der Erdalkalimetalle.**

Berechnet die Stoffmengen Lithium und Calcium, die zur Reaktion gebracht wurden. Berechnet mithilfe der Reaktionsgleichung die Stoffmenge an H_2.

TIPP-Karte 1|4
Seite 53, C1b

Notiere die chemischen Formeln der Calciumverbindungen im technischen Kalkkreislauf.

TIPP-Karte — 2 | 4
Seite 53, C 1b

Informationen zum Calcium und den Stoffen im Kalkkreislauf finden sich im Chemiebuch auf S. 46 im Kapitel 2.11 **Elementfamilie der Erdalkalimetalle.**

TIPP-Karte — 1 | 4
Seite 57, A 1b

Auf der Ebene der Substanzen bearbeiten wir die Stoffe und deren Namen sowie deren Eigenschaften: Farbe, Dichte, Schmelz- oder Siedetemperatur.

Auf der Ebene der kleinsten Teilchen beschreibt man vorhandene Atome, Ionen oder Moleküle, die in den genannten Stoffen eine Rolle spielen.

TIPP-Karte — 3 | 4
Seite 53, C 1b

Kalkbrennen:
Edukt: Kalk ($CaCO_3$)
Produkte: Branntkalk (CaO), Kohlenstoffdioxid (CO_2)

Löschen von Kalk:
Edukte: Branntkalk (CaO), Wasser (H_2O)
Produkt: Löschkalk ($Ca(OH)_2$)

Abbinden von Kalk:
Edukte: Löschkalk ($Ca(OH)_2$), Kohlenstoffdioxid (CO_2)
Produkte: Kalk ($CaCO_3$), Wasser (H_2O)

TIPP-Karte — 2 | 4
Seite 57, A 1b

Sieh im Chemiebuch auf S. 56 und 57 unter den Überschriften **Meerwasser, Mineralwasser** und **Leitungswasser** nach, welche Ionen jeweils vorhanden sind.

Zeichne drei Modellbechergläser und dort hinein die Ionensymbole der vorhandenen Ionen. Um anzuzeigen, dass sich die Ionen in wässriger Lösung befinden, wird den Ionensymbolen ein (aq) angehängt.

Achte darauf, dass im Modell die Anzahl positiver und negativer Ladungen gleich groß ist.

CHECK-Karte — 4 | 4
Seite 53, C 1b

Kalkbrennen:
$$CaCO_3(s) \rightarrow CaO(s) + CO_2(g)$$

Löschen von Kalk:
$$CaO(s) + H_2O(l) \rightarrow Ca(OH)_2(s)$$

Abbinden von Kalk:
$$Ca(OH)_2(s) + CO_2(g) \rightarrow CaCO_3(s) + H_2O(l)$$

TIPP-Karte — 3 | 4
Seite 57, A 1b

Da sowohl Meerwasser als auch Mineral- und Leitungswasser überwiegend aus Wasser bestehen, sind in allen Wassersorten in gleicher Weise H_2O-Moleküle vorhanden.

Falls Kohlenstoffdioxid gelöst vorliegt, können auch CO_2-Moleküle zugegen sein.

Alle anderen Teilchen in den elektrisch leitfähigen Wässern sind Ionen.

CHECK-Karte

4 | 4

Seite 57, A 1b

Modell für Meerwasser und Mineralwasser:

$Na^+(aq)$ $\quad$ $K^+(aq)$ $\quad$ $Ca^{2+}(aq)$ $\quad$ $Mg^{2+}(aq)$ $\quad$ $Ca^{2+}(aq)$
$Cl^-(aq)$ $\qquad\qquad$ $Br^-(aq)$ $\qquad$ $I^-(aq)$
$\qquad$ $SO_4^{2-}(aq)$ $\qquad$ $HCO_3^-(aq)$ $\qquad$ $CO_3^{2-}(aq)$

Leitungswasser:

$Na^+(aq)$ $\qquad$ $Ca^{2+}(aq)$ $\qquad$ $Mg^{2+}(aq)$
$Cl^-(aq)$ $\quad$ $HCO_3^-(aq)$ $\quad$ $Cl^-(aq)$ $\qquad$ $CO_3^{2-}(aq)$

TIPP-Karte

2 | 4

Seite 63, A 6

Nutzt die Daten in der Tabelle und verknüpft Regelmäßigkeiten bei den Ionenradien mit Regelmäßigkeiten bei den Schmelztemperaturen.

Weiterhin sind der Tabelle auch die Ladungen der Ionen zu entnehmen. Verknüpft diese Information ebenfalls mit den Schmelztemperaturen.

CHECK-Karte

1 | 1

Seite 61, V 4b

Wir stellen Natriumchlorid-Lösungen mit einem Massenanteil von 0,5 %, 1 % und 5 % her.

Wir messen bei konstanter Spannung (etwa Flachbatterie mit $U = 4,5$ V) die Stromstärke mit einem Strommessgerät. Dabei achten wir darauf, dass bei jeder Messung die beiden Graphit-Elektroden gleich tief in die Lösung tauchen und sie einen konstanten Abstand aufweisen.

Die Dauer einer Messung beträgt nur wenige Sekunden, um das Entstehen von Chlorgas zu minimieren.

TIPP-Karte

3 | 4

Seite 63, A 6

Die anziehenden Kräfte zwischen den unterschiedlich geladenen Anionen und Kationen hängen vom Abstand der Ladungen sowie von deren Größe ab:
- Vergrößert sich der Abstand, verringert sich die Anziehung.
- Vergrößert sich die Ladung, vergrößert sich auch die Anziehung.

TIPP-Karte

1 | 4

Seite 63, A 6

Die Schmelztemperaturen von Stoffen lassen sich mithilfe von Eigenschaften der Ionen oder Moleküle erklären, aus denen der Stoff aufgebaut ist.

CHECK-Karte

4 | 4

Seite 63, A 6

Partner A: Je größer der Anionenradius ist, desto kleiner ist die Anziehung zwischen den Natrium-Ionen und den Anionen. Es muss weniger Energie zur Auflösung der Bindung hinzugefügt werden. Die Schmelztemperaturen sinken in der Reihenfolge NaF bis NaI.

Partner B: Magnesium-Ionen und Oxid-Ionen tragen eine doppelte, Aluminium-Ionen eine dreifache Ionenladung. Die Anziehung der Ionen ist größer als bei Ionen mit einfacher Ladung. Es muss mehr Energie aufgebracht werden, um die Bindung aufzulösen. Die Oxide haben deshalb höhere Schmelztemperaturen als das Natriumchlorid.

CHECK-Karte

Partner A:

Na^+Br^-, $Ca^{2+}(Cl^-)_2$, $(K^+)_3PO_4^{3-}$, $(Na^+)_2O^{2-}$

CHECK-Karte

Partner B:

Kaliumbromid, Magnesiumbromid, Lithiumsulfid, Kaliumcarbonat, Magnesiumnitrid

---

CHECK-Karte

Partner B:

Li^+Cl^-, $(K^+)_2S^{2-}$, $Ca^{2+}CO_3^{2-}$, $(Ca^{2+})_3(N^{3-})_2$

TIPP-Karte

Ist die Formeleinheit insgesamt ungeladen, beträgt die Summe der Ladungszahlen in der Formeleinheit Null.

CHECK-Karte

Partner A:

Magnesiumoxid, Natriumsulfat, Kaliumoxid, Magnesiumcarbonat, Calciumphosphat

---

TIPP-Karte

Nutze die Informationen aus dem Periodensystem auf S. 65 im Chemiebuch.

Finde die Zahlenverhältnisse der Ionen in den Eisenoxiden und in den Kupferoxiden und notiere die Ionensymbole für diese Oxide.

T IPP-Karte

3 |4

Seite 65, A 3

Bestimme die Ladungen der bekannten Ionen. Schließe daraus auf die Ladungen der unbekannten Ionen.

Im Periodensystem ist für das Titanoxid lediglich das Symbol für das Ti^{3+}-Ion angegeben. Es gibt allerdings auch Ti^{4+}-Ionen.

C HECK-Karte

1b| 1

Seite 67, A 1

Anhand der Trübung durch die Niederschläge kann nun eine Aussage über den Chloridgehalt, den Calciumgehalt sowie den Bariumgehalt in den drei Proben gemacht werden. Je deutlicher die Trübung, desto höher die Konzentration der jeweiligen Ionen.

C HECK-Karte

4 |4

Seite 65, A 3

Die beteiligten Ionen und die Ionensymbole für die Metalloxide lauten:
$Fe^{2+}O^{2-}$, $(Fe^{3+})_2(O^{2-})_3$, $Cu^{2+}O^{2-}$, $(Cu^+)_2O^{2-}$, $Zn^{2+}O^{2-}$, $Ti^{4+}(O^{2-})_2$.

T IPP-Karte

1 |4

Seite 77, A 3c

Überlegt euch, weshalb Metalle und Salzlösungen den elektrischen Strom leiten.

Überlegt, wie es zu dem Ladungstransport kommt.

C HECK-Karte

1a| 1

Seite 67, A 1

1. Wir messen jeweils 5 ml einer Mineralwasserprobe ab und geben sie in drei Reagenzgläser. Ebenso verfahren wir mit den beiden anderen Proben.

2. In die drei unterschiedlichen Mineralwässer werden nun jeweils 5 Tropfen der Nachweislösungen gegeben. Als Nachweislösungen werden die Silbernitratlösung, die Ammoniumoxalatlösung und die Bariumchloridlösung aus V 1 auf S. 66 im Chemiebuch genutzt.

T IPP-Karte

2 |4

Seite 77, A 3c

Lest euch den Abschnitt **Elektrische Leitfähigkeit** auf S. 76 im Chemiebuch aufmerksam durch.

Lest im Chemiebuch im Kapitel 2.5 unter dem Abschnitt **Elektrische Leitfähigkeit** nach und schaut euch im Kapitel 2.6 Abb. 1 an, um zu wiederholen, weshalb Salzlösungen den elektrischen Strom leiten.

T IPP-Karte

3 | 4

Seite 77, A 3c

Bei steigender Temperatur schwingen die Metall-Kationen im Metallgitter stärker. Überlegt auf Teilchenebene, wie sich das auf die bewegten Elektronen auswirkt.

Überlegt, wie sich die Temperaturerhöhung auf die Beweglichkeit der Ionen in der Salzlösung auswirkt.

T IPP-Karte

2 | 4

Seite 77, A 4

Lies dir im Chemiebuch Kapitel 3.3 **Strukturen und Eigenschaften von Salzen** und Kapitel 4.1 **Metalle – Die Struktur bestimmt die Eigenschaften** aufmerksam durch.

C HECK-Karte

4 | 4

Seite 77, A 3c

Bei steigender Temperatur schwingen die Kupfer-Kationen im Metallgitter stärker. Damit wird die Bewegung der Elektronen behindert. Die Leitfähigkeit nimmt ab.

In einer Salzlösung nimmt bei steigender Temperatur die Geschwindigkeit der Teilchen in der Lösung zu. Die Kupfer-Kationen und die Sulfat-Anionen werden beweglicher. Beide Ionen sind für den Ladungstransport verantwortlich. Deshalb nimmt die Leitfähigkeit der Salzlösung zu.

T IPP-Karte

3 | 4

Seite 77, A 4

Metalle zeigen eine gute Verformbarkeit, während Salze eher spröde sind.

Metalle sind gute elektrische Leiter, Salze sind gute Isolatoren.

Die Wärmeleitfähigkeit eines Metalls ist gut, die eines Salzes ist schlecht.

Metalle und Salze haben hohe Schmelztemperaturen und Siedetemperaturen.

T IPP-Karte

1 | 4

Seite 77, A 4

Typische Eigenschaften sind:
Verformbarkeit, elektrische Leitfähigkeit, Wärmeleitfähigkeit, Schmelztemperatur und Siedetemperatur

---

C HECK-Karte

4a | 4

Seite 77, A 4

Eigenschaft	Metall	Salz
Verformbarkeit	verformbar	spröde
elektrische Leitfähigkeit	leitfähig	Isolator
Wärmeleitfähigkeit	gute Wärmeleitfähigkeit	schlechte Wärmeleitfähigkeit
Schmelztemperatur	hoch	hoch
Siedetemperatur	sehr hoch	sehr hoch

CHECK-Karte

Verformbarkeit. Nach dem Elektronengasmodell können die Metall-Kationen im Kristall aneinander vorbeigleiten, wenn eine Kraft auf sie einwirkt. Das Elektronengas sorgt für den weiteren Zusammenhalt der Atomrümpfe.
Wirkt eine Kraft auf einen Salzkristall, so verschieben sich ganze Atomlagen. Nun stehen sich nicht mehr negativ und positiv geladene Ionen gegenüber und ziehen sich an. In der Folge werden die Teilstücke nicht mehr zusammengehalten und brechen auseinander.

TIPP-Karte

Überlegt, welche Achsen ein Energiediagramm hat.

Überlegt, ob es sich um eine exotherme oder endotherme Reaktion handelt.

CHECK-Karte

Elektrische Leitfähigkeit und Wärmeleitfähigkeit. Nach dem Elektronengasmodell bewegen sich die Elektronen frei zwischen den Metall-Kationen. Sie stehen als geladene, frei bewegliche Teilchen für den elektrischen Strom zur Verfügung. Außerdem leiten sie durch ihre Bewegung durch den Kristall gut Wärme durch das Metall. In Salzkristallen sind die geladenen Teilchen nicht frei beweglich. Somit kann kein elektrischer Strom fließen. Die Wärmeleitfähigkeit ist damit ebenfalls schlecht.

TIPP-Karte

E

Reaktionsverlauf

CHECK-Karte

Metalle und Salze haben hohe *Siedetemperaturen* und *Schmelztemperaturen,* da die Anziehungskräfte zwischen den Teilchen sehr groß sind. Atomrümpfe und Elektronengas sowie Anionen und Kationen ziehen sich aufgrund der unterschiedlichen Ladungen stark an.

TIPP-Karte

Alle aufgeführten Reaktionen verlaufen exotherm.

Das Energieniveau der Produkte liegt unterhalb des Energieniveaus der Edukte.

Die Reaktion benötigt eine Aktivierungsenergie.

CHECK-Karte 4 |4
Seite 79, A 1c

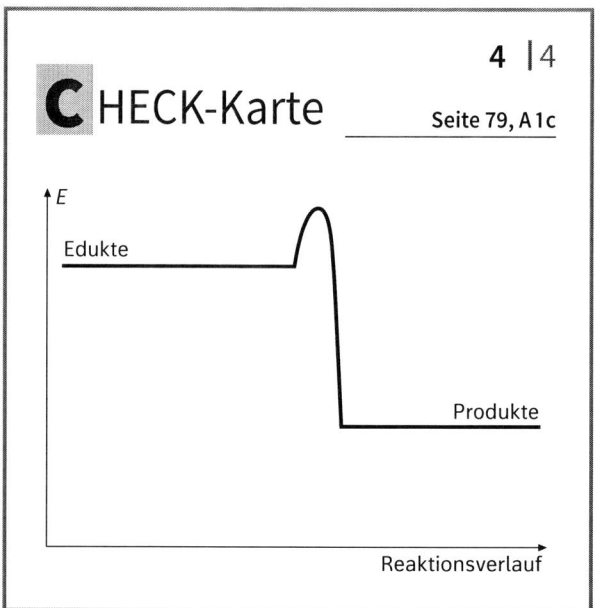

TIPP-Karte 3 |4
Seite 79, A 2c

Der weiße Feststoff am äußeren Rand des Kegels ist Magnesiumoxid. Das Magnesium hat mit dem Sauerstoff der Luft reagiert. Sauerstoff ist reaktionsfreudiger als Stickstoff, der Hauptbestandteil der Luft.

Der Stickstoff aus der Luft hat mit dem Magnesium zu Magnesiumnitrid reagiert.

TIPP-Karte 1 |4
Seite 79, A 2c

Überlege, welcher Stoff sich im Außenbereich des Kegels gebildet hat.

CHECK-Karte 4 |4
Seite 79, A 2c

Außen bildet sich zuerst in einer stark exothermen Reaktion Magnesiumoxid, weil Sauerstoff reaktiver ist. Durch die hohe Temperatur werden dann Stickstoff-Moleküle gespalten und reagieren mit dem restlichen Magnesium im Inneren des Kegels zu Magnesiumnitrid.

TIPP-Karte 2 |4
Seite 79, A 2c

Die Ausgangsstoffe für die neu gebildeten Stoffe müssen aus der umgebenden Luft kommen.

Neben Magnesiumnitrid muss sich ein weiteres Salz aus Magnesium und einem Bestandteil der Luft gebildet haben.

TIPP-Karte 1 |4
Seite 81, A 2

Schreibt euch zunächst die Formeln auf, die für die Stoffmengenberechnung bekannt sind.

Stellt die Reaktionsgleichung für die Reaktion von Aluminium und Sauerstoff auf.

Die Luft besteht zu etwa 20 % aus Sauerstoff.

T IPP-Karte

2 |4

Seite 81, A2

Orientiere dich beim Aufstellen der Reaktionsgleichung an dem Beispiel auf S. 81 im Chemiebuch.

Berechne zunächst die Stoffmenge des Aluminiums.

Bestimme mithilfe der Reaktionsgleichung die Stoffmenge an Sauerstoff-Atomen.

C HECK-Karte

1 |1

Seite 82, V2b

Kombiniere jedes Metall mit jeder Salzlösung. Notiere zu jeder Kombination, ob eine Reaktion stattgefunden hat.

Eine Reaktion findet nur dann statt, wenn das Metall unedler ist. Dann wird es oxidiert und das Metall-Kation aus der Salzlösung wird reduziert.

Ist das Metall edler, werden keine Elektronen übertragen und es ist keine Reaktion zu beobachten.

Über die Redoxreihe der Metalle kann dann auf die in den Salzlösungen enthaltenen Kationen geschlossen werden.

T IPP-Karte

3 |4

Seite 81, A2

Die Reaktionsgleichung lautet:
$4\,Al(s) + 3\,O_2(g) \rightarrow 2\,Al_2O_3(s)$

Es reagieren immer 4 Aluminium-Atome mit 6 Sauerstoff-Atomen.

In 24 l reinem Sauerstoff befinden sich 1 mol Sauerstoff-Moleküle, also 2 mol Sauerstoff-Atome.

T IPP-Karte

1 |4

Seite 85, A2

Notiere die metallischen Bestandteile der Scheibe von Nebra.

Überlegt, welchen Bedingungen die Scheibe in den letzten 3 600 Jahren ausgesetzt war.

C HECK-Karte

4 |4

Seite 81, A2

$n(Al) = \frac{m(Al)}{M(Al)} = 0{,}25\ \text{mol}$

$n(O) = \frac{6}{4} \cdot 0{,}25\ \text{mol} = 0{,}375\ \text{mol}$

$m(O) = 0{,}375\ \text{mol} \cdot 16\,\frac{g}{mol} = 6\ g$

2 mol Sauerstoffatome entsprechen 24 l Sauerstoffgas, demnach nehmen 0,375 mol Sauerstoffgas ein Volumen von 4,5 l ein.

Luft besteht zu etwa 20 % aus Sauerstoff. Damit benötigt man $5 \cdot 4{,}5\ l = 22{,}5\ l$ Luft für die Reaktion der Wunderkerze.

T IPP-Karte

2 |4

Seite 85, A2

Lest euch den Abschnitt **Faktoren, die die Korrosion fördern** auf S. 85 im Chemiebuch aufmerksam durch.

TIPP-Karte

Bronze ist eine Legierung aus Zinn und Kupfer.

Die Scheibe war im Boden vergraben. Sie war damit dauerhaft Feuchtigkeit, den im Boden gelösten Salzen sowie Kohlensäure im Regenwasser ausgesetzt.

TIPP-Karte

Partner A: Lies dir den Abschnitt **Korrosion durch Säuren** auf S. 84 im Chemiebuch aufmerksam durch.

Partner B: Lies dir die Abschnitte **Korrosion durch Säuren** und **Faktoren, die die Korrosion fördern** auf S. 84 und 85 im Chemiebuch aufmerksam durch.

CHECK-Karte

Gold ist ein Edelmetall und korrodiert nicht. Bronze ist dagegen eine Legierung aus Kupfer und Zinn. Durch Kombination verschiedener Metalle kommt es zur Bildung von Lokalelementen, wodurch die unedleren Metalle Kupfer und vor allem Zinn nach und nach korrodieren.

TIPP-Karte

Partner A:
Oxidation: $Zn \dashrightarrow Zn^{2+} + 2\,e^-$
Reduktion: $2\,H^+ + 2\,e^- \dashrightarrow H_2$

Partner B:
Oxidation: $Zn \dashrightarrow Zn^{2+} + 2\,e^-$
Reduktion: $2\,H^+ + 2\,e^- \dashrightarrow H_2$

TIPP-Karte

Partner A: Überlege, wie sich unedle Metalle in sauren Lösungen verhalten.

Partner B: Überlege, wie sich unedle Metalle in sauren Lösungen verhalten.

CHECK-Karte

Partner A:

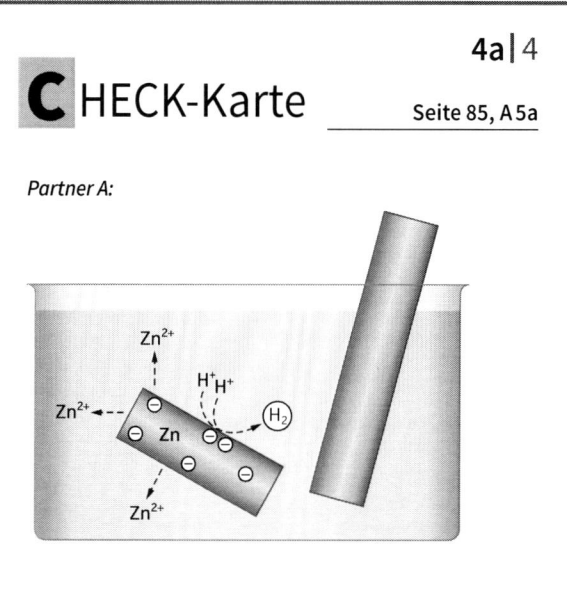

CHECK-Karte

Partner B:

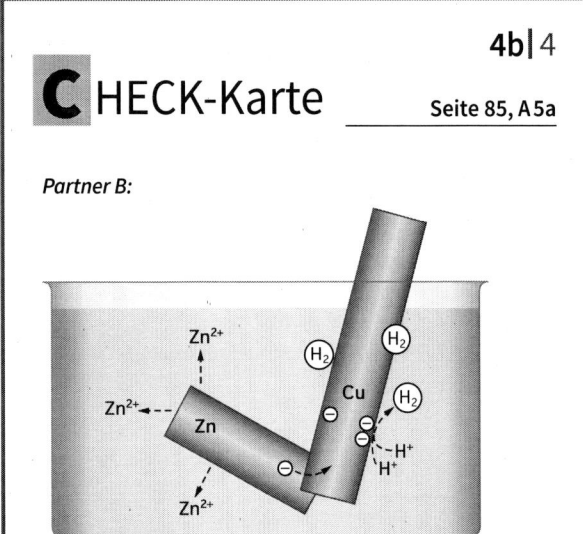

CHECK-Karte

Fruchtsäuren würden bei Zinkoberflächen die Säurekorrosion verursachen. Dies passiert auch bei passivierten Zinkoxidoberflächen.

TIPP-Karte

Nutze die Redoxreihe der Metalle für die Lösung.

CHECK-Karte

1. Schneide aus dem Aluminiumblech einen Aluminiumstreifen oder eine Figur aus. Schmirgle diese gut ab und entfette sie zusätzlich, indem du den Streifen mit Aceton abreibst.
2. Schließe ein Aluminiumstück an den Pluspol und ein Aluminiumstück an den Minuspol an und tauche beide Elektroden etwa zur Hälfte in ein Becherglas mit verdünnter Schwefelsäure.
3. Elektrolysiere für etwa 10 Minuten bei 10 V.
4. Spüle das Aluminiumstück und tupfe es vorsichtig trocken.

TIPP-Karte

Lies dir im Chemiebuch die Abschnitte **Korrosion durch Säuren** auf S. 84 und **Schutzschichten aus Metallen** auf S. 86 aufmerksam durch.

CHECK-Karte

5. Für ein gefärbtes Werkstück: Löse zwei Spatel des Lebensmittelfarbstoffs in heißem Wasser und säuere mit etwas Essig an.
6. Lege das Aluminiumstück für etwa 10 Minuten in die heiße Lösung. Die Temperatur sollte ungefähr 80 °C betragen.
7. Koche das Werkstück etwa 10 Minuten in siedendem Wasser.
8. Spüle das Werkstück anschließend unter fließendem Wasser ab.

TIPP-Karte 1 |4

Seite 92, V 2d

Überlegt, aus welchen Metallen die 5-Cent-Münze und die 10-Cent-Münze bestehen.

Überlegt, welche Teile bei der Planung eines Versuchs beachtet werden müssen.

CHECK-Karte 4 |4

Seite 92, V 2d

Eine 5-Cent-Münze besteht an der Oberfläche aus Kupfer. Eine 10-Cent-Münze besteht an der Oberfläche aus einer Legierung, die hauptsächlich Kupfer enthält. Die Zusammensetzung der Münzen ähnelt sich. In dieser Batterie finden keine Reaktionen statt, demnach sollte keine Spannung messbar sein.

TIPP-Karte 2 |4

Seite 92, V 2d

Lest euch den Abschnitt **Galvanische Zellen** auf S. 90 im Chemiebuch aufmerksam durch.

TIPP-Karte 1 |4

Seite 95, A 3

Überlegt euch, welche Reaktion am Minuspol und am Pluspol abläuft.

Überlegt euch, in welche Richtung die Reaktion freiwillig, das heißt beim Entladen, abläuft.

TIPP-Karte 3 |4

Seite 92, V 2d

Notiert mögliche ablaufende Reaktionen an der Oberfläche der 5-Cent-Münze und der 10-Cent-Münze.

Die an der Kathode und an der Anode ablaufenden Reaktionen bilden die Grundlage für die Entstehung einer Spannung.

TIPP-Karte 2 |4

Seite 95, A 3

Lest euch den Abschnitt **Redox-Flow-Zelle** auf S. 95 im Chemiebuch aufmerksam durch.

T IPP-Karte 3 |4

Seite 95, A3

Partner A:
Beim Entladen läuft die Reaktion freiwillig ab.

Fe^{2+}-Ionen sind edler als Cr^{2+}-Ionen.

Partner B:
Beim Aufladen wird die Reaktion erzwungen.

Fe^{2+}-Ionen sind edler als Cr^{2+}-Ionen.

T IPP-Karte 2 |4

Seite 103, A3

Informationen über den Aufbau eines Salzes und die daraus resultierenden Eigenschaften stehen im Kapitel 3.3 **Strukturen und Eigenschaften von Salzen** auf S. 62 im Chemiebuch.

Über die Eigenschaften der Molekülverbindung Chlorwasserstoff findet ihr Informationen im Kapitel 6.2 **Säuren und saure Lösungen** auf S. 132 im Chemiebuch. Weitergehende Informationen solltet ihr im Internet recherchieren.

C HECK-Karte 4 |4

Seite 95, A3

Partner A: Entladen
Minuspol: $Cr^{2+} \dashrightarrow Cr^{3+} + e^-$
Pluspol: $Fe^{3+} + e^- \dashrightarrow Fe^{2+}$

Partner B: Aufladen
Minuspol: $Fe^{2+} \dashrightarrow Fe^{3+} + e^-$
Pluspol: $Cr^{3+} + e^- \dashrightarrow Cr^{2+}$

T IPP-Karte 3a| 4

Seite 103, A3

Vervollständige folgende Tabelle:

Eigenschaft	NaCl(s) – Ionenverbindung	HCl(g) – Molekülverbindung
Aggregatzustand bei Raumtemperatur (Schmelz- und Siedetemperatur)		
Härte, Spaltbarkeit (nur bei Feststoffen)		–

T IPP-Karte 1 |4

Seite 103, A3

Bei der Ionenverbindung ziehen sich die positiv und negativ geladenen Ionen an. Es bilden sich Ionengitter. Bei der Molekülverbindung entstehen aus mehreren Atomen Moleküle. Natriumchlorid und Chlorwasserstoff sind typische Vertreter dieser beiden verschiedenen Bindungsarten und weisen deshalb sehr unterschiedliche Stoffeigenschaften auf.

T IPP-Karte 3b| 4

Seite 103, A3

Eigenschaft	NaCl(s) – Ionenverbindung	HCl(g) – Molekülverbindung
Elektrische Leitfähigkeit		
Löslichkeit in Wasser		
Leitfähigkeit der Lösung		

TIPP-Karte

3c | 4

Seite 103, A3

Überlege, wie du die jeweiligen Eigenschaften mit der Art der Verbindung (Ionenverbindung – Molekülverbindung) und der Struktur der Teilchen (Ionen – Moleküle) erklären kannst. Für Lösung der Teilaufgabe **b)** sind die beiden Eigenschaften auszuwählen, in denen sich Kochsalz und Chlorwasserstoff unterscheiden.

CHECK-Karte

4c | 4

Seite 103, A3

Eigenschaft	$NaCl(s)$ – Ionenverbindung	$HCl(g)$ – Molekülverbindung
Elektrische Leitfähigkeit	nein – keine frei beweglichen Ladungsträger, da im Gitter fest angeordnet	nein – ungeladene Moleküle
Löslichkeit in Wasser	gut in Wasser löslich – Ionen werden frei beweglich	gut in Wasser löslich – Ionen entstehen durch die Reaktion mit Wasser

CHECK-Karte

4a | 4

Seite 103, A3

Eigenschaft	$NaCl(s)$ – Ionenverbindung	$HCl(g)$ – Molekülverbindung
Aggregatzustand bei Raumtemperatur (Schmelz- und Siedetemperatur)	fest, Schmelztemperatur: 801 °C, Siedetemperatur: 2800 °C – starke Anziehung der Ionen im Ionengitter	gasförmig, Schmelztemperatur: –114,8 °C, Siedetemperatur: –85 °C – schwache Anziehung der einzelnen Moleküle

CHECK-Karte

4d | 4

Seite 103, A3

Eigenschaft	$NaCl(s)$ – Ionenverbindung	$HCl(g)$ – Molekülverbindung
Leitfähigkeit der Lösung	ja – frei bewegliche Ionen als Ladungsträger	ja – frei bewegliche Ionen als Ladungsträger

CHECK-Karte

4b | 4

Seite 103, A3

Eigenschaft	$NaCl(s)$ – Ionenverbindung	$HCl(g)$ – Molekülverbindung
Härte, Spaltbarkeit (nur bei Feststoffen)	sehr hart – starke Anziehung der Ionen im Ionengitter, leichte Spaltbarkeit, da spröde – bei Verschiebung der Ionen im Gitter kommt es zur Abstoßung gleichgeladener Ionen	–

CHECK-Karte

4e | 4

Seite 103, A3

b) Die Unterscheidung kann durch Feststellung des Aggregatzustands sowie der Schmelz- und Siedetemperaturen erfolgen. Ionenverbindungen besitzen erheblich höhere Schmelz- und Siedetemperaturen und liegen bei Raumtemperatur als Feststoffe vor. Viele Molekülverbindungen sind bei Raumtemperatur gasförmig. Schlägt man mit einem Hammer auf einen Salzkristall, so lässt er sich als spröde Ionenverbindung leicht spalten. Aus Molekülen aufgebaute Feststoffe, wie Kerzenparaffin oder Bienenwachs, sind dagegen häufig weich und verformbar.

IPP-Karte

Die für die Schwefelsäure und die Salpetersäure zu zeichnenden Moleküle weisen Unregelmäßigkeiten beim Zeichnen auf. Der Begriff Oktettaufweitung lässt bereits darauf schließen, dass mehr als 8 Elektronen beteiligt sind.

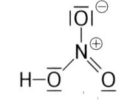

CHECK-Karte

Schwefel ist von 12 Elektronen umgeben und folgt damit nicht der Oktettregel.

Stickstoff hat 8 Elektronen und folgt der Oktettregel. Ein bindendes Elektronenpaar aus einer N-O-Bindung wird dem Sauerstoff-Atom als freies Elektronenpaar zugeordnet. Dadurch trägt das Stickstoff-Atom eine positive Formalladung und das Sauerstoff-Atom eine negative Formalladung.

IPP-Karte

Auf S. 104 im Chemiebuch findest du eine Anleitung zum Aufstellen von Strukturformeln.

Die Oktettregel gilt streng nur für die Atome der 2. Periode des Periodensystems. Für alle anderen Atome gibt es Ausnahmen. Stickstoff steht in der 2. Periode, Schwefel in der 3. Periode.

IPP-Karte

Vergleicht den Aufbau eines Methan-Moleküls, eines Ammoniak-Moleküls und eines Wasser-Moleküls. Nutzt das Elektronenpaarabstoßungsmodell zur Erklärung des räumlichen Baus der Moleküle. Er besteht aus vier Dreiecken als Seitenflächen, der Tetraederwinkel beträgt 109,5°.

IPP-Karte

Ergänze die Elektronen.

```
        O                    O
H O S O H             N
        O                 O   O H
```

IPP-Karte

Informationen zum Elektronenpaarabstoßungsmodell und zum Tetraeder findet ihr im Chemiebuch auf S. 106 und 107 im Kapitel **Der räumliche Bau von Molekülen.**

TIPP-Karte

3 |4

Seite 107, A 2e

Das zentrale Atom beim Ammoniak ist das N-Atom, beim Wasser das O-Atom. Beide Atome sind jeweils von vier Elektronenpaaren umgeben. Dabei hat das N-Atom drei bindende und ein nichtbindendes Elektronenpaar, das O-Atom hat zwei bindende und zwei nichtbindende Elektronepaare.

TIPP-Karte

2 |4

Seite 109, A 5

Die Struktur des Moleküls und sein räumlicher Aufbau beeinflussen die Polarität eines Moleküls.

In Kapitel 5.2 **Strukturformeln für Moleküle**, 5.3 **Der räumliche Bau von Molekülen** und 5.4 **Das Wasser-Molekül – neutral oder geladen?** im Chemiebuch findest du Informationen darüber.

CHECK-Karte

4 |4

Seite 107, A 2e

Ein nichtbindendes Elektronenpaar nimmt einen etwas größeren Raum ein als ein bindendes Elektronenpaar. Es drängt dadurch die bindenden Elektronenpaare etwas weiter zusammen, so dass sich im NH_3-Molekül der Bindungswinkel zwischen den beiden Wasserstoff-Atomen und dem zentralen Atom verkleinert. Im H_2O-Molekül ist der Effekt noch stärker, da am zentralen O-Atom zwei nichtbindende Elektronenpaare sind.

TIPP-Karte

3 |4

Seite 109, A 5

Kohlenstoffdioxid ist ein unpolares Molekül. Zwischen den Kohlenstoffdioxid-Molekülen herrschen daher nur geringe anziehende Kräfte.

Das Wasser-Molekül ist ein Dipol-Molekül. Zwischen Dipolen herrschen starke Anziehungskräfte.

TIPP-Karte

1 |4

Seite 109, A 5

Schmelz- und Siedetemperaturen sind vor allem von den Anziehungskräften zwischen den Molekülen abhängig. Je stärker die Anziehungskräfte sind, desto höher liegen der Schmelzpunkt und der Siedepunkt.

CHECK-Karte

4 |4

Seite 109, A 5

Für den Übergang von flüssig zu gasförmig müssen die Anziehungskräfte zwischen den Molekülen überwunden werden. Hierfür spielt die Stärke der Anziehungskräfte zwischen den Molekülen eine entscheidende Rolle. Zwischen den unpolaren Kohlenstoffdioxid-Molekülen bilden sich nur schwache anziehende Kräfte aus. Bei einem leichten Molekül wie Kohlenstoffdioxid reicht daher schon die Wärme der Raumtemperatur, um die Anziehungskräfte zu überwinden. Zwischen den polaren Wasser-Molekülen herrschen starke Anziehungskräfte. Die Energie der Raumtemperatur reicht nicht aus, um die Anziehungskräfte zwischen den Wasser-Molekülen zu überwinden.

T IPP-Karte

Überlege, welche Faktoren die Siedetemperatur beeinflussen.

C HECK-Karte

Zwischen den Stoffen herrschen jeweils Dipol-Dipol-Wechselwirkungen. Die steigende Siedetemperatur von Chlorwasserstoff über Wasserstoffbromid zu Wasserstoffiodid liegt an zwei wesentlichen Faktoren:

1. Je größer die Masse eines Moleküls ist, desto mehr Energie wird benötigt, um es so stark zu beschleunigen, dass es in die Gasphase wechselt. Vergleicht man die Molmassen ($M(\text{HCl}) = 36{,}5\,\frac{\text{g}}{\text{mol}}$, $M(\text{HBr}) = 80{,}9\,\frac{\text{g}}{\text{mol}}$, $M(\text{HI}) = 127{,}9\,\frac{\text{g}}{\text{mol}}$) sieht man einen deutlichen Anstieg der Masse. Durch diesen Massenanstieg steigt die Siedetemperatur.

T IPP-Karte

Auf S. 110 und 111 im Chemiebuch findest du in dem Abschnitt **Siedetemperaturen im Vergleich** Informationen über die Einflussfaktoren zur Siedetemperatur.

C HECK-Karte

2. Je mehr Elektronen in einem Molekül sind, desto größer ist die Wahrscheinlichkeit für Ladungsverschiebungen im Molekül und die Ausbildung eines temporären Dipols. Dadurch nehmen die Anziehungskräfte zwischen den Molekülen zu und die Siedetemperatur steigt.

T IPP-Karte

Einflussfaktoren für die Siedetemperaturen sind die Stärke der zwischenmolekularen Anziehungskräfte und die Masse der Moleküle.

T IPP-Karte

Lies das beschriebene Experiment genau. Achte dabei auf Schlüsselangaben, wie „kristalliner Stoff" oder „ein Gas entsteht".

 **IPP-Karte**

2 | 4

Seite 133, A 5a

Nutze die Informationen von S. 132 im Chemiebuch, Kapitel 6.2 **Säuren und saure Lösungen.**

Nachweisreaktionen:

Probe	Nachweis für:
Knallgasprobe	Wasserstoff
Kalkwasser	Kohlenstoffdioxid
Weißes Kupfersulfat	Wasser
Glimmspanprobe	Sauerstoff

C HECK-Karte

4b | 4

Seite 133, A 5a

Partner B: Die Kalkwasserprobe weist CO_2 nach.
$CO_2(aq) + Ca^{2+}(aq) + 2\,OH^-(aq) \rightarrow CaCO_3(s) + H_2O(l)$
Weißes Kupfersulfat färbt sich durch die Einlagerung von Wasser blau.
Ein weißer, kristalliner Feststoff deutet auf eine salzartige Verbindung hin.

Es entstehen Kohlenstoffdioxid, Wasser und – je nach Säure – ein entsprechendes Salz.
$CaCO_3(s) + 2\,H_3O^+(aq) \rightarrow CO_2(g) + 3\,H_2O(l) + Ca^{2+}(aq)$

 **IPP-Karte**

3 | 4

Seite 133, A 5a

Verwendet für die Reaktionsgleichungen immer die Ionen-Schreibweise (z. B. $H_3O^+(aq)$ und $Cl^-(aq)$ anstatt HCl).

Schreibt erst die Wortgleichung auf, schreibt darunter die passenden Formeln (Ionenschreibweise!) und gleicht anschließend die Reaktionsgleichung aus. Denkt an die Angabe der Aggregatzustände bzw. (aq) hinter den Formeln.

Die Metall-Ionen sind übrigens zweifach positiv geladen.

T IPP-Karte

1 | 4

Seite 133, A 7

Lies die Aufgabe noch einmal und notiere die Fragestellung sowie Hinweise, die zur Lösung benötigt werden.

 **HECK-Karte**

4a | 4

Seite 133, A 5a

Partner A: Der kristalline Stoff deutet auf eine salzartige Verbindung hin.
$Zn(s) + 2\,H_3O^+(aq) + 2\,Cl^-(aq)$
$\rightarrow Zn^{2+}(aq) + 2\,Cl^-(aq) + H_2(g) + 2\,H_2O(l)$
Nach dem Eindampfen bleibt kristallines $ZnCl_2$ übrig.

Die Knallgasprobe weist Wasserstoff nach.
$2\,H_2(g) + O_2(g) \rightarrow 2\,H_2O(l)$

T IPP-Karte

2 | 4

Seite 133, A 7

Lies auf S. 132 im Chemiebuch den Abschnitt **Salzsäure** durch. Die entstandene Lösung zeigt veränderte zwischenmolekulare Wechselwirkungen.

TIPP-Karte   3 |4

Seite 133, A7

Die größere Anziehung der geladenen Oxonium-Ionen und
der Chlorid-Ionen mit den Wasser-Molekülen wirkt sich
auf die Abstände der Teilchen in der sauren Lösung aus.
Dies wiederum wirkt sich auf die Dichte der Lösungen aus.
Sind mehr Oxonium-Ionen und Chlorid-Ionen in der
Lösung, wird die Anziehung stärker.

TIPP-Karte   2 |4

Seite 135, A4

Auf S. 134 im Chemiebuch helfen Abb. 2 und der Abschnitt
Sauerstoffsäuren weiter.

CHECK-Karte   4 |4

Seite 133, A7

Die Salzsäure mit der höheren Konzentration hat die
größere Dichte. Unter der Voraussetzung, dass die
Messkolben exakt die gleiche Masse haben, kann man die
Messkolben auf einer Waage abwiegen. Der Messkolben
mit der größeren Masse enthält die konzentriertere Säure.

TIPP-Karte   3 |4

Seite 135, A4

Das entstehende Gas Schwefeldioxid ist ein sogenann-
tes Säureanhydrid. Es kann mit Wasser zu einer Säure
reagieren. In den Wolken trifft diese dann auf noch mehr
Wasser.
Dabei findet eine Protolyse statt.

TIPP-Karte   1 |4

Seite 135, A4

Schreibe Stoffe heraus, die an dem Phänomen des sauren
Regens beteiligt sind und überlege, welche Reaktionen sie
eingehen.

CHECK-Karte   4a|4

Seite 135, A4

Schwefel wird verbrannt und reagiert zu
gasförmigem Schwefeldioxid (SO_2).

↓

Schwefeldioxid gelangt in die Luft und bildet mit
Wasser in der Atmosphäre schweflige Säure:
$SO_2 (g) + H_2O (l) \rightarrow H_2SO_3 (aq)$

↓

Die schweflige Säure reagiert weiter zur sauren
Lösung ($H_3O^+ (aq)$ und $HSO_3^- (aq)$) und gelangt
mit dem Regen wieder auf die Erde, wo die Böden
versauern.

C HECK-Karte   4b| 4

Seite 135, A 4

Durch den Einbau der Filteranlagen wurde die Freisetzung von SO$_2$ verhindert. In der Folge entstand weniger saurer Regen, der eine Ursache für das Waldsterben war.

T IPP-Karte   3 | 4

Seite 137, A 3b

Das feste Natriumhydroxid ist ein Ionengitter. In Wasser gelöst sind diese Ionen von Wasser-Molekülen hydratisiert und können sich im Wasser bewegen. In der Schmelze wird das Ionengitter ebenfalls aufgelöst und die Ionen sind frei beweglich.

T IPP-Karte   1 | 4

Seite 137, A 3b

Nenne die zwei Bedingungen für die elektrische Leitfähigkeit.

C HECK-Karte   4 | 4

Seite 137, A 3b

Im festen Aggregatzustand liegt Natriumhydroxid in Form eines Ionengitters vor. Das heißt, alle Ionen sitzen an festen Plätzen und stehen somit für einen Ladungstransport nicht zur Verfügung. In der Schmelze sind die Ionen frei beweglich und stehen für den Ladungstransport zur Verfügung.

T IPP-Karte   2 | 4

Seite 137, A 3b

Nutze die Informationen aus dem Abschnitt **Hydroxide** auf S. 136 im Chemiebuch.

C HECK-Karte   1 | 1

Seite 138, V 1

Salzsäure und Natronlauge tragen ihre Eigenschaft bereits im Namen. Werden diese Stoffe mit einem Indikator getestet, zeigt er mit seiner Farbe die saure oder alkalische Eigenschaft.

Füllt je drei Reagenzgläser mit 5 ml Salzsäure oder Natronlauge. Gebt jeweils zur Säure und zur Lauge ein paar Tropfen der Indikatorlösungen.

Untersucht die anderen Proben auf die gleiche Weise. Orientiert euch bei der Auswertung an den Vorproben mit Salzsäure und Natronlauge.

TIPP-Karte

1 | 4

Seite 138, V 3b

Legt euch eine Tabelle an, in der jede Zeile eine einzelne Beobachtung enthält. Tragt in eine zweite Spalte die Deutung dieser Einzelbeobachtung ein.

Beispiel:

Beobachtung	Deutung
Kalkwasser wird trüb	CO_2 ist entstanden
…	…

TIPP-Karte

2 | 4

Seite 138, V 3b

Nutze die Informationen im Abschnitt **Sauerstoffsäuren** und die Abb. 2 auf S. 134 im Chemiebuch.

TIPP-Karte

3 | 4

Seite 138, V 3b

Bei einer Verbrennung reagiert ein Stoff in der Regel mit dem Sauerstoff aus der Luft.

Die entstandenen Oxide können mit Wasser weiter reagieren.

Der Farbumschlag des Indikators zeigt eine saure Lösung an.

CHECK-Karte

4 | 4

Seite 138, V 3b

Gruppe 1: Der Universalindikator schlägt von grün über gelborange nach rot um.

$$S(s) + O_2(g) \rightarrow SO_2(g)$$
$$H_2O(l) + SO_2(g) \rightarrow H_2SO_3(aq) \rightarrow H^+(aq) + HSO_3^-(aq)$$

Gruppe 2: Der Universalindikator schlägt von grün nach gelborange um.

$$H_2O(l) + CO_2(g) \rightarrow H_2CO_3(aq) \rightarrow H^+(aq) + HCO_3^-(aq)$$

CHECK-Karte

1a | 1

Seite 139, V 4b

Gruppe 1: Gebt die Proben in je ein Reagenzglas mit seitlichem Ansatz. Füllt etwas Säure hinzu und verschließt das Reagenzglas mit einem Stopfen.

Reaktion mit Marmor: Leitet das entstehende Gas in Kalkwasser.

Reaktion mit Zink: Fangt das entstandene Gas auf und führt die Knallgasprobe durch.

CHECK-Karte

1b | 1

Seite 139, V 4b

Gruppe 2: Gebt etwa gleich große Proben der verschiedenen Metalle in ein Reagenzglas mit der gleichen Menge an Salzsäure und beobachtet die Blasenbildung.

Fangt das entstandene Gas auf und führt die Knallgasprobe durch.

T IPP-Karte

1 |4

Seite 147, A 4

Notiere die Reaktionsgleichungen der Neutralisations-reaktionen. Beachte dabei den Aufbau der Schwefelsäure-Moleküle.

C HECK-Karte

4a| 4

Seite 147, A 4

Da Schwefelsäure zwei Oxonium-Ionen pro Molekül bilden kann, Natronlauge aber nur ein Hydroxid-Ion pro Formeleinheit, müssen formal zwei Formeleinheiten Natriumhydroxid mit einer Formeleinheit Schwefelsäure reagieren.

Salzsäure (HCl(aq)):
1 H_3O^+(aq) + **1** Cl^-(aq) + **1** Na^+(aq) + **1** OH^-(aq)
$\rightarrow$ 2 H_2O(l) + Na^+(aq) + Cl^-(aq)

Schwefelsäure (H_2SO_4(aq)):
2 H_3O^+(aq) + **1** SO_4^{2-}(aq) + **2** Na^+(aq) + **2** OH^-(aq)
$\rightarrow$ 4 H_2O(l) + 2 Na^+(aq) + **1** SO_4^{2-}(aq)

T IPP-Karte

2 |4

Seite 147, A 4

Informationen zur Neutralisation befinden sich im Kapitel 6.7 **Neutralisation – Gegensätze heben sich auf** auf S. 146 im Chemiebuch.

Informationen zur Salzsäure stehen im Abschnitt **Salz-säure** auf S. 132 im Chemiebuch.

Informationen zur Schwefelsäure stehen im Abschnitt **Schwefelsäure** auf S. 133 im Chemiebuch.

Informationen zur Natronlauge stehen im Abschnitt **Hydroxide** auf S. 136 im Chemiebuch.

C HECK-Karte

4b| 4

Seite 147, A 4

Da alle Lösungen die gleiche Konzentration aufweisen, benötigt man für die Neutralisation der Schwefelsäure das doppelte Volumen wie bei der Neutralisation von Salzsäure.

T IPP-Karte

3 |4

Seite 147, A 4

Bei der Neutralisation reagieren Oxonium-Ionen mit Hydroxid-Ionen. Die Oxonium-Ionen werden beim Lösen von Säuren in Wasser gebildet, die Hydroxid-Ionen wer-den beim Lösen von Natriumhydroxid freigesetzt. Schwefelsäure hat zwei Protolysestufen, also werden pro Formeleinheit Schwefelsäure zwei Oxonium-Ionen gebildet.

T IPP-Karte

1 |4

Seite 147, A 6

Aluminiumchlorid ($AlCl_3$) ist ein Salz. Es findet eine Salz-bildungsreaktion statt.

T IPP-Karte

Eine Zusammenfassung von Salzbildungsreaktionen steht in Abb. 2 auf S. 147 im Chemiebuch.

Hinweis: Aluminiumoxid reagiert nicht mit Salzsäure.

C HECK-Karte

Natronlauge wird in kleinen Portionen zur sauren Lösung gegeben. Nach jedem Schritt wird mit Magnesiumband oder mit Marmorstückchen geprüft, ob diese noch mit der sauren Lösung unter Gasbildung reagieren. Bleibt die Reaktion aus, ist die Lösung neutralisiert.

T IPP-Karte

Folgende Stoffe können beteiligt sein:
Chlor (Cl_2), Aluminium (Al), Salzsäure (HCl(aq)),
Aluminiumoxid (Al_2O_3), Aluminiumlauge ($Al(OH)_3$(aq))

Stelle erst die Wortgleichung auf und schreibe die Formeln der Stoffe darunter. Gleiche die Reaktionsgleichung in einem letzten Schritt aus.

Überlege: Wie gelangt man abschließend von der Salzlösung zum Salz?

T IPP-Karte

Insgesamt gibt es 4 Arten der Salzbildung.

C HECK-Karte

$2\,Al(s) + 3\,Cl_2(g) \rightarrow 2\,AlCl_3(s)$
$2\,Al(s) + 6\,H_3O^+(aq) + 6\,Cl^-(aq)$
$\qquad \rightarrow 2\,Al^{3+}(aq) + 6\,Cl^-(aq) + 3\,H_2(g) + 6\,H_2O(l)$

$Al^{3+}(aq) + 3\,Cl^-(aq) \xrightarrow{Eindampfen} AlCl_3(s)$
$Al(OH)_3(s) + 3\,H_3O^+(aq) + 3\,Cl^-(aq)$
$\qquad \rightarrow Al^{3+}(aq) + 3\,Cl^-(aq) + 6\,H_2O(l)$

$Al^{3+}(aq) + 3\,Cl^-(aq) \xrightarrow{Eindampfen} AlCl_3(s)$

T IPP-Karte

Informationen zur Salzbildung sind in Abb. 2 auf S. 147 im Chemiebuch zusammengefasst.

T IPP-Karte

3 │4

Seite 149, V 4a

Übertragt die Prinzipien aus der Zusammenfassung auf die zu verwendenden Chemikalien.

C HECK-Karte

1b│1

Seite 149, V 4b/c

Nachweisreaktionen:
Der aufgefangene Wasserstoff wird mit der Knallgasprobe nachgewiesen.

Chlorid-Ionen geben mit Silbernitrat-Lösung einen weißen Niederschlag.

Iodid-Ionen geben mit Silbernitrat-Lösung einen gelblichen Niederschlag.

Calcium-Ionen ergeben in der Flammenfärbung eine orangefarbene Flamme.

C HECK-Karte

4 │4

Seite 149, V 4a

1) Calcium + Salzsäure → Salzlösung + Wasserstoff
2) Calciumoxid + Salzsäure → Salzlösung + Wasser
3) Calciumhydroxidlösung + Salzsäure
   → Salzlösung + Wasser
4) Calcium + Iod → Calciumiodid

C HECK-Karte

1 │1

Seite 149, V 5

Ein Stück Calcium oder Calciumoxid wird in verdünnte Schwefelsäure gegeben.

Lässt man die Lösung eindampfen, entsteht ein weißer Feststoff. Calciumsulfat kristallisiert aus.

C HECK-Karte

1a│1

Seite 149, V 4b/c

Calciumchlorid: Gebt einige Calciumkörner zu etwas Salzsäure. Fangt das entstehende Gas auf. Anschließend wird das Wasser verdampft.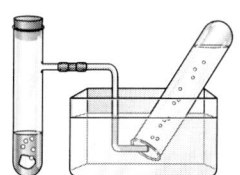

Calciumiodid: Vermengt etwas Calcium und Iod in einer Reibschale. Zum Starten der Reaktion wird etwas Wasser zugegeben. Anschließend wird das Wasser verdampft.

T IPP-Karte

1 │4

Seite 149, V 6

Geht systematisch vor. Versucht zunächst die Säure oder das Phenolphthalein zu identifizieren. Dazu werden die Lösungen miteinander kombiniert. Das Phenolphthalein färbt sich nur dann rot, wenn es zu einer Lauge gegeben wird.

In einem zweiten Schritt macht die Bestimmung der Konzentration der beiden Laugen Sinn.

TIPP-Karte

2 | 4

Seite 149, V 6

Für den zweiten Schritt hilft euch das Kapitel 6.7 **Neutralisation – Gegensätze heben sich auf** auf S. 146 im Chemiebuch weiter. Stärker konzentrierte Lösungen enthalten mehr Teilchen pro Volumen.

CHECK-Karte

4b | 4

Seite 149, V 6

Schritt 3: Gleiche Volumina von C und D werden mit etwas B versetzt und mit A titriert. Je nach Konzentration wird mehr Salzsäure benötigt.

TIPP-Karte

3 | 4

Seite 149, V 6

Überlegt euch für den ersten Teil, woran ihr erkennen könnt, welcher Stoff in welcher Flasche ist.

Für den zweiten Schritt der Bestimmung der beiden Konzentrationen der Natronlaugen muss man den Indikator erneut nutzen. Die Salzsäure wird zum Neutralisieren genutzt. Für die stärker konzentrierte Lauge wird mehr Salzsäure benötigt.

TIPP-Karte

1a | 3

Seite 151, A 3

Kurzzusammenfassung Gruppe A:
Ostwaldverfahren zur Herstellung von Salpetersäure mittels Oxidation von Ammoniak.

Schritt 1:
Ammoniak + Sauerstoff → Stickstoffmonooxid + Wasser
$4\,NH_3\,(g) + 5\,O_2\,(g) \rightarrow 4\,NO\,(g) + 6\,H_2O\,(l)$

Schritt 2:
Stickstoffmonooxid + Sauerstoff → Stickstoffdioxid
$2\,NO\,(g) + O_2\,(g) \rightarrow 2\,NO_2\,(g)$

CHECK-Karte

4a | 4

Seite 149, V 6

Mögliches Vorgehen für folgende Flaschenkombination:
A: Säure
B: Phenolphthalein
C: niedriger konzentrierte Natronlauge
D: höher konzentrierte Natronlauge

Schritt1: A + B/C/D → keine Reaktion, A muss also die Säure sein

Schritt 2: B + C/D → C und D verfärben sich, B muss also Phenolphthalein sein

---

TIPP-Karte

1b | 3

Seite 151, A 3

Schritt 3:
Stickstoffdioxid + Wasser
            → Salpetersäure + Stickstoffmonooxid
$3\,NO_2\,(g) + H_2O\,(l) \rightarrow 2\,HNO_3\,(aq) + NO\,(g)$

Salpetersäure ist etwa Vorstufe wichtiger Kunstdünger oder Explosivstoffe.

T IPP-Karte — 2 |3

Seite 151, A 3

Kurzzusammenfassung Gruppe B:
Rundpump-Verfahren: Alkoholische Maische rieselt in einem Bottich immer wieder über Buchenspäne, auf denen Essigbakterien angesiedelt sind. Von unten wird Luft im Gegenstrom eingeblasen. So wird der Alkohol langsam an einer großen Oberfläche oxidiert.

Submers-Verfahren: Das Trägermaterial für die Bakterien entfällt, diese werden der Maische direkt zugesetzt. Eine Belüftungsanlage lässt ständig feine Luftblasen durch die Flüssigkeit perlen.

T IPP-Karte — 2 |3

Seite 153, A 3a

Informationen zur Auswertung einer Titration finden sich im Chemiebuch auf S. 152 im Absatz **Auswertung einer Titration** und im **Rechenbeispiel** auf S. 153.

T IPP-Karte — 3 |3

Seite 151, A 3

Eine Zusammenfassung zum Kontaktverfahren findet sich im Chemiebuch auf S. 150 im Kapitel 6.8 **Vom Schwefel zur Schwefelsäure**.

C HECK-Karte — 3 |3

Seite 153, A 3a

Ausgangsgleichung:
$$c(H_3O^+(aq)) \cdot V(\text{Essig}) = c(NaOH(aq)) \cdot V(\text{Natronlauge})$$

...wird umgeformt nach
$$c(H_3O^+(aq)) = \frac{c(NaOH) \cdot V(\text{Natronlauge})}{V(\text{Essig})}$$

Nach dem Einsetzen der Werte ergibt sich:
$$c(H_3O^+(aq)) = \frac{1\,\frac{mol}{l} \cdot 20{,}7\,ml}{25\,ml} = 0{,}828\,\frac{mol}{l}$$

T IPP-Karte — 1 |3

Seite 153, A 3a

gegeben:
$c(NaOH(aq)) = 1\,\frac{mol}{l}$
$V(\text{Natronlauge}) = 20{,}7\,ml$
$V(\text{Essig}) = 25\,ml$

gesucht:
$c(\text{Essigsäure} / H_3O^+(aq)) = ?$

T IPP-Karte — 1 |3

Seite 153, A 3b

Auf dem Etikett einer Essigflasche steht meist "Enthält 5 % Essigsäure". Das heißt, 5 % von einem Liter Essig sind (reine) Essigsäure.

T IPP-Karte

2 |3

Seite 153, A 3b

Um die Stoffmenge zu berechnen, muss die Masse an Essigsäure bestimmt werden.

Folgende Beziehungen können helfen:

$$\text{Dichte} = \frac{\text{Masse}}{\text{Volumen}}$$

$$\text{Stoffmenge} = \frac{\text{molare Masse}}{\text{Masse}}$$

$$\text{Stoffmengenkonzentration} = \frac{\text{Stoffmenge}}{\text{Volumen}}$$

Die molare Masse von Essigsäure ist $60\,\frac{g}{mol}$ und das Volumen des Essigs beträgt 1000 ml.

T IPP-Karte

2 |3

Seite 153, A 3c

Informationen zur Auswertung einer Titration finden sich im Chemiebuch auf S. 152 im Absatz **Auswertung einer Titration** und im **Rechenbeispiel** auf S. 153.

C HECK-Karte

3 |3

Seite 153, A 3b

Bestimmung der Masse von Essigsäure: Die meisten Speiseessige haben einen Säuregehalt von 5 %. Das heißt, 50 ml Essigsäure pro 1000 ml Speiseessig. Bei einer Dichte von $1\,\frac{g}{cm^3}$ bedeutet das, dass in 1000 g Essig 50 g Essigsäure enthalten sind.

Umrechnung in die Stoffmenge: Es gilt: $\frac{m}{M} = n$.
Setzt man die passenden Werte ein, erhält man:

$$n = \frac{50\,g}{60\,\frac{g}{mol}} = 0{,}833\ mol$$

Die Konzentration beträgt also $0{,}833\,\frac{mol}{l}$. Das ist sehr nah an dem experimentellen Wert.

C HECK-Karte

3 |3

Seite 153, A 3c

Ausgangsgleichung:
$$c(H_3O_+(aq)) \cdot V(\text{Salzsäure}) = c(NaOH(aq)) \cdot V(\text{Natronlauge})$$

…wird umgeformt nach:
$$c(NaOH(aq)) = \frac{c(H_3O^+) \cdot V(\text{Salzsäure})}{V(\text{Natronlauge})}$$

Nach dem Einsetzen der Werte ergibt sich:
$$c(NaOH(aq)) = \frac{1\,\frac{mol}{l} \cdot 42{,}4\ ml}{5\ ml} = 8{,}44\,\frac{mol}{l}$$

T IPP-Karte

1 |3

Seite 153, A 3c

gegeben:
$c(HCl(aq) / H_3O^+(aq)) = 1\,\frac{mol}{l}$
$V(HCl(aq)) = 42{,}4\ ml$
$V(NaOH(aq)) = 5\ ml$

gesucht:
$c(NaOH(aq)) = ?$

T IPP-Karte

1 |4

Seite 153, A 3d

gegeben:
$c(NaOH(aq)) = 8{,}44\,\frac{mol}{l}$
$V(\text{Natronlauge}) = 5\ ml$
$c(H_2SO_4(aq)) = 0{,}1\,\frac{mol}{l}$

gesucht:
$V(\text{Schwefelsäure}) = ?$

TIPP-Karte

Informationen zur Schwefelsäure finden sich im Chemiebuch auf S. 133 im Abschnitt **Schwefelsäure.** Die Besonderheiten bei der Auswertung einer Titration mit Schwefelsäure sind auf S. 152 im Absatz **Auswertung einer Titration** beschrieben.

TIPP-Karte

Überlegt, welche Daten in die Tabellenkalkulation eingegeben werden müssen und welche Rechenoperationen damit durchgeführt werden müssen.

TIPP-Karte

Schwefelsäure ist eine zweiprotonige Säure. Das heißt, ein Schwefelsäure-Molekül reagiert mit Wasser zu zwei H_3O^+-Ionen.

Pro Mol Schwefelsäure können demnach zwei Mol Natronlauge neutralisiert werden.

TIPP-Karte

Auf S. 153 im Chemiebuch hilft euch das **Rechenbeispiel** weiter. Weiterhin hilft die mathematische Gleichung, die ihr in A 3e ermittelt habt.

Denkt daran, dass ihr die Formel für euer Tabellenkalkulationsprogramm passend gestalten müsst.

CHECK-Karte

Für die Neutralisation mit Schwefelsäure benötigt man lediglich die Hälfte an Volumen einer gleichkonzentrierten Salzsäure, da ein Schwefelsäure-Molekül zwei Protonen für die Neutralisation zur Verfügung stellen kann.

$$V(\text{Schwefelsäure}) = \frac{c(\text{NaOH}) \cdot V(\text{Natronlauge})}{c(H_2SO_4) \cdot 2}$$

$$= \frac{8{,}44\,\frac{mol}{l} \cdot 0{,}005\,l}{0{,}1\,\frac{mol}{l} \cdot 2} = 0{,}211\,l$$

TIPP-Karte

Definiert in eurem Tabellenkalkulationsprogramm Felder, in die ihr die gegebenen Werte eintragen könnt. Diese Felder ersetzen in der Gleichung im Programm die Variable.

Beispiel:
Der Wert für das Volumen an Lauge ($V(\text{Lauge})$) ist gegeben. Dieser Wert wird in das Feld B3 eingetragen. Dann wird auch in der Gleichung die Variable „$V(\text{Lauge})$" durch B3 ersetzt.

„$c(\text{Lauge}) \cdot V(\text{Lauge})$" wird zu „$c(\text{Lauge}) \cdot$ B3"

CHECK-Karte

In die Felder der Spalte B werden die Werte eingegeben.
Mithilfe der Formel aus F3 wird das Ergebnis berechnet.

CHECK-Karte

F3	▾ ⦿	fx	=(B6*B7*B8)/(B4*B3)			
	A	B	C	D	E	F	G

	A	B	C	D	E	F	G
1	Gegebene Größen				Gesuchte Größe		
2							
3	V (Vorlage)=	10	ml		c (Vorlage)=	2	mol/l
4	Anzahl Protonen oder Hydroxid-Ionen	1					
5							
6	c (Maßlösung)=	2	mol/l				
7	V (Maßlösung)=	10	ml				
8	Anzahl Protonen oder Hydroxid-Ionen in der Maßlösung	1					
9							

CHECK-Karte

Eine Natriumacetatlösung wird auf ihren pH-Wert untersucht. Daraufhin wird Phenolphthalein als Indikator ausgewählt.

20 ml der Essigsäure werden in die Vorlage gegeben und auf etwa 50 ml mit dest. Wasser aufgefüllt. Zunächst wird eine Vortitration mit Natronlauge ($c = 1\ \frac{mol}{l}$) durchgeführt. Anschließend erfolgt mit einer neuen Probe die Titration bis zum Farbwechsel des Indikators.